梁啓超 著

飲冰室合集

文集
第二册

中華書局

飲冰室文集之二

沈氏音書序

國惡乎強。民智斯國強矣。民惡乎智。盡天下人而讀書而識字斯民智矣。德美二國。其民百人中識字者。殆九十六七人。歐西諸國稱是。日本百人中識字者。亦八十餘人。中國以文明號於五洲。而百人中識字者。不及二十人。雖曰學校未昌。亦何遽懸絕如是乎。吾鄉黃君公度之言曰。語言與文字離。則通文者少。語言與文字合。則通文者多。中國文字多。有一字而兼數音。則審音也難。有一音而具數字。則擇字也難。有一字而數十撇畫。則識字也又難。（日本國志三十三）嗚呼。華民識字之希。毋亦以此乎。梁啓超曰。天下之事理二。一曰質。二曰文。文者美觀而不適用。質者適用而不美觀。中國文字畸於形。宜於通人博士。箋注詞章。文家言也。外國文字畸於聲。宜於婦人孺子。日用飲食。質家言也。二端對待。不能相非。不能相勝。天之道也。抑今之文字。沿自數千年以前。未嘗一變。（篆文楷草寫法小異不得謂文字之變）而今之語言。則自數千年以來。不啻萬百千變。而不可以數計。以多變者與不變者相遇。此文言相離之所由起也。古者婦女謠詠。編爲詩章。士夫問答。著爲辭令。後人皆以爲極文字之美。而不知皆當時之語言也。烏在其相離也。孔子在楚。繙十二經。（見莊子徐無鬼篇）詩春秋論語孝經。齊儒魯儒。各以其音讀之。亦如英法俄德。各以其土音繙切西經。又烏在其相離也。後之人棄今言不屑用。一宗於古。故文章爾雅。訓詞深厚。爲五洲之冠。然顓門之士。或乃窮老盡氣。不能通小學。而山海僻壤。百室之族。知書者往往而絕也。是以中國文字。能達於上不能逮於下。蓋文言相離之為害。起於秦漢以後。去古愈久。相離愈遠。學文愈難。非自古而卽然也。西人既有希臘拉丁之字。可以稽古。以待上才。復有英法德各國方音。可以通今。以逮下學。使徒用希拉古字。而不濟以今之方音。則西人文言之相離。必與吾同。而識字讀書者之多。亦未必有以加於中國也。稽古今之所由變。識離合之所由興。審中外之異。知强弱之原。於是通人志士。汲汲焉以諧聲增文為世界一大事。吾所聞者。有劉繼莊氏。有龔自珍氏。頗有所述造。然世無傳焉。吾師南海康長素先生。以小兒初學語之聲。為天下所同。取其十六音以為母。自發凡例。屬其女公子編纂之。啓超未獲聞也。而朋輩之中。湘鄉曾君重伯。錢塘汪君穰卿。皆有志於是業。咸未成。去歲從萬國公報中。獲見廈門盧戇章所自述。凡數千言。又從達縣吳君鐵樵。見崔毅若之快字。凡四十六母。二十六韻。一母一韻。相屬成字。聲分方向。畫別粗細。蓋西國報館。用以記聽議院之言者。卽此物也。啓超於萬國文字。一無所識。音韻之學。未嘗問塗。瞢然無以測諸君之所長也。然竊竊私喜。此後吾中土文字。於文質兩統。可不偏廢。文與言合。而讀書識字之智民。可以日多矣。沈學吳人也。無字邃於西文。究於名理。年十九而著書。五年而書成。名曰盛世元音。其自言也。曰以十八字母。可切天下音。欲學其技。半日可通。其簡易在五大部洲一切文字之上。謂盧君之法。泥於古。不如已也。余告以崔君法。則謂畫分粗細。不適於用。法未密。亦不如已也。余於盧君書未得見。崔沈二家。則其法略同。蓋皆出於西人。或沈君更神而明之。有所獨得歟。然吾之寡學。終無以測諸君之短長也。沈君以年少覃心絕藝。思以所學易天下。常以西人安息日。在海上之一林春茶樓。挾技以待來者。而授焉。其亦有古人强聒不舍之風乎。沈君屬以書入報中。其書文筆。未盡雅馴。質家之言。固如是。不能備求也。至其言論。多有透闢銳達。為前人所未言者。嗚呼。不可謂非才士也已。先以原序登其書。與法俟諸別簡。世之君子。或願聞諸。

地名韻語序

地志之書。濫觴蓋古。周官職方。漢書地理。紀載自昔。源流斯衍。類簡而勿漏。詳而易舉。爾後著錄日夥。搜集愈博。風土之記。汗及萬牛。郡縣之志。溢於五車。斯有資於肆索。顧不適於記誦。慶笙先生慜其若茲。剌取地名。系以韻語。爰自帝京。訖於黔滇。撮彼行省。都爲一帙。韓君雲臺。續有補纂。根本舊區。闢置新土。以及都會所在。道里遠近。罔不條分縷析。絲連繩貫。斯可謂行地之捷蹊。童拾之遐軌。昔荷池槧本有道里經緯之表。申耆著述有地理韻編之釋。久已脛走宇內。服膺藝林。斯編之作。未或讓之。若因是以求夫沿革之跡。險要之區。人民風俗之大者。舊物產之碎。綱舉目張。星羅棊布。必有事半於曩。而功倍於昔者。然則是書又豈徒供蒙求之用。獲咫聞之益也乎。

說羣序

啓超問治天下之道於南海先生。先生曰。以羣爲體。以變爲用。斯二義立。雖治千萬年之天下可已。啓超既略述所聞。作變法通議。又思發明羣義。則理奧例賾。苦不克達。既乃得侯官嚴君復之治功天演論。瀏陽譚君嗣同之仁學。讀之犂然有當於其心。悼天下有志之士。希得聞南海之緒論。見二君之宏著。或聞矣見矣。而莫之解莫之信。乃內演師說。外依兩書。發以淺言。證以實事。作說羣十篇。一百二十章。其於南海之緒論。嚴譚之宏著。未達什一。惟自謂眎變法之言。頗有進也。敍曰。記曰。能羣焉謂之君。乃古之君民者。其自號於衆也。曰孤。曰寡人。曰予一人蒙竊惑焉孤與寡世所稱爲無告者也而獨以爲南面之名則樂之經傳之謚汙君也謂之獨夫謂之一夫聞者莫不知爲惡名也吾不解予一人之訓詁與獨夫有何殊異也今夫千萬人羣而成國億兆京垓人羣而成天下所以有此國與天下者則豈不以能羣乎哉以羣術治羣羣乃成以獨術治羣羣乃敗己羣之敗它羣之利也何謂獨術人人皆知有己不知有天下君私其府官私其爵農私其疇工私其業商私其價身私其利家私其肥宗私其族族私其姓鄉私其土黨私其里師私其教士私其學以故爲民四萬萬則爲國亦四萬萬夫是之謂無國善治國者知君之與民同爲一羣之中之一人因以知夫一羣之中所以然之理所常行之事使其羣合而不離萃而不渙夫是之謂羣術天下之有列國也己羣與他羣所由分也據亂世之治羣多以獨太平世之治羣必以羣以獨術與獨術相遇猶可以自存以獨術與羣術相遇其亡可翹足而待也彼泰西羣術之善直百年以來焉耳而其浡興也若此今以吾喜獨之質點而效人樂羣之行事是猶飾西顰於嫫眉蒙虎皮於羊質是以萬變而萬不當也抑吾聞之有國羣有天下羣泰西之治其以施之國羣則至矣其以施之天下羣則猶未也易曰見羣龍無首吉春秋曰太平之世天下遠近大小若一記曰大道之行也天下爲公選賢與能不獨親其親不獨子其子貨惡其棄於地也不必藏於己力惡其不出於身也不必爲己是謂大同其斯爲天下羣者哉其斯爲天下羣者哉

說羣一　羣理一

使空中而僅一地球使地球中而僅一人使人身而僅一質則無講羣學焉可也羣者天下之公理也地與諸行

星羣日與諸恆星羣相吸相攝用不散墜使徒有離心力則乾坤毀矣六十四原質相和相雜配劑之多寡排列之同異千變萬化乃生庶物苟諸原質各無愛力將地球之大爲物僅六十四種而世界靡自而立矣一植物也有鬚有粉以傳種有子膛以結子有種瓣以養芽有根有荄以吸土中物質有榦以植立有莖有葉以受空氣雨露日光各儲其能各效其力物之羣也藉使諸體缺一或各不相應其萎可立而待也人之一身耳司聽目司視、口司言手足司動骨司植、筋司絡、肺司呼吸、胃司食、心司變血、脈管司運血迴血、腦司覺、各儲其能各效其力身之羣也藉使諸體缺一或各不相應其死亡可立而待也故統百物而論雜質之類貴於原質繁質之類貴於簡質故死物最賤植物次之動物最貴質點貴羣也以動物而論愈愚者體段愈少愈智者體段愈繁故草形部最愚蛤螺部次之甲節部次之脊骨部最智枝體貴羣也以人而論腦筋愈多者其人愈慧反是則鈍接人愈多者其人愈通反是則塞讀書愈多者其人愈博反是則陋故非洲之人不如歐亞之人鄉僻之人不如都邑之人穹古之人不如近今之人知識貴羣也是故橫盡虛空豎盡刧刧大至莫載小至莫破苟屬有體積有覺運之物其所以生而不滅存而不毀者則咸恃合羣爲第一義

若是夫羣者萬物之公性也不學而知不慮而能也然而物固有以不能羣之故而摧壞散滅者若星而隕若氣而散若草木而枯若人畜而死其故何也凡世界中具二種力一曰吸力二曰拒力惟彼二力在世界中不增不減迭爲正負此增則彼減彼正則此負於是乎有能羣者必有不能羣者有羣之力甚大者必有羣之力甚輕者則不能羣者必爲能羣者所摧壞力輕者必爲力大者所兼幷譬如以針置之盤內針受盤吸則羣於盤引以磁石則針離盤轉羣於石磁鐵相羣之力大於盤也自地球初有生物以迄今日物不一種種不一變苟究極其遞

嬗遞代之理必後出之羣漸盛則前此之羣漸衰泰西之言天學者名之曰物競洪水以前獸蹄鳥迹交於中國周公大業在驅猛獸今則尋常陸地虎豹犀象幾於絕迹獸之羣不敵人之羣也美洲非洲澳洲咸有土人他洲客民入而居之則土著日漸澌滅野蠻之羣不敵文明之羣也世界愈益進則羣力之率愈大不能如率則滅絕隨之故可畏也

物之以羣相競斯固然矣至其勢相逼而率相近者則其相競也尤甚草木之羣也魚之羣也鳥之羣也獸之羣也其不敵人羣一也而獸羣獨蚤見摧滅者何也其居與人太偪其類與人太近也故魚得以自存於淵鳥得以自存於天草木得以自存於地爲其於人無患與人無爭也若其相偪相近而猶能自存者若蜂若蝗若蟻若蚊蝱則必其能羣之力與人不甚相遠故其類終莫得而澌滅今試比例觀之若中非洲沙漠之地北冰洋嚴冱之區雖其人極不羣而猶或能自存彼蓋如魚鳥草木其所處之地非人所必爭也若丹麥若荷蘭若比利時若瑞士等以弱小之國偪處歐洲羣雄之間而亦能自存則其能羣之力不弱於諸大國也若夫處必爭之地而其合羣之力不足以自完則日剝月蝕其究必至於斷其種絕其育若土耳其之回族印度之櫻人美洲之紅苗其已然之效也

何謂造物合羣是已何謂化物離羣是已欲求水者以輕氣二分劑養氣一分劑合而羣之則水體成矣欲滅水者以二鉑片激電化之使其輕養二質發泡相離則水體滅矣推之百物莫不皆然故欲滅人之家者滅其家之羣可矣使之兄弟相鬩父子相夷雖素封之產可立敝矣欲滅人之國者滅其國之羣可矣使之上下不相通彼此不相卹雖天府之壤可立亡矣木有寄生者寄生之木菀則所寄之木枯矣然必槐桑蒲柳之類質理鬆散然

後寄生者乃得入其松柏豫章無患此者質點之相切密也老病之人臟腑閡隔勝理鬆疏則鬼祟遝之寒暑侵之强壯少年無患此者體魄之相衛周也夫治國者何獨不然舜之所居一年成邑三年成都武王有臣三千惟一心合羣之謂也春秋曰梁亡傳曰魚爛而亡也凡言亡國者號曰土崩曰瓦解離羣之謂也

論君政民政相嬗之理

博矣哉春秋張三世之義也治天下者有三世一曰多君爲政之世二曰一君爲政之世三曰民爲政之世多君世之別又有二一曰酋長之世二曰封建及世卿之世一君世之別又有二一曰君主之世二曰君民共主之世民政世之別亦有二一曰有總統之世二曰無總統之世多君者據亂世之政也一君者升平世之政也民者太平世之政也此三世六別者與地球始有人類以來之年限有相關之理未及其世不能躐之既及其世不能閼之

酋長之世起於何也人類初戰物而勝之然而未有輿騎舟楫之利一山一川一林一澤之隔則不能相通也於是乎劃然命爲一國其黠者或强有力者即從而君之故老子曰古者鄰國相望雞犬之聲相聞其民老死不相往來禹會諸侯於塗山執玉帛者萬國彼禹域之大未及今日之半也而爲國者萬斯蓋酋長之世也今之蒙古也回疆也苗也黎也生番也土司也非洲也南洋也美洲澳洲之土人也皆吾夏后氏以前之世界也凡酋長之世戰鬬最多何也其地隔故其民不相習而其情不相加以凡有血氣皆有爭心故相戕無已時也封建世既有一天子以統衆諸侯矣而猶命爲多君何也封建者天子與諸侯俱据土而治有不純臣之義見公羊何注觀於周禮

祇治畿內，春秋戰國諸侯各自爲政，可以見封建世之俗矣。其時諸侯與天子同有無限之權，故謂之多君。封建亦一大酋長耳。其相戕亦慘，其戰鬭亦多。

世卿亦謂之多君，何也？禮喪服傳，公士大夫之衆臣爲其君傳曰：君謂有地者也。蓋古者凡有采地，皆稱君，而仕於其邑，居隸其地者，皆爲之民。其待之也，亦得有無限之權，故亦謂之多君。世卿之國，亦多戰鬭。如魯之季孫氏、郈氏、晉之韓魏范中行氏，皆是也。故世卿亦可謂之小封建。

凡多君之世，其民皆極苦。爭城爭地，糜爛以戰，無論矣。彼其爲君者，又必窮奢極暴，賦斂之苛，徭役之苦，刑罰之刻，皆不可思議。觀於漢之諸侯王，及今之土司，猶可得其概矣。孔子作春秋，將以救民也，故立爲大一統、譏世卿二義。此二者，所以變多君而爲一君也。變多君而爲一君，謂之小康。昔者秦楚吳越相讎相殺，流血者不知幾千萬人也。問今有陝人與湘人爭强，蘇人與浙人搆怨者乎？無有也。昔之相讎相殺者，皆兩君爲之也。無有君，無有國，復歸於一，則與民休息。此大一統之效也。世卿之世，苟非貴冑，不得位卿孤。既譏世卿，乃立選舉，但使經明行修，雖蓬蓽之士，可以與聞天下事。如是則賢才衆多，而天下事有所賴。此譏世卿之效也。

雖然，當其變也，蓋亦難矣。秦漢以後，奉春秋爲經世之學，亦既大一統矣。然漢初之吳楚七國亂之，漢末以州牧亂之，晉之八王亂之，唐之藩鎭亂之，乃至明之燕王宸濠，此害猶未獲息，越二千年，直至我　朝，定宗室自親王以下至奉恩將軍，凡九等，功臣自一等公以下至恩騎尉，凡二十六等，悉用漢關內侯之制，無分土，無分民，而封建之多君始廢。漢氏雖定選舉之制，而魏晉九品中正，寒門貴族，界限畫然，此猶微有世卿之意焉。雖然，吾中國二千年免於多君之害者，抑已多矣，皆食素王之賜也。凡變多君而爲一君者，其國必驟强，昔美之三十七邦也，德之二十五邦也。意之二十四邦也。日本之九十二諸侯也。當其未合也。彼數國者曾不克自列於地球也。其既合也。乃各雄長於三洲。何也。彼昔者方罷敝其民以相爭之不暇。自斵其元氣。耗其財力。以各供其君之私欲。合而一之。乃免此難。此一君世之所以爲小康也。而惜乎諸國用春秋之義太晚。百年前之糜爛。良可哀也。

世卿之多君。地球各國自中土以外。罕有能變者。日本受壽最久。藤原以後。政柄下移。大將軍諸侯王之權。過於天皇。直至明治維新。凡千餘年。乃始克革。今俄之皇族。世在要津。英之世爵。主持上議院。乃至法人既變民政。而前朝爵胄。猶潛滋暗窺。漸移國權。蓋甚矣。變[illegible]之難也。

封建世卿之與奴隸。其事相因也。舉天下之地。而畀諸諸侯。則凡居其地者。莫敢不爲臣。舉天下之田。而聚諸貴族。則凡耕其田者。莫敢不爲隸。故多君之世。其民必分爲數等。而奴隸徧於天下。孔子之制。則自天子以外。士農工商。（天子之元子猶士也）編爲四民。各授百畝。咸得自主。六經不言有奴隸。（周禮有之者非孔子所定之制）漢世累詔放奴婢。行孔子之制也。後世此議不講。至今日而滿蒙尚有包衣。望族達官尚有世僕。蓋猶多君世之舊習焉。西方則俄國之田。尚悉歸貴族掌轄。法國之田。悉爲教士及世爵公產。凡齊民之欲耕者。不得不佃其田。而佃其田者。不得不爲之役。自餘諸國亦多類是。日本分人爲數等之風尤盛。乃至有穢多非人等名號。凡列此者。不齒人類。而南北美至以販奴一事。搆兵垂十年。此皆多君世之弊政也。今殆將悉革矣。此亦春秋施及蠻貊之一端也。（余別有孔制禁用奴婢考）

歐洲自希臘列國時。已有議政院。論者以爲卽今之民政。然而吾竊竊焉疑之。彼其議政院。皆王族世爵。主持其事。如魯之三桓。鄭之七穆。晉之六卿。楚之屈景。父子兄弟。世居要津。相繼相及耳。至於匹夫編戶。豈直不能與聞國是。乃至視之若奴隸。舉族不得通籍。此其爲政也。謂之君無權則可。謂之民有權則不可。此實世卿多君之世界也。度其爲制也。殆如英國今日之上議院。而非英國今日之下議院。周厲無道。見流於彘。而共和執政。滕文公行三年之喪。而父兄百官皆不悅。此實上議院之制也。不得謂之民政。若謂此爲民政也。則我　朝天聰崇德間。八貝勒並坐議政。亦甯可謂之爲民政也。俄史稱俄本有議事會。由貴爵主之。頗有權勢。諸事皆可酌定。一千六百九十九年。大彼得廢之。更立新會。損益其規。俾權操於己。（見俄史輯譯卷二）俄之舊會。殆猶夫希臘羅馬諸國之議院也。猶多君之政也。俄之變多君而爲一君。則自大彼得始也。

大地之事事物物。皆由簡而進於繁。由質而進於文。由惡而進於善。有定一之等。有定一之時。如地質學各層之石。其位次不能淩亂也。今謂當中土多君之世。而國已有民政。既有民政。而旋復退而爲君政。此於公理不順明於幾何之學者。必能辨之。

嚴復曰。歐洲政制。向分三種。曰满那棄者。一君治民之制也。曰巫理斯托格拉時者。世族貴人共和之制也。曰德謨格拉時者。國民爲政之制也。德謨格拉時又名公產。又名合衆。希羅兩史。班班可稽。與前二制相爲起滅。雖其時法制未若今者之美備。然實爲後來民治濫觴。且天演之事。始於胚胎。終於成體。泰西有今日之民主。則當夏商時。含有種子以爲起點。而專行君政之國。雖演之億萬年。不能由君而入民。子之言未爲當也。啓超曰。吾既未克讀西籍。事事仰給於舌人。則於西史所闕知其淺也。乃若其所疑者。則據虛理比例以測之。以謂其國既能行民政者。必其民之智甚開。其民之力甚厚。既舉一國之民。而智焉而力焉。則必無復退而爲君權主治之理。此猶花剛石之下。不得復有煤層。煤層之下。不得復有人跡層也。至於希羅二史所稱者。其或猶火山地震噴出之石汁。而加於地層之上。則非所敢知。然終疑其爲偶然之事。且非全體也。故代蘭得常得取而篡之。（西史稱借民權之名以攘君位者謂之代蘭得其與今之民政殆相懸也。至疑西方有胚胎，而東方無起點，斯殆不然也。日本爲二千年一王主治之國，其君權之重，過於我邦，而今日民義之伸，不讓英德，然則民政不必待數千年前之起點明矣。蓋地球之運將入太平，固非泰西之所得專，亦非震旦之所得避，吾知不及百年，將舉五洲而悉惟民之從，而吾中國亦未必能獨立而不變，此亦事理之無如何者也。

世之賢知太過者，或疑孔子何必言小康，此大謬也。凡由多君之政而入民政者，其間必經一君之政，乃始克達。所異者西人則多君之運長，一君之運短；中國則多君之運短，一君之運長（此事就三千年內言之）。至其自今以往，同歸民政，所謂及其成功一也。此猶佛法之有頓有漸，而同一法門。若夫吾中土奉一君之制，而使二千年來殺機寡於西國者，則小康之功德無算也。此孔子立三世之微意也。

問今日之美國法國，可爲太平矣乎？曰：惡，惡可。今日之天下，自美法等國言之，則可謂爲民政之世；自中俄英日等國言之，則可謂爲一君之世；然合全局以言之，則仍爲多君之世而已。各私其國，各私其種，各私其土，各私其物，各私其工，各私其商，各私其財，度支之額，半充養兵，舉國之民，悉隸行伍，眈眈相視，齮齕相讎，龍蛇起陸，殺機方長，螳雀互尋，寃親誰問。嗚呼！五洲萬國，直一大酋長之世界焉耳。春秋曰：末不亦樂乎堯舜之知君子也。易曰：見羣龍无首，吉。其殆爲千百年以後之天下言之哉。

論中國之將强

西人之侮我甚矣。西人之將滅人國也，則必上之於議院，下之於報章，日日言其國政之敗壞，綱紀之紊亂，官吏之苛贖。其將滅人種也。則必上之於議院。下之於報章。日日言其種族之獷悍。教化之廢墜。風俗之糜爛。使其本國之民。士若鄰國之民士。聞其言也。仁者愀然思革其政。以拯其難。鷙者狡焉思乘其敝。以逞其志。夫然後因衆人之欲。一舉再舉而墟其國。奴其種。而惻然猶以仁義之師自居。斯道也。昔施諸印度。又施諸土耳其。今彼中憒士責士唾罵士之言。且日出而未有止也。迭見近日萬國公報時務報中 余讀西報。其訾中國之國政綱紀官吏。蓋數十年以來矣。去歲八九月以後。乃更明目張膽。昌言華種之野悍。華民之愚詐。華教之虛僞。時務報中亦屢譯之。然其不敢譯者。尚不知凡幾。即如去年西曆十二月廿四號上海某西報有一論。言華民不徒已死。並且臭爛。其言眞不堪入耳。此外類此者尚多 其意若謂苟不滅此朝食。則爲逆天。爲辱國。爲悖理。一倡百和。舉國若狂。日本人師其故智。於其報章日言臺灣之民頑惡刁狡。不如生番之馴善。西國羅馬舊律。凡與文教之國戰爭者。皆有公法。雖攻城入邑。無得肆擾。惟與野蠻戰不在此論。日人惟痛詆華民。曾土番之不若。故得屠戮淫掠。慘無天日。而他國鮮有以爲非者。非不知其非也。彼其因利乘便。狡焉思啓。思以此道行於吾十八行省者。舉歐洲諸國皆有同心也。羅馬舊律。凡入野蠻之國者。不由國門。築橋踰城而進焉。庚申之役。英法之待我。蓋以此也。去歲五六月間。英人德人先後遣其向駐非洲之公使來駐中國。厥意謂之國也。非以治非洲之道治之弗治也。無端而逐工。無端而拒使。無端而索島岸。無端而攬鐵路。無端而涎礦產。無端而干獄訟。人之輕我賤我野蠻我。奴隸我。禽獸我。尸居我。其慘酷至於如此。其極也。

梁啓超曰。西人其毋爾。中國非印度土耳其之比也。印度見并已百數十載。爾來英人設學校以教之。其人才成就。能與旅印之英人齊驅者。蓋絕焉。愚智之相越遠也。土耳其受侮三十年。而其君上下委軟薾敝。無或思自振厲以衛國本。徒知區別種族。仇視其民。今中國誠敗衄矣。未至如百年以前之印度也。且未至如三十年前之土耳其也。今自和議以後。雖朝貴大吏。晏安猶昔。而草茅之間。風氣大開。其灼然有見於危亡之故。振興之道。攘臂苦口。思雪國恥者。所在皆有。雖喉舌之地。尚多窒塞。而各封疆奮然興作者。蓋不乏人。雖鄉曲學究。枯守眢井。侈言尊攘。舊習未改。而後起之秀。年在弱冠以下者。類多資禀絕特。志氣宏遠。才略沈雄。嗟乎。謂天之不亡中國也。則瓜分之約。期以五年。內訌之形。不可終日。雖諱言亡。甯有幸也。謂天之亡中國也。則何必生此無數人才。以膏刃而馬足。使之奴焉隸焉。犬馬焉。於異類然後爲快也。

吾請與國之豪傑。大聲疾呼於天下曰。中國無可亡之理。而有必强之道。約舉其故。都有三事。而土地之腴。礦脈之盛。物產之衍。猶不與焉。今夫西人之所以强者。則豈不以人才乎哉。以今日蒙翳固陋窒閉之中國。而欲與西方之人才較短長。其奚不量。雖然。今微論他事。以吾所聞嚮者所派學生游學美國者。咸未及卒業。中途撤歸。而至今卓然成就專門之業。有聲於西域者。猶不乏人。當其初達美境。於彼中語文一無所識。二三年後。則咸可以入中學校。每試焉輒冠其曹。學中教師罔不鼓掌讚歎。蓋無論何國學堂。苟有支那人在弟子籍者。未有不翹然秀出於儕輩也。今夫嚮者之遊學生。皆非必吾此間之上才也。嚮者風氣未開。父兄所以詔勉其子弟者。恆在科第。大率量其才力不足以得科第。乃遣之從事於此途。非如日本之遴選俊異。以承其乏也。然所成就已若此。然則以彼中上才與吾中才較。而其短長高下。固尚在不可知之數矣。況率吾四萬萬人中所謂聰明才智之士者。而一一進之以實學。練之以實事。行之以實心。十年之內。何才不成。彼夫印度之不昌。限於種也。凡黑色紅色棕色之種人。其血管中之微生物。與其腦之角度。皆視白人相去懸絕。惟黃之與白。殆不甚遠。故白人所能爲之事。黃人無不能者。日本之規肖西法。其明效也。日本之種。本出於我國。而謂彼之所長。必我之所短。無是道也。土耳其之不振也。扃於教也。回民錮蔽窒塞。殘忍酷虐。謂殺人者生天。謂戰死者成聖。其教也。蓋野蠻之行也。若夫吾教。則精粗並舉。體用兼備。雖久湮昧。一經發明。方且可以施及蠻貊。莫不尊親。而何有於區區之神州也。以種則若彼。以教則若此。嗚呼。是豈宜奴焉僕焉犬馬焉於人者哉。聞之有才千人國可以立。有才萬人國可以强。今夫以中國之大。種類之美。教俗之善。欲求於四萬萬人中而得一人。殆匪曰難也。此其將强之道一也。

今天下大較。西國則君子多而野人少。中國則君子少而野人多。斯蓋强弱之大原哉。雖然。福固禍所倚。禍亦福所伏。十年之後。吾恐黃白兩種之交涉。必有因此而生非常之變者。西國機器日盛。工廠所容之人日夥。而爭工價。爭作工時刻。抑脅廠主。相率罷役之事。歲輒數十見。何也。知學之人日以多。謀生之道日以廣。苟其才力粗足以自養。則恆樂為勞心。而不樂為勞力。此人情也。以是操作辛工之人日少一日。工人既日益減。而所興作之事所需工人日益增。以希獲貴。於是執業愈賤愈苦者。其所獲之工價愈大。工既漲。則成物價亦漲。一切物價既漲。則一切人所執業之價亦漲。互相增益。無有已時。故歐洲人譚時務者。以工價一端為數十年來絕大消息之事。夫以今日白種作工之人。應今日歐美工廠之用。猶歎其少。況十年以後。此益增而彼益減乎。工價日增。而作工時刻日減。則廠主病。廠主折閱。工亦無依。則工人亦病。百物騰踊。人心皇惑。則舉國皆病。窮極思反。必求工人多然後工價可以賤。工價賤然後物價可以平。此必然之情形矣。今夫華民四萬萬。其恃作工以謀食者。過半而未有已也。（中國婦女恃粗工自養者亦過半）而其操業最勤。其費用最儉。惟勤也。故作工時刻可以倍增。惟儉也。故工價可以倍減。丁彼時也。用吾之所短。以持西人之所長。則華工之權力。可以橫絕於天下。舉天下之器物。皆仰成於華民之手。欲華種之無强。不可得也。今夫日本之民。數視中國僅什一耳。其操作之勤。取值之寡。視歐洲雖有間。其去中國則尙遠甚也。而近年以來。猶以工藝雄於萬國。每歲手作之物。售至美國者。且值百千萬。西方諸國。靡不睊睊畏之。而況於闐繁樸愨之中國乎。彼美人之苛逐華民也。固彼中巨室所大不欲。而無如其力之不足以勝細民也。彼細民之嫉我也。蓋亦由忌我畏我。而無術以制我。故甯冒天下之不韙。而悍然出於此途。然我必有使人可忌可畏之道。昭昭然也。彼今日徒知嫉吾以自衛。而不知隱微之間。同受其病者。已非一日。十年以後。患害大著。上下共睹。而吾華民之公利。終莫得裁制而禁抑之也。此其將强之道二也。

歐洲何以强。歐洲壤地最褊。生齒最盛。自四五百年前。卽憂人滿。於是哥侖波創探新地。闢阿美利加大洲。而印度非洲南洋澳島相繼墾殖。徙歐民以實之。莽莽五洲。轍跡殆滿。是以白種之權利徧天下。使歐人以丸泥自封。閉關勿出。今雖以瘠亡可也。雖然。殖民之政。（日本人稱屬地爲殖民地。蓋人滿則徙之他地以殖之也。）行之數百年矣。其眞能盡地利者。今惟合衆一國。自餘若印度。若加拿大。若澳洲。若南洋諸島。近數十年。銳意拓殖。然猶未得其半。若非洲。若亞洲西北一帶。雖頗經營。曾靡功焉。此猶曰沙漠不毛之地爲然也。若夫南阿美利加一洲。若巴西。若墨西哥。其緯道在溫熱帶之間。與中國美國相等。地質肥沃。物產繁衍。亦伯仲於兩邦。蓋地球天府之壤。未或過是也。而歐人之力不能及之。聽其荒而不治而已。彼非不涎之也。强弩之末。不穿魯縞。彼白人只有此數。固不足以盡專天下之利。且其君子多而野人少。用以攫他人已有之成業則有餘。用以開千古未闢之地利則不足。故千手億目。咸注東方。而穰穰膏腴。莫或厝意也。夫全地人類。祇有五種。白種既已若是。紅種則湮滅將盡。棕黑兩種。其人蠢而惰。不能治生。不樂作苦。雖芸總猶昔。然行尸走肉。無所取材。然則佃治草昧。澄淸全地者。舍我黃人末由也。今夫合衆一國。澳大一洲。南洋一帶。苟微華人。必不有今日。今雖獲兎烹狗。得魚忘筌。擯之逐之梐之梏之魚之肉之奴之僕之。然篳路藍縷之功。在公論者。終不沒於天下。顧徒爲人作計。曾未能得其絲毫之利。雖由國勢之不振。亦由吾民於彼中情僞未悉。恆以可得之權利。晏然讓諸人耳。昔惟昧之。是以棄之。今惟察之。是以得之。消息甚微。軌軸甚大。殆亦天之未絕黃種。故留此一綫以俟剝極將復之後。乃起而蘇之也。此其將强之道三也。

吾聞師之言地運也。大地之運。起於昆侖。最先興印度。迤西而波斯。而巴比倫。而埃及。渡地中海而興希臘沿海股。而興羅馬意大利。循大西洋海岸。迤北興西班牙。葡萄牙。又北而興法蘭西。穿海峽而興英吉利。此千年以內。地運極於歐土。洋溢全洲。其中原之地。若荷蘭。若瑞士。若德意志。則咸隨其運之所經。而一一浡起。百年以內。運乃分達。一入波羅的海迤東以興俄。一渡大西洋迤西以興美。三十年來西行之運。循地球一轉。渡大東洋以興日本。日本與中國接壤。運率甚速。當渡黃海渤海興中國。而北有高麗南有臺灣。以爲之過脈今運將及矣東行之運。經西伯利亞。達中國十年以後。兩運並交。於是中國之盛强。將甲於天下。昔終始五德之學。周秦儒者。罔不道之。其幾甚微。其理可信。此固非一孔之儒。可以持目論而非毀之者也。以人事言之則如彼。以勢言之則如此。

嗚呼。彼西人雖欲犬馬我。奴隸我。吾奚懼焉。吾奚餒焉。問者曰。瓜分之約。期以五年。內訌之形。不可終日。汲汲顧影。日薄崦嵫。死喪無日。皇言盛强。五尺之童。知其無救。甚矣吾子之至愚而病狂也。不則故爲大言以自喜以欺天下也。釋之曰不極剝者不速復。不小往者不大來。華盛頓八歲血戰。南北美頻年交惡。於美之强。甯有害焉。拿帝用兵。殺人如草菅。君民革政。廢置如弈棋。於法之强。甯有害焉。俄德美三國。刧盟海疆。薩長士諸藩。構釁內地。於日本之强。甯有害焉。且而不聞乎。殷憂所以啓聖。多難乃以興國。又曰置之死地而後生。置之亡地而後存。舉天下人而安之。斯獲危矣。舉天下人而危之。斯獲安矣。吾直懼夫吾國人於今日危亡之故。知之者尚少也。藉或知之，則以爲大局之患，於我無與也。亦既知之，亦既憂之，固知重泉之下，卽是天衢，各懷銜石之心，已無東海。彼何德而天幸，我何辜而天亡。敬告我　后及我大夫凡百君子，吾儕小民，忍大辱，安大苦，發大願，合大羣，革大弊，興大利，雪大恥，報大讎，定大難，造大業，成大同，仁人志士，其甯能無動於其心者乎？其聽其冥冥以淪胥也。若夫夜郎之大，莫肯念亂，徒摭餘論，益其囂張，則蒙有罪焉矣。

治始於道路說

入其鄙而熇穢蕪叢，蔡莽螫刺；入其都而水土惡塵，蘊惡沮洳，瀸瀞湫淤如鼠壤，則雖駛稚之豎，必曰此島夷野貉，可謂閉化之國也已。入其鄙而曠儆夷達，隧軌修潔；入其都而平達九達，車可方軌，十闐之環，落渠之寫，軒廓嫠葺，奕然而理，則雖駛稚之豎，必曰此名都理邦，可謂開化之國也已。是未嘗見其風俗之淳漓也，民智之濬塞也，物產之殷窳也，條教之隆秕也。然而矚於其墟，遊觀其闠市，遂信其人功之無精英，工儒之無魁桀，百室萬貨之呰敗，法禮政治之弛靡，號而夷之曰僿陋之國。若是者何也？曰：卉木之腴瘁，必形於枝葉；氣體之充憊，必貢於支面。道路者，固國之枝葉支面也。安有葉萎而癯而不知其木瘁體憊者哉？抑又聞之，巧秝之祘起於點綫，風化之開基於切近。夫以目之所睹，足之所履，氣息之所吸觸，出入之所趨步，自王公貴人以至於甿隸，無日不馳履於其閒，其所謂切近者，雖室闔庭戶不是過矣。室闔庭戶，蕪積穢壅，雖有疲懦，猶力起而糞除之。其有習居闠冗而不以爲惡者，其長老必從而訢誶之，外人必從而誹詆之，曰是不治之敗家也。而獨於室闔戶庭之稍遠者，則任其蕪積穢壅，因緣濡染，慮不動於耳目切近之地，弛廢猶且如此，是尚得曰國有人乎？夫僻鄙宵壤，物力凋敝，或不任其整治耳。中國固文明之古國。而人數四萬萬餘。又地球所謂殷庶之邦也。然而城會之間猥狹湫滯。轂擊映咽。不能旋踵。且其糞穢之所積。腥膻之所萃。汚垢敝物之所叢集。棄遏蒸鬱。動如山阜。又其甚者。垤穴嶇踦。濘涂滲濡。三市之衢。猥積瓦礫。是亦何以異於物力凋敝之宵壤乎。然猶可諉曰。省會之逖遠也。若夫京師內地。是固　天子宅中之境。所謂首善之區也。是固輦轂之下。而百官諸侯王所趨侍鱗萃者也。然其道涂荒蕪。幾如沙漠。大風揚播。汚穢晝晦。積穢沒踝。渟潦妨轂。白晝大途之中。甚且糞溺以爲便。臭毒所鬱。蒸爲瘴癘。每一夏暑。斃者乃不知幾十萬人。此固行路之所掩鼻。外人之所悼心矣。而其重卿鉅公與夫分司而守此土者。熟視無覩。固恬而不怪。此蒙所爲大惑不解者也。夫彼之漠然於此者。非必樂而安之也。特以爲瑣碎齷齪之事。不足爲慮。經國大猷。不在是耳。然吾聞治國者之言矣。匠人營國中之道。經塗九軌。環塗七軌。野塗五軌。必不使之湫隘也。野廬達國道於四畿。必不使之隔絕也。比郊及野宿息井樹。必不使之荒廢也。舟車轚互。敍而行之。必不使之壅塞也。合方掌達津梁。必不使之陷敗也。禁馳騁。禁徑踰。必不使之擾亂也。季春開通。必不使之障礙也。以時平易。必不使之窪踦也。雨畢而除。必不使之潦汚也。體國經野。亟亟於此。何嘗輕而緩之哉。抑又聞之古史氏矣。殷人之制。棄灰公道則斷其手。周人之制。列樹立鄙以表道。夫利民之事。豈無大於是者。而古帝哲后。則必斷斷以此爲急務。使古人而皆愚人也則可。古人而少知治體者。烏可輕而緩之哉。微獨古先哲王之急此也。泰西新政。非顯著富强之效者哉。其修道之制也。寬廓涂軌。以張偪滯。高中卑旁。以流潦潰。甃水通溝。以滌汚垢。日加輪碾。以平頗仄。車人異道。以達壅塞。激水澆灑。以蕩氛薉。而復然電燈以燭之。邏巡捕以敍之。禁棄糞穢以潔之。其街道之制。亦可謂精且密矣。夫古今相去千餘年。而泰西新政。曾無少異於古王之舊制。豈非有國者之所急。必不能遺此切線之最近者哉。西人之通商我國者。其租界之道路。整潔亦猶是矣。吾人之游覽之者。莫不歎其政治之修。廢弛之舉。而與吾相切者。反靳然置之。是何異喜賃居者之潔治廊廡。而堂室垢雜。乃坐視而無術。抑何不引前制鄰政而觀之也。無具甚矣。且彼所謂坐視無術者。亦曰工重難任。款大難籌耳。夫因人心之所樂。與民生之大利。事至易行也。分土而理。各修所治。責至易專也。中國貧民窮餓。謀生艱苦。卽以修路之費。爲養民之資。以工代賑。效至易收也。禁棄積穢。令至易行也。時一葺理。後至易繼也。且國家亦嘗歲撥內帑百數十萬以修道矣。然中飽吏胥。因循粉飾。日擲黃金於虛牝。孰若一爲更始。實收前民利用之益。而盡去梗咽汚穢癘疫之害哉。夫有此大利。關於國體。雖勉强籌畫。猶當爲之。况修路本有常款。省數年之虛費。而已足者乎。荀子曰。凡事利多而害少。則爲之。商君曰。利不十不變法。有百倍之利。而更無一害。夫亦何憚而久不爲也。輓粟調兵。通商利運。賑災察吏。開風氣。通有無。鐵路之利。亦既知之言之。籌巨款而專辦之矣。而反於此近民要圖。習不加察。有數微款。諉難籌辦。無亦見遠而遺近乎。遠法商周之舊制。近採泰西之新政。內豁壅汚之積弊。外免鄰國之惡誚。民生以利。國體以尊。政治以修。富强以基。一舉而數善備。固未有切近便易於此者也。書曰。王道蕩蕩。又曰。王道平平。蓋信乎王道之必先如此。然後有以著蕩平之化也。

倡設女學堂啓

上可相夫。下可教子。近可宜家。遠可善種。婦道旣昌。千室良善。豈不然哉。豈不然哉。是以三百五篇之訓。勤勤於母儀。七十後學之記。睠睠於胎教。宮中宗室。古經釐其規綱。德言容工。昏義程其課目。必待傅姆。陽秋之賢伯姬。

言告師氏。周南之歌。淑女聖人之教。男女平等施教。勸學匪有歧矣。去聖彌遠。古義浸墜。勿道學問。惟議酒食。等此同類之體。智男而愚婦。猶是天倫之愛。戚子而膜女。悠悠千年。芸芸億室。曾不一事生人之業。一被古聖之教。甯惟不業不教而已。且又戕其支體。蔀其耳目。黜其聰慧。絕其學業。閨闥禁錮。例俗束縛。惰爲游民。頑若土番。烏乎。聚二萬萬之游民土番。國幾何而不弊也。泰西女學。駢闐都鄙。業醫課蒙。專於女師。雖在絕域之俗。邈若先王之遺。女學之功。盛於時矣。彼士來游。憫吾窘溺。倡建義學。求我童蒙。教會所至。女塾接軌。夫他人方拯我之窘溺。而吾人乃自加其梏壓。譬猶有子弗鞠。乃仰哺於鄰室。有田弗芸。乃假手於比耦。匪惟先民之恫。抑亦中國之羞也。甲午受創。漸知興學。學校之議。騰於朝廡。學堂之址。踵於都會。然中朝大議。弗及庶媛。衿纓良規。靡逮巾幗。非曰力有不逮。未遑暇此瑣屑之事邪。無亦守扶陽抑陰之舊習。昧育才善種之遠圖耶。同志之士。悼心斯弊。糾衆程課。共襄美舉。建堂海上。爲天下倡。區區一學。萬不裨一。獨掌堙河。吾亦知其難矣。然振二千年之頹風。拯二兆人之籲命。力雖孤微。烏可以已。夫男女平權。美國斯盛。女學布濩。日本以强。興國智民。靡不始此。三代女學之盛。甯必遜於美日哉。遺制綿綿。流風未沬。復前代之遺規。採泰西之美制。儀先聖之明訓。急保種之遠謀。海內魁傑。豈無恫游民土番之害者歟。傀傀窘溺。甯忍張目坐視而不一援手歟。仁而種族。私而孫子。其亦仁人之所樂爲有事者也。天下興亡。匹夫有責。昌而明之。推而廣之。烏乎。是在吾黨也矣。

試辦不纏足會簡明章程

一、此會之設。原爲纏足之風。本非人情所樂。徒以習俗既久。苟不如此。即難以擇昏。故特創此會。使會中同志可以互通昏姻。無所顧慮。庶幾流風漸廣。革此澆風。

以上立會大意一條

二、凡入會人所生女子。不得纏足。

三、凡入會人所生男子。不得娶纏足之女。（此指入會後所生男子而言若會前年已長大無不纏足之女可娶或入會人尙少擇配不易相當則不在此例）

四、凡入會人所生女子。其已經纏足者。如在八歲以下。須一律放解。如在九歲以上。不能放解者。須於會籍報明。方准其與會中人昏娶。

五、凡入會者。書其姓名年歲籍貫居寓仕履及妻之姓。子女之名。（凡未定昏者皆報名已定昏者無庸報名）以備刊登會籍之用。（其式另列附張）

六、凡入會後所生子女。當隨時陸續報名。以備續刊會籍。

七、凡入會報名後。由本館贈勸女學歌一本。以爲入會之據。

以上入會章程六條

八、凡會籍以姓分册。百人爲一册。每年刊印一次。分致入會之家。

九、開會之始。由同志各持一籍。勸人入會。謂之草籍。草籍不以姓分册。歲終將草籍繳至總會。排比族姓。刊定清册。謂之正籍。

以上會籍章程二條

十、本會總會。設於上海。暫借時務報館開辦。各省會皆設分會。各州縣市集。就入會人多之處。隨時設小分會。其所在之地。陸續登報佈告。

十一、各總會分會。隨地皆立主會副主會。以有功德於本會者爲之。或由董事公舉。無定員。主釐訂會例。稽查清冊。若不兼辦女學刻書等事。不受薪水。

十二、各總會分會。皆設董事無定員。主勸人入會。並商略會例。督辦會辦。皆以同志領之。不受薪水。

十三、總會設司事四人。分會設司事二人。小分會設司事一人。主收各處報名單。一、排比族姓。刊刷會籍。二、將會籍分致入會之家。三、並登記捐資人姓名。四、刊印每年出入清冊。五、等事。酌給薪水。若入會人多事繁冗則隨時議增設司事

十四、本會草籍。以五十人爲一冊。凡有在本會領出草籍。勸人入會滿一冊者。卽推爲董事。滿十冊者。卽設小分會。

十五、各會司事。由主會董事擇人而用。

以上開會章程六條

十六、本會之設。建會所。請司事。印送會籍。及勸女學歌等事。費頗浩繁。不能不設法佽助。然亦不宜强人捐錢。方准入會。凡入會者願捐則捐。不拘多少。卽少至數百錢亦可。卽不捐亦可。

十七、此會若推行日廣。則需費益多。入會之時。收捐甚微。仍恐不敷開銷。海內達人好行其德。務望慷慨見助。以贊厥成。天下幸甚。

十八、凡助資一百兩以上者。公推爲主會。十兩以上者。公推爲副主會。凡主會副主會。每年皆將姓字台銜。彙登報章。其助資至五百兩以上者。他日在會館中設立木主。祀之千秋俎豆。以志盛德。

十九、本會每年集貲若干，開銷若干，皆列清單，附會籍後，分致入會之家，並登報章，以昭大信。

二十、本會所收入會捐及助貲，除按年實銷開列清單外，如有餘貲，或設女學校，或設婦孺報館，或設婦嬰醫院，或設恤嫠局，皆由臨時酌議。惟他日所有一切利益，惟會中人乃得均霑。

以上經費章程五條

不纏足會董事　鄒凌瀚　吴樵　龍澤厚　康廣仁　汪康年　麥孟華　同啓
張通典　譚嗣同　賴振寰　張壽波　梁啓超

右試辦章程吴君與啓超同草定，鄒君、譚君、龍君續有增删，諸同人悉已經目。惟推行伊始，恐未能遽臻妥洽，用先刻之時務報中，海內同志如有所見，伏乞郵致本館，賜教博采衆論，務期可行，乃刻草籍，將以五月初一日開會。有志救世者，庶共贊之。啓超附識。

湖南時務學堂學約

一曰立志。記曰：凡學士先志。孟子曰：士何事？曰：尚志。朱子曰：書不熟，熟讀可記；義不精，細思可精；惟志不立，天下無可爲之事。又曰：學者志不立，則一齊放倒了。今二三子儼然服儒者之服，誦先王之言，當思國何以蹙，種何以弱，教何以微，誰之咎歟？四萬萬人，莫或自任，是以及此。我徒責人之不任，我則盍任之矣。己欲立而立人，己欲達而達人。天下有道，邱不與易，孔子之志也。思天下之民，匹夫匹婦不被其澤，若己推而納之溝中，伊尹之志也。如欲平治天下，當今之世，舍我其誰，孟子之志也。做秀才時，便以天下爲己任，范文正之志也。天下興亡，匹夫之賤與有責焉，顧亭林之志也。學者苟無此志，則雖束身寡過，不過鄉黨自好之小儒；雖讀書萬卷，祇成碎義逃難之華士。此必非良有司與鄉先生之所望於二三子也。朱子又曰。立志如下種子。未有播荑稗之種。而能穫來牟之實者。科第衣食。最易累人。學者若志在科第。則請從學究以遊。若志在衣食。則請由市儈之道。有一於此。不可教誨。願共戒之。先立乎其大者。則其小者不能奪也。此爲大人而已矣。立志之功課有數端。必須廣其識見。所見日大。則所志亦日大。陸子所謂今人如何便解有志。須先有智識。始得此一端也。志既立。必養之使勿少衰。如吳王將復讎。使人日聒其側。曰而忘越人之殺而父乎。學者立志。亦當如此。其下手處。在時時提醒。念茲在茲。此又一端也。志既定之後。必求學問以敷之。否則皆成虛語。久之亦必墮落也。此又一端也。

二曰養心、孔子言仁者不憂。智者不惑。勇者不懼。而孟子一生得力。在不動心。此從古聖賢所最兢兢也。學者既有志於道。且以一身任天下之重。而目前之富貴利達。耳目聲色。游玩嗜好。隨在皆足以奪志。八十老翁過危橋。稍不自立。一落千丈矣。他日任事。則利害毀譽。苦樂生死。樊然殽亂。其所以相撼者。多至不可紀極。非有堅定之力。則一經挫折。心灰意冷。或臨事失措。身敗名裂。此古今能成大事之人。所以希也。曾文正在戎馬之間。讀書談學如平時。用能百折不回。卒定大難。大儒之學。固異於流俗哉。今世變益亟。亂機益劇。他日二三子所任之事。所歷之境。其艱鉅危苦。視文正時。又將過之。非有入地獄手段。非有治國若烹小鮮氣象。未見其能濟也。故養心者。治事之大原也。自破碎之學盛行。鄙夷心宗。謂爲逃禪。因佛之言心。從而避之。乃並我之心。亦不敢自有。何其傎也。率吾不忍人之心。以憂天下。救衆生。悍然獨往。浩然獨來。先破苦樂。次破生死。次破毀譽。記曰。國有道。不變塞焉。强哉矯。國無道。至死不變。强哉矯。孟子曰。富貴不能淫。貧賤不能移。威武不能屈。此之謂大丈夫。反此卽妾婦之道。　養心之功課有二。一靜坐之養心。二閱歷之養心。學者在學堂中。無所謂閱歷。當先行靜坐之養心。程子以半日靜坐。半日讀書。今功課繁迫。未能如此。每日亦當以一小時。或兩刻之功夫。爲靜坐時。所課亦分兩種。一斂其心收視返聽。萬念不起。使清明在躬。志氣如神。一縱其心。偏觀天地之大。萬物之理。或虛構一他日辦事艱難險阻萬死一生之境。日日思之。操之極熟。亦可助閱歷之事。此是學者他日受用處。勿以其迂闊而置之也。

三曰治身、顏子請事之語。曰非禮勿視。非禮勿聽。非禮勿言。非禮勿動。曾子將卒之言。曰定容貌。正顏色。出辭氣。孔子言忠信篤敬。蠻貊可行。斯蓋不得以小節目之也。他日任天下事。更當先立於無過之地。與西人酬酢。威儀言論。最易見輕。尤當謹焉。掃除習氣。専務篤實。乃成大器。名士狂態。洋務羶習。不願諸生效也。 治身之功課。當每日於就寢時。用曾子三省之法。默思一日之言論行事。失檢者幾何。而自記之。始而覺其少。苦於不自知也。既而覺其多。不可自欺。亦不必自餒。一月以後。自日少矣。

四曰讀書、今之服方領習矩步者。疇不曰讀書。然而通古今達中外能爲世益者。蓋鮮焉。於是儒者遂以無用聞於天下。今時局變異。外侮交迫。非讀萬國之書。則不能通一國之書。然西人聲光化電格算之述作。農礦工商史律之紀載。歲出以千萬種計。日新月異。應接不暇。惟其然也。則吾愈不能不於數十寒暑之中。劃出期限。必能以數年之力。使學者於中國經史大義。悉已通徹。根柢既植。然後以其餘日肆力於西籍。夫如是而乃可謂之學。今夫中國之書。他勿具論。卽如注疏兩經解。全史九通。及國朝掌故官書數種。正經正史。當王之制。承學之士。所宜人人共讀者也。然而中壽之齒。猶懼不克卒業。風雨如晦。人壽幾何。若從而撥棄之。則所以求先聖之道。觀後王之迹者。皆將無所依藉。若率天下人而從事於此。靡論難其人也。卽有一二劬學之士。斷斷然講之。而此諸書者。又不過披沙揀金。往往見寶。其中精要之處。不過十之一二。其支離蕪衍。或時過境遷。不切於今日之用者。殆十八九焉。而其所謂精要之一二者。又必學者於上下千古。縱橫中外之學。深造有得。旁通發揮。然後開卷之頃。鈎元提要。始有所獲。苟學識不及。雖三復若無覩也。自餘羣書。數倍此數。而其不能不讀。與其難讀之情形。亦稱是焉。是以近世學者。雖或瀏覽極博。擘究極勤。亦不過揚子雲所謂繡其帨鞶。劉彥和所謂拾其芳草。於大道無所聞。於當世無所救也。夫書之繁博而難讀也既如彼。其讀之而無用也又如此。苟無人董治而修明之。吾恐十年之後。誦經讀史之人。殆將絕也。今與諸君子共發大願。將取中國應讀之書。第其誦課之先後。或讀全書。或書擇其篇焉。或讀全篇。或篇擇其句焉。專求其有關於聖教。有切於時局者。而雜引外事。旁搜新義以發明之。量中材所能肄習者。定爲課分。每日一課。經學。子學。史學。與譯出西書。四者間日爲課。焉度數年之力。中國要籍一切大義。皆可了達。而旁證遠引於西方諸學。亦可以知崖略矣。夫如是則讀書者。無望洋之歎。無歧路之迷。而中學或可以不絕。今與二三子從事焉。若可行也。則將演爲學校報。以質諸天下。　讀書之功課。凡學者每人設箚記一册。分專精涉獵兩門。每日必就所讀之書。登新義數則。其有疑義。則書而納之待問匭。以待條答焉。其詳細功課。別著之學校報中。

五曰窮理、瓦特因沸水而悟汽機之理。奈端因蘋果落地而悟巨體吸力之理。侯失勒約翰因樹葉而悟物體分合之理。亞基米德之創論水學也。因入浴盤而得之。葛立理尤之製遠鏡也。因童子取二鏡片相戲而得之。西人一切格致製造之學。衣被五洲。震鑠萬國。及推原其起點。大率由目前至粗極淺之理。偶然觸悟。遂出新機。神州人士之聰明。非弱於彼也。而未聞有所創獲者。用與不用之異也。朱子言大學始教。必使學者。卽凡天下之物莫不因其已知之理而益窮之以求至乎其極近世漢學家笑之謂初學之人豈能窮凡物之理不知智慧日濬則日出腦筋日運則日靈此正始教所當有事也特惜宋儒之所謂理者去實用尚隔一層耳今格致之書略有譯本我輩所已知之理視前人蓋有加焉因而益窮之大之極恆星諸天之國土小之及微塵血輪之世界深之若精氣游魂之物變淺之若日用飲食之習睹隨時觸悟見淺見深用之既熟他日創新法製新器闢新學皆基於是高材者勉之　窮理之功課每剛日諸生在堂上讀書功課畢由教習隨舉目前事理或西書格致淺理數條以問之使精思以對對既偏教習乃將所以然之理揭示之

六曰學文、傳曰言之無文行而不遠學者以覺天下爲任則文未能舍棄也傳世之文或務淵懿古茂或務沉博絕麗或務瑰奇奧詭無之不可覺世之文則辭達而已矣當以條理細備詞筆銳達爲上不必求工也溫公曰一自命爲文人無足觀矣苟學無心得而欲以文傳亦足羞也　學文之功課每月應課卷一次

七曰樂羣、荀子曰人之所以異於禽獸者以其能羣也易曰君子以朋友講習曾子曰君子以文會友以友輔仁直諒多聞善相勸過相規友朋之益視師長有加焉他日合天下而講之是謂大羣今日合一堂而講之是謂小羣杜工部曰小心事友生但相愛毋相妒但相敬毋相慢集衆思廣衆益學有緝熙於光明　樂羣之功課俟數月以後每月以數日爲同學會講之期諸生各出其劄記冊在堂互觀或有所問而互相批答上下議論各出心得其益無窮凡會講以教習監之

八曰攝生、記曰張而不弛文武不能也一張一弛文武之道也故君子之於學也藏焉修焉息焉游焉西人學堂咸有安息日得其意矣七日來復先王以至日閉關商旅不行此古義之見於經者殆中西同俗也今用之起

居飲食皆有定時，勿使過勞，體操之學，采習一二。攝生之功課，別具堂規中。以上八條堂中每日功課所當有事，以下二條學成以後所當有事，而其基礎皆立自本時，故幷著之。

九曰經世。莊生曰：春秋經世，先王之志。凡學焉而不足爲經世之用者，皆謂之俗學可也。居今日而言經世，與唐宋以來之言經世者又稍異，必深通六經制作之精意，證以周秦諸子及西人公理公法之書以爲之經，以求治天下之理；必博觀歷朝掌故沿革得失，證以泰西希臘羅馬諸古史以爲之緯，以求古人治天下之法；必細察今日天下郡國利病，知其積弱之由，及其可以圖强之道，證以西國近史憲法章程之書，及各國報章以爲之用，以求治今日之天下。所當有事，夫然後可以言經世。而游歷講論二者，又其筦鑰也。今中國所患者，無政才也。記曰：授之以政，不達，雖多亦奚以爲。今中學以經義掌故爲主，西學以憲法官制爲歸，遠法安定經義治事之規，近采西人政治學院之意，與二三子共勉之。經世之功課，每柔日堂上讀書功課畢，由教習隨舉各報所記近事一二條，問諸生以辦法，使各抒所見，對旣徧，然後教習以辦法揭示之。凡在堂問答，皆以筆談。

十曰傳教。微夫！悲哉！吾聖人之教之在今日也。號稱受教者四萬萬，而婦女去其半焉，不識字者又去其半之半焉，市儈胥吏又去其半之六七焉，帖括賤儒又去其半之八九焉。此誠莊生所謂舉魯國皆儒服，而眞儒幾無一人也。加以異說流行，所至强聒，挾以勢力，奇悍無倫。嗚呼！及今不思自保，則吾教亡無日矣。今設學之意，以宗法孔子爲主義。子貢曰：不得其門而入，不見宗廟之美，百官之富。彼西人之所以菲薄吾教，與陋儒之所以自蔑其教者，由不知孔子之所以爲聖也。今宜取六經義理制度微言大義，一一證以近事新理以發明之。然後孔子垂法萬世，範圍六合之眞，乃見。論語記子欲居九夷，又曰：乘桴浮於海。蓋孔子之教，非徒治一國，乃以治天下。故曰洋溢中國。施及蠻貊。凡有血氣。莫不尊親。他日諸生學成。尙當共矢宏願。傳孔子太平大同之敎於萬國。斯則學之究竟也。傳敎之功課。在學成以後。然堂中所課。一切皆以昌明聖敎爲主義。則皆傳敎之功課也。

記東俠

日本以區區三島。縣琉球。割臺灣。脅高麗。逼上國。西方之雄者。若俄若英若法若德若美。咸屏息重足。莫敢藐視。嗚呼。眞豪傑之國哉。而其始乃不過起於數藩士之論議。一夫倡。百夫和。一夫趨。百夫走。一夫死。百夫繼。蓋自安政慶應之間。日本舉國甚囂塵上矣。余讀岡千仞氏之尊攘紀事。蒲生重章氏之偉人傳。冥想當時俠者言論丰采。一一若在耳目。其一二定大難。立大功。赫赫於域外者不必道。乃至僧而亦俠。醫而亦俠。婦女而亦俠。荆聶肩比。朱郭斗量。攘彝之刀。縱横於腰間。脫藩之袴。絡繹於足下。嗚呼。何其盛歟。龍蛇起陸。驚前劫之殺機。燕雀處堂。哀尸居之餘氣。書其微者。而顯者可以概矣。鑒於彼。而己可以懼矣。記東俠。

僧月性。周防人也。嘗讀西蕃記傳。至西班牙以西敎蠱誘瓜哇。遂奪其國。慨然揮淚曰。嗚呼。彼得民心。有一天主敎焉而已。彼既以敎誘民。我亦不可不以敎結吾民心。夫民之易感動也。莫吾鸞敎若。（按鸞敎乃日本佛敎之一宗）我將以吾敎結民心。以拒彼來誘我民者。因每說法。必寓尊攘意。言言懇惻。聲淚俱下。庶民感激。翕然趨之。聽者常數千百人。時人號曰海防僧。

僧月照。西京清水寺住持也。爲人慷慨重氣節。嘉永甲寅。讓寺職於弟信海。游歷諸國。以察世變。逮西艦入浦賀。

舉國洶洶。月照先衆倡義。出入諸公卿門。以勤王事。幕吏深忌之。近衞公某恐其罹禍。使避難於薩摩。與薩藩士西鄉隆盛有村俊齋俱會。薩摩舊君薨。藩論一變。咸責隆盛匿私交。而追捕又至。隆盛往見月照告以實。月照曰。余固分萬死。唯一旦就逮。累及近衞公。乃仲首逼隆盛曰。余甯死於同志之手。隆盛亦自知命窮。乃走出。命舟航日向。時會望夜。大月霽朗。開宴吟賞。酒酣。慷慨書和歌示隆盛。隆盛受而懷之。與月照相抱而投海。舉舟驚起。各入海拯之。隆盛幸蘇。而月照遂死。

浦野望東者。福岡藩士某之女也。年五十四喪夫。漫游上國。與一時知名士唱酬。時幕吏專擅。日主守府。望東憂之。密謁太宰府流寓之諸公卿。商勤王事。山口藩士高杉晉作。嘗避黨難。來於筑。望東匿之己墅。慶應元年。福藩殺正議士二十餘人。望東亦以屢與正議士會。且庇逋逃事得罪。特以其爲女子。減死一等。處流於築之姬島。造小獄囚之。望東哀同志之死。刺血書心經。副之以和歌。日本之歌也各贈其家。以弔祭之。其在島也。小屋一間。鹹風蛋雨。雖丈夫所不耐。而望東悠然自得。不渝其志。著日乘三卷。二年秋。長門正議浪士等潛航姬島。奪以去。匿馬關。望東既老病。敎其孫省贊翌忠義。周旋國事。卒爲幕吏所惡。下獄瘐死。

駒井躋菴者。加賀人也。慷慨憂世。常欽慕長門侯勤王事。欲其舊主亦如之。思竭力焉。一日訪某氏。座有册子紀時事者。請借眎。主人曰。貴國以堂堂大藩。方此國家危急之秋。未聞有一人爲皇國竭力者。眎之復何益。躋菴慨然嘆曰。宜矣。爲諸君所輕蔑也。我國百萬石之大藩。而因循苟且。知大義名分者鮮矣。此可媿也。聲淚俱下。不能仰視。滿坐聞者動色焉。乃急作匿名書。郵加侯。報京師動靜。於是藩主大驚。使老臣入都。周旋王事。後知書出躋菴手。亟稱其志。而躋菴亦累報京師動靜。閤藩憤動。其後爲幕勢所壓。藩論忽變。下獄死。

論曰世所稱日本俠者若吉田寅次佐久間淸川八郎牟田尙平中山忠愛平野國臣眞木保臣小河一敏大久保堀有馬田中河州諸氏蹤跡不一或達或死其行事多在人耳目至於四君子或罕道之余以爲不覯於醫俠僧俠婦俠而以俠爲國之用不著故樂述其軼事如此嗟乎今之士大夫稍有人心者其莫不知西教之爲可畏也雖然畏之何益物必自腐而後蟲生焉中國被服儒術者不上數十萬人胡不聞有持月性之說昌明吾教以結吾民心者也西鄉氏巍然爲變法之魁維新以後參議大政海外至今稱之其不與月照同葬魚腹者幾希耳使月照而更生彼其所建白又寗慚西鄉焉望東一弱女佐佑豪桀庇護黨人視范孟博之母又將過之駒井巍爾醫者豈嘗有尺寸之柄於天下而積誠所感强藩爲動嗚呼何其盛也聞之重學之例凡物之具永靜性者不加以力而不能動也及其既動不加以力而不能靜也中國日本同立國於震旦畫境而治各成大一統之勢蓋爲永靜之國者千年於茲矣日本自劫盟事起一二俠者激於國恥倡大義以號召天下機捩一動萬弩齊鳴轉圜之間遂有今日後之論者悼諸君所志之未成而不知其所成蓋已多矣我國自廣州之役而天津而越南而馬關一恥再恥一殆再殆而積薪厝火鼾聲徹外萬牛回首邱山不移嗚呼豈外加之力猶未大耶抑內體之所以受力者有不任也詩曰天之方蹶無然泄泄龔子曰履霜之屩寒於堅冰未雨之鳥戚於漂搖痺癆之疾甚於疸癰將萎之華慘於槁木撫王室之蠢蠢念天地之悠悠乃掩卷而長太息也

記尙賢堂

西儒李佳白創尙賢堂於京師乞記記曰中國應舉之事千萬也中國人不自舉於是西人之旅中國者傷之憫

之。越俎而代之。李君遊中國十餘年矣。昔在强學會。習與余相見。會旣輟。李君乃爲此堂。思集金二十萬。次第舉藏書樓。博物院等事。與京師官書局大學堂相應。其愛我華人亦至矣。詩曰。無此疆爾界。李君之賢也。又曰。不自爲政。抑亦中國之羞也。李君道上海。爲余道此事。且道將歸國。求助於海外之好善者。以大就此事。吾將拭目以俟李君。

記自强軍

東事起。天子以南皮張尚書督兩江。佩南洋大臣印綬。時敵氛張甚。中興諸湘淮軍百戰皆不有功。於是南洋自强軍之議起。和成尚書移節去。金陵綠營與自强軍弗善也。乃徙軍吳淞。今年春。撫軍趙侍郎大閱兵。既畢。則曰。江南諸軍。無如自强軍。賢士大夫知兵法者。舉曰江南諸軍。無如自强軍。是以梁啓超記之曰。今日之疲耎散漫偷惰畏葸騷擾者。莫中國之兵若矣。而旗兵而綠營而防勇。地地不同名。名不同。而疲耎散漫偷惰畏葸騷擾無不同。若是乎中國之人。殆不可以爲兵矣。啓超於軍旅之事未之學。然以所聞自强軍者。全軍操練僅八閱月。馬軍乃一月有餘耳。而其士軀之精壯。戎衣之整潔。鎗械之新練。手足之靈捷。步伐之敏肅。紀律之嚴謹。能令壁上西士西官西婦觀者百數。咸拍手咋舌。點首讚歎。百吻一語曰。不意支那人能如是。能如是。梁啓超曰。天下無不學焉而能之事。亦無學焉而不能之事。黃種之聰明材力。堅定耐苦。無一事弱於白種。昔之游其國。肄其學校。受其業者。往往試焉。冠其曹。而謀名於其都。夫甯獨兵。今夫嚮之言洋務者。則曰西之强惟兵而已。而豈知其政事其學問。其風俗。舉有可以强。而後以兵强之。强者兵。而所以强者不在兵。善夫西報之言曰。西兵之長。此軍略具矣。少有未熟。歲月之後大成矣。雖然。若以臨陣。能克敵與否。非所敢言也。又曰。惜夫中國之大。而可觀之兵。只有此數也。雖然。使徧中國之兵。而皆能如此軍。中國之能強與否。猶非所敢言也。嗟夫。使吾中國人。而皆不可教。如黑人焉。如紅人焉。如椶色人焉。吾固無覬焉。等是人也。數百年以疲苶散漫偷惰畏葸騷擾聞於鄰國者。今若此。豈其一軍如是。而他軍不能如是。豈其兵能如是。而官而士而農而工而商不能如是。彼大人先生與吾儕小民。可以興矣。請言軍額。步隊八營。營二百五十人。砲隊二營。營二百人。馬隊一營。百八十人。凡二千五百八十人。請言軍餉。每人每月餉八兩。視尋常兵四倍有餘。全軍每月需費三萬兩。請言軍官。營務處總辦道員四明沈敦和。提調知縣香山鄭汝騤。統領德國游擊子爵來春石泰。教習德弁齊百凱。喀索維基。德特勤夫斯柏登高。森伏德利西馬師凱。南爾多福邢漢斯。每營副以華官。

萬木草堂小學學記

啓超居上海。雙遺先生使其子以東來就學。且告啓超曰。今日中國之敝。人才乏也。人才之乏。不講學也。吾子日言變法。如捕風。如說食。爲裨幾何。吾子盍抗顔而講焉。啓超瞿然曰。啓超四庫之籍。百不窺一。五洲之域。遊夢未及。將終其身爲學僮。猶懼不殖。遑言講學。雙遺曰。雖然。子其演子之所學。有可以誨以東者。而述焉。於是略依南海先生長興學記。演其始教之言。以相語也。啓超記。

立志　孔子曰。天下有道。某不與易也。佛言不普度衆生。誓不成佛。伊尹思天下之民。有匹夫匹婦不被堯舜之澤者。若己推而納諸溝中。孟子如欲平治天下。當今之世。舍我其誰也。其志嘐嘐。先聖所取。朱子謂惟志不立。天下無可爲之事學者當思國之何以弱教之何以衰種之何以微衆生之何以苦皆由天下之人莫或以此自任也我徒知責人之不任則盍自任矣論語曰志於仁又曰仁以爲己任學者苟無志乎此則凡百學問皆無着處先立乎其大者則其小者不能奪此志既定顚撲不破讀一切書行一切事皆依此宗旨自無罣礙自無恐怖

養心　孔子自得之學在從心所欲孟子自得之學在不動心後人言及心學輒指爲逃禪此大誤也天下學問不外成己成物二端欲求成己而不講養心則眼耳鼻舌身意根塵相引習氣相熏必至墮落欲求成物而不講養心則利害毀譽稱譏苦樂隨在皆足以敗事故養心者學中第一義也養心有二法門一曰靜坐之養心二曰遇事之養心學者初學多屬伏案之時遇事蓋少但能每日靜坐一二小時求其放心常使清明在躬志氣如神夢劇不亂寵辱不驚他日一切成就皆基於此毋曰迂遠云也

讀書　今之方領矩步者無不以讀書自命然下焉者溺帖括中焉者騖詞章上焉者困考据勞而無功博而寡要徒斲人才無補道術今之讀書當掃除莽榛標擧大義專求致用靡取駢枝正經正史先秦諸子西來羣學凡此諸端分日講習定其旨趣擷其精華自餘羣書皆供涉獵凡有心得以及疑難皆爲劄記至其先後次第余有讀書分月課程讀西學書法兩者皆昔者答門人問之作雖粗淺已甚亦初學之塗徑也

窮理　法必變所以立之故不變六經諸子古者皆謂之道術蓋所以可貴者惟其理也故曰法先王者法其意西人自希臘昔賢卽講窮理積至近世愈益昌明究其致用有二大端一曰定憲法以出政治二曰明格致以興藝學輓近公理之學盛行取天下之事物古人之言論皆將權衡之量度之以定其是非審其可行不可行蓋地球大同太平之治殆將萌芽矣學者苟究心此學則無似是而非之言不爲古人所欺不爲世法所撓夫是之謂

實學。若夫孟子所謂深造自得。左右逢源。又其大成之事也。

經世　莊子曰。春秋經世先王之志。爲學而不以治天下爲事。其學焉果何爲矣。故胡安定有治事之齋。而西人最重政治學院。上依人理。下切時務。窮則建言。達則任事。此其爲學。具有專門。非可枵腹抵掌。摭尊攘之說以言經濟也。顧亭林曰。天下興亡。匹夫之賤。與有責焉。范文正做秀才時。便以天下爲己任。後世此義不明。卽好學之士。亦每以獨善其身爲主義。而世變益莫之振救。不知棟折榱崩。其誰能免。卽不念大局。獨不思自保耶。

傳敎　孔子改制立法。作六經以治萬世。皜皜乎不可尙矣。乃異道來侵。輒見篡奪。今景敎流行。挾以國力。奇悍無倫。而吾敎六經舍帖括命題之外。誦者幾絕。他日何所恃而不淪胥哉。雖然。中庸之述祖德。則曰施及蠻貊。春秋之致太平。則曰大小若一。聖敎之非直不亡。而且將益昌。聖人其言之矣。記曰。其人存。則其政舉。佛敎耶敎之所以行於東土者。有傳敎之人也。吾敎之微。無傳敎之人也。敎者。國之所以受治。民之所以託命也。吾黨丁此世變。與聞微言。當浮海居彝。共昌明之。非通羣敎。不能通一敎。故外敎之書。亦不可不讀也。

學文　詞章不能謂之學也。雖然。言之無文。行之而不遠。說理論事。務求透達。亦當厝意。若夫駢儷之章。歌曲之作。以娛魂性。偶一爲之。毋令溺志。西文西語。亦附此門。

衞生　張而不弛。文武不能。西人百業。皆有安息。七日來復。大易同之。學貴以時。無使勞頓。更習體操。以練筋膚。

史記貨殖列傳今義

西士講富國學。倡論日益盛。持義日益精。皆合地球萬國土地人民物產而以比例公理。盈虛消息之。彼族之富强。洵有由哉。然導其先河。乃自希臘。昔賢肇闡義奧。泝逮輓近。乃更光大。雖曰新學。抑亦古誼也。蒙昔讀筦子輕重篇史記貨殖傳。私謂與西士所論有若合符。苟昌明其義而申理其業。中國商務可以起衰。前哲精意。千年湮沒。致可悼也。作今義。

老子曰。至治之極。鄰國相望。雞狗之聲相聞。民各甘其食。美其服。安其俗。樂其業。至老死不相往來。必用此爲務。輓近世塗民耳目。則幾無行矣。

啓超謹案老子所言上古之俗也。中國舊論每崇古而賤今。西人則不然。以謂愈上古則愈野蠻。愈輓近則愈文明。此實孔子三世之大義也。三世之例由據亂而升平而太平義主漸進 所謂鄰國相望而老死不相往來者。上古道路未通。所至閉塞。一林之障。一川之隔。則其勢不能相通。於是溝然畫爲一國。故上古之國最多。今中國邊地之土司。南洋非洲之酋長。猶彷彿是俗。是俗盛行。則必一州一縣之內。古之所謂一國者其幅員不過與今日一州縣相等 百物皆備。然後可然地力土宜實難齊一。是以山人乏魚。澤人乏木。農有餘粟。女有餘布。操作之人甚勞。而所獲樂利甚寡。遇有旱乾水溢。更復無自振救。不相往來。其敝乃極於此。佐治芻言云。譬之英國諸東北蘭達爾喊兩省則產煤。迷德塞根德諸佛色佛克等省則產五穀。哥奴瓦省則產銅錫。若非彼此互易。則采煤者既須兼顧飲食器用之事。不能專力開采。即產五穀之處。其人亦豈能專心樹藝耶。又云物產既可互易。則諸東北蘭人欲得哥奴瓦省之銅錫。並根德等省之五穀。不啻取之本省中矣。由兩義觀之。則通商者天地自然之理。人之所藉以自存也。故言理財之學者。當並國之差別界限而無之。有差別有界限。斯已下矣。如各國有加重進口稅以保護己商等事 若不相往來。又差別界限之下者也。孟子所謂不通功易事。以羨補不足。又曰。如必自爲而後用之。是率天下而路。皆深陳商學精義。太史公最達此義。故篇首直揭邪說而斥爲塗民耳目。老氏自言法令者。將以愚民。非以明民。正塗民耳目之碻詁。以上古不得已之陋俗。而指爲郅治之極。此言熒惑二千餘歲。馴至今日。猶復以鎖港謝客爲務。强鄰勢脅。不得已而弛海禁。然曾不思相通之義。有來而無往。以至瀕戹日甚。一日不寧。惟是各省道路梗塞。貨錢不流。百里之遙。邈若異域。是豈直鄰國而已。卽所謂十八行省者。已不啻其幾萬億國。是眞能奉行老子之教者也。故史公作傳。開宗卽明此義。蓋謂吾中國受病之所在。不淸其本。則條流靡得而言也

太史公曰。夫神農以前。吾不知已。至若詩書所述虞夏以來。耳目欲極聲色之好。口欲窮芻豢之味。身安佚樂。而心矜誇勢能之榮。使俗之漸民久矣。雖戶說以眇論。終不能化。

啓超謹案。言貨殖而推本於耳目口體之欲者何也。凡聖人之立教。哲王之立政。皆將以樂其民耳。禮運曰。貨惡其棄於地也。不必藏於己。大地百物之產。可以供生人利樂之用者。其界無有極。其力皆藏於地。待人然後發之。所發之地力愈進。則其自樂之界亦愈進。自樂之界旣進。則其所發之地力愈不得不進。二者相牽引而益上。故西人愈奢而國愈富。貨之棄於地者愈少。故說以黜奢崇儉爲美德。此正與禮運孔子之言相反也。朝鮮之人最儉。人持兩錢。可以度日。而國卒以削亡。彼其人於兩錢之外無所求。一日所操作。但求能易兩錢則亦已矣。雖充其人與地之力。可以日致百錢或萬錢。彼勿顧也。何也。已無所用之。而徒勞苦何爲也。故尙儉之藏貨於己。人盡知之。其爲棄貨於地。人罕察之。擧國尙儉。則擧國之地利日堙月塞。馴至窮蹙不可終日。東方諸國之瘠亡。蓋以此也。故儉者亦上古不得已之陋俗。而老氏欲持此以坊民。非惟於勢不行。抑於義不可。太史公謂俗之漸民久矣。而世之辟儒。猶拾老氏之唾餘。導民於苦。以塞地利。殆不率天下爲野人不止也。

故善者因之，其次利導之，其次教誨之，其次整齊之，最下者與之爭。

啓超謹案：何謂因之？西人言種植者，必考某種植物含某種質，宜於某土；某地土性含某種質，宜於某物，然後各因而用之。苟不知而誤用則敗，知之而强易則勞，此因之第一義也。又如熱力、電力、水力，皆天地自然之物，取不禁，用不竭，昔人惟不知因，乃棄之於無用耳。故因之之學，今日地球上方始萌芽，他日此學大行，地力所能養人之界，將增至無量數倍，故史公以爲最善也。人力亦然，燕函粵鎛，各用所長。如英之曼支斯德專業紡紗織布，法之來恩專造絲貨，德之波希米專造五色玻璃，瑞士之專造金錶，苟易其俗，則不能良。又如有數事於此，以一人分數日任之，則成就必鈍而窳；以數人分一日任之，則成就必速而良。此亦貴能因也。何謂利導？如能自出新法製新器者，許其專利，設博覽會、比較場，通轉運，便郵寄之類是也。何謂教誨？設農學堂、礦學堂、工學堂、商學堂是也。何謂整齊？不能興新利，惟取世界上舊有之利益，從而整頓之，釐剔其弊，如陶文毅、胡文忠之理鹽、改漕等政，皆是也。自善治財者視之，已爲中下策矣。與之爭者，不思藏富於民之義，徒欲朘民之脂膏以自肥，輓近之計臣日日策畫籌度者，大率皆與之爭也。故西人於民生日用必需之物，必豁免其税，以便民；中國則乘民之急而重征之，如鹽政之類是也。亦有西人良法美意，爲便民而起，而中國恃爲助帑之計，行之而騷擾滋甚者，如今日之郵政之類是也。故大本一謬，則無適而可。公理之學之不可以不講，如是夫。

故待農而食之，虞而出之，工而成之，商而通之。

啓超謹案：西人言富國學者，以農、礦、工、商分爲四門。農者，地面之物也；礦者，地中之物也；工者，取地面地中之物而製成致用也；商者，以製成致用之物流通於天下也。四者相需，缺一不可，與史記之言若合符節。

此四者民所衣食之原也。原大則饒。原小則鮮。上則富國。下則富家。貧富之道。莫之奪予。而巧者有餘。拙者不足。

啓超謹案原之大小。不以地爲界。不以人爲界。不以日爲界。當以力爲界。凡欲加力使大。莫如機器。各種機器農礦工之機器也。修通道路。利便轉運。商之機器也。是故一畝所出能養百人。則謂之饒。百畝所出能養一人。則謂之鮮。一人耕能養百人。則謂之饒。百人耕能養一人。則謂之鮮。一日所作工。能給百日食。則謂之饒。百日所作工。能給一日食。則謂之鮮。是以用智愈多者用力愈少。故曰巧者有餘。拙者不足。

故太公望封於營丘。地潟鹵。人民寡。於是太公勸其女功。極技巧。通魚鹽。則人物歸之。繈至而輻湊。

啓超謹案易曰。日中爲市。通天下之民。聚天下之貨。蓋衆人之所集。必大利之所叢也。孟子謂天下之商。皆悅而願藏於王之市。商之藏於吾市。吾之利也。後世公理不明。恥尚失所。於是倡爲鎖港閉關之說。以通商爲大變。以開口岸爲大蠹。聞之西人論通商公例。謂主國之利九。而客邦之利一。故西方無論何國。尺土寸地。皆可互市。日本舊論。亦主鎖港。後乃舉全國而口岸之。曷嘗見其害乎。故史公論及富强。必以人物歸之爲主義。今之腐士。猶惴惴以通商開口岸爲懼。冀絕外貨之入。而止內泉之流。其猶受老子塗民耳目之餘毒歟。勸女紅。極技巧。亦今之日本所以興也。

故曰倉廩實而知禮節。衣服足而知榮辱。禮生於有而廢於無。故君子富好行其德。小人富以適其力。淵深而魚生之。山深而獸往之。人富而仁義附焉。

啓超謹案周禮有保富之義。秦西尤視富人爲國之元氣。何以故。國有富人。彼必出其資本。興製造等事。以求大利。製造既興。則舉國貧民皆可以仰餬口於工廠。地面地中之貨。賴以盡出。一國之貨財。賴以流通。故君子重之。輓近西國好善之風日益盛。富人之捐百數十萬以興學堂醫院等事者。無地不有。無歲不聞。豈其性獨異人哉。毋亦保富之明效也。故曰人富而仁義附焉。俄羅斯苛待猶太人。（猶太人最富）而國日以貧。高麗臣子無私蓄。而國日以削。太史公之重富人。其有意乎。以明此義。無惑夫世之辟儒。從而非笑之也。

六歲穰。六歲旱。十二歲一大饑。夫糴。二十病農。九十病末。末病則財不出。農病則草不辟矣。上不過八十。下不減三十。則農末俱利。

啟超謹案。西人綜核貿易情形。大率以十年爲一運。以英商論之。自乾隆十八年。二十八年。三十七年。四十八年。五十八年時。爲商務最盛之運。大都極盛之後。以漸而衰。至五年而大衰。大衰之後。以漸而盛。又五年而大盛。西士深究其循環所以然之理。蓋由歐洲產葡萄之數。國逾十年或十一年。必大熟一次。所獲或數倍於尋常。又印度各地每十二年。必大歉一次。因思升降之原。必由於此。與六歲穰六歲旱之說。不謀而合。西士又考十年一熟或一歉之故。始知由月體射來地面之熱度差率所致。其一歲而各地之荒歉異者。受熱之例異也。由此言之。則計然金穰水毀木饑火旱之說。亦或由實測。要之人非食不生。故百物之貴賤。恆依農產之貴賤生比例。十年循環。其機全繫於此。故計然斤斤劑農末之平也。

平糶齊物。關市不乏。治國之道也。

啟超謹案。平糶齊物之權。操之於稅則。西國舊制。每有重收進口稅。欲以保本國商務者。近時各國尚多行之。惟明於富國學者。皆知其非。以爲此實病國之道也。蓋通商之例。半屬以貨易貨。其用現銀者。十不及一二。故本國每年出口之貨。皆由外商運貨入境。交易而去。未必俱以現銀購也。今旣阻輸入之路。則人亦更無術以易我貨，此之謂自困。且一國之中，勢不能盡百物而備造之。故無論何國人，欲屹然獨立，不仰給於他國所產之物，必無是理。譬如多產五穀之國，以爲若穀價翔貴，則利於己國，不知己國之民，不能徒食而自存也。其所需衣服器物等，皆取之於他國，穀價增則一切工價皆隨之而增，我不已受其累乎。又昔有不宜穀之數國，業此者工本極大，而其地主嚴禁他國運穀食入口，或議加重其稅，以困外農。英國五十年前，即行此政，坐此之故，常患缺食，而餘物貿易亦不暢旺。自一千八百四十六年大開海禁，一切商務，歲增惟倍，何也，平與不平之所致也。一物不平，斯百物不平矣；一國不平，斯萬國不平矣。地球所產百物，恆足以供地上居民之用而有餘，惟壅之於此，則匱之於彼，大壅則大匱，小壅則小匱，更迭吸引，相爲比例，而品類盈絀，而價值漲落，其幾甚微，其流甚鉅。能平能齊，則天下蒙其福；不平不齊，則天下受其害。有國家者，曷爲能平之能齊之，恃有梲則以左右之也。雖然，財政者，天下之事也，非合全地球之地力人力，所產所需，而消息之，則無以得其比例。故大學理財之事，歸於平天下也。僅治一國者，抑末矣。然治國者，苟精研此理而酌劑之，則關市亦可以不乏，而國必極富。今之英國，殆稍近之也。

積著之理，務完物，無息幣，貨勿留。

啓超謹案：今日中國之言商務者，未嘗不知此義，然而無法以避之者，阻力不去之所致也。何謂阻力，鐵路不通，內河輪船不行，市鎮中馬路不修，故西人一日可運之貨，我至以十日或半月始克運，運費視物之本價，動增數倍，而道中存積，頃刻壞損，以至百貨不能出境，阻力一也。逢關納稅，遇卡抽釐，蠹吏需索，扞手留難，或扣勒數日，猶不放行，坐此霉爛積貨，耽誤市價，阻力二也。既無商會，不能相聯，西商闚其情實，陰持短長，任意漲落。故延時日以老我師。阻力三也。三者不去。則息幣留貨之弊。無自而免。然去此非藉國力保護不爲功也。故曰。良牧亦去其害馬者而已。去阻力之謂也。天下一切事。悉有阻力。阻力悉去。百事畢舉矣。此固不獨商務爲然也。

論其有餘不足。則知貴賤。貴上極則反賤。賤下極則反貴。貴出如糞土。賤取如珠玉。

啓超謹案天下豪傑之士。每喜創新事業。而中人以下。每甘追逐風氣。天下豪傑少而中人多。當每一事業之初創也。必獲厚實於羣。無量之人相率而追逐之。不知此業實不能容此無量之人。乃不能不爭貶其價值以相競。於是其勢必立蹶。而他種事業。因爲衆人所不趨。必至缺乏。値乃驟進。此上極反賤。下極反貴。所以然之故。其理甚淺。而治生家往往不能察者。因其上極下極之界至難定。間有未極而指爲已極者。亦有已極而擬爲未極者。苟非善觀時變。則易生迷惑也。昔康熙五十六年時。英國太平洋商務極盛。股分之値驟增數倍。彼時格物士奈端致書其友。購此股分。甫購至而彼商務公司已傾圮矣。西人論商務中此等情形。比之氣泡。謂其張至極大時。即將散之時也。世間無論何種商務。皆所不免。而以奈端之碩學高識。猶爲所迷。故至今英人猶取其致友人書。藏之國家大書樓。視爲鴻寶。以爲商務中人戒也。西人富國之書。斤斤以此爲言。蓋謂苟國中人人盡明此理。則追逐風氣者。不至舉國若狂。而氣泡不至屢張速散。而一國之羣商。亦可無受其牽累也。此有國者保商之道也。若夫舉吾全國之商。與他國之商爭。則正宜用出如糞土取如珠玉之法。今歐西諸國。亦持此術以瘠我也。今吾中國之商。非無一二人能行此道者。然所爭者。只本國之財。如鷸蚌相持。受漁人以利。枋而曾不知聯爲商會以與他人競。此所以弱也。

財幣欲其行如流水。

啓超謹案禮運曰貨惡其棄於地也。不必藏於己。故泉之義取之流。布之義取之布。財政之患。故患乎財藏於一人若數人。一處壅之則全局受其害矣。然則古人曷爲言保富。曰凡富者莫善於出其財以興工藝貿易子母相權。己可以獲大利。而傭伴衣食於是焉。工匠衣食於是焉。如興一機器布之廠費本二十萬。而造機器之人得其若干。種棉花之人得其若干。修房屋之人得其若干。工作之人得其若干。販賣之人得其若干。而且因買機器也。而鍊鐵之人得其若干。開礦之人得其若干。因買棉花也。而賃地種植之人得其若干。造糞料造農器之人得其若干。因修房屋也。而木廠得其若干。窰廠得其若干。推而上之。鍊鐵開礦以至窰廠等人。其貨物又有其所自出。彼之所自出者。又復有其所自出。如是互相牽攝。沾其益者至不可紀極。且工作販賣之人既聚。既有所贍。則必衣焉食焉居焉游焉。而於是市五穀蔬菜者得其若干。市布縷絲麻者得其若干。賃屋廡者得其若干。賃車馬者得其若干。而此種種之人。持其所得者復以經營他業。他業之人有所得。復持以經營他業。如是互相攝引。沾其益者亦不可紀極。此之謂行如流水。雖然。人之沾吾益者既已若此。疑於吾必有太耗。而所獲之利乃轉不貲者。然則所獲究誰氏之財乎。曰是皆昔者棄於地者也。今以富者之財。貧者之力。合而用之。以取無量之財於地。故兩有所益。而財亦不見其損也。曰然則富人而驕奢淫佚以自奉者何如。曰無傷也。彼食前方丈。而市酒肉者得以養焉。彼侍妾數百。而市羅綺簪珥者得以養焉。彼高堂華屋。而市桷甎者得以養焉。彼雕鞍玉勒。而市車騎者得以養焉。他事稱是。而彼所市者。則又復有其所市者。遞而引之。至不可紀極。猶前之云也。故於彼雖有大損。然爲全局計。則流水之行卒無所於礙。曾何傷乎。所最惡者。則癖錢之奴守財之虜。朘削兼并他人之所有以爲己肥。乃窖而藏之。以私子孫。己身而食不重肉。妾不衣帛。猶且以是市儉名於天下。壅全國之財。絕廛市之氣。此眞世界之蟊賊。天下之罪人也。而後之頌善政者。輒以大官之錢累巨萬。貫朽而不可校。謂爲美談。抑何與計然之言相刺謬耶。善夫西人之政也。國家設銀行借國債民有財貸之於官。官藉之以興工程。拓商務。以流通之於民。而國之富强遂莫與京。

廢著鬻財於曹魯之間。

徐廣曰。子贛傳云。廢居著猶居也。啓超謹案。書言肇牽車牛遠服賈。凡言商務者。必賈於四方。未有死徙無出鄉者。故必廢著然後能鬻財也。西人商會。徧於五洲。每疲舉國之力。以求通一地。闢一口岸。而中國四萬萬人懷安重遷。曾無思糾一公司。通一輪船。往他國以與人相角者。眞可悲矣。

當魏文侯時。李克務盡地力。而白圭樂觀時變。

啓超謹案。盡地力者。農礦工之事也。觀時變者。商之事也。兩者相須而成。不可偏廢。然盡地力者。每勞而所得少。（謂以所用力與所得利比較觀時變者而覺其少）觀時變者。每逸而所得多。大抵其國多下等筋力之人者。宜講盡地力。其國多上等智術之人者。宜講觀時變。今吾中國欲持觀時變之學。以與西人爭。未必能勝之。若講盡地力。則未知鹿死誰手也。中國數千年未闢之地利。蘊積以俟今日。而地球五洲荒莽之區。尚居其半。他日亞洲非洲南美洲。非藉我四萬萬人之力。終莫得而闢也。

趨時若鷙鳥猛獸之發。故曰吾治生產。猶伊尹呂尚之謀。孫吳用兵。商鞅行法是也。是故其智不足以權變。勇不足以決斷。仁不能以取予。强不能有所守。雖欲學吾術。終不告之矣。

啓超謹案西人富國之學。列爲專門。舉國通人才士。相與講肄之。中國則邃古以來。言學派者。未有及此也。觀計然白圭所云。知吾中國先秦以前實有此學。白圭之言其鄭重之也如是。知其中精義妙道必極多。苟承其學而推衍之。未必遜於西人。而惜乎其中絶也。今西人之商焉者大率經學堂中朝研夕摩。千印萬證而來。而我以學書不成之人持籌而與之遇。無惑乎未交綏而已三北也。

啓超又案務觀時變者。據亂以至升平世之事也。若太平世必無是。何以故。所謂時變者。生於市價之不一。市價之不一。生於不平不齊。不平不齊。生於商之不相通。或道路阻於轉運。或關稅互生區別。是以或彼物壅於此而匱於彼。或彼物壅於彼而匱於此。故雖一二日之間。數十家之市。而變態之起已無量數。積以多時。參以各地。其倏忽幻異。波譎雲詭。益不可思議。昧者弗察其故。當變之忽來而訝之。及變之既去而忘之。以故累失算而恆見制於人。是之謂拙商。有工心計者出。求其所以然。究其所終極。合前後情形以察之。統各地異同以較之。行之以鉤距之法。用之以羅織之術。參伍錯綜。觀之既熟。而得其比例之定率。乃用其中數以權之以消息之。故所發無不中。而羣商皆受制焉。是之謂巧商。商學之精義。至是備矣。然其所得者。皆羣商之財也。不啻欺羣商之闇弱。而紾其臂以攘奪之也。無以異於豪强兼并之爲也。且彼所幸者。亦由地球之上智人少而愚人多。故術得行耳。若太平之世。教學大明。天下一切衆生智慧平等。將彼所謂時變者。皆如日食彗見。盡人知其所由來與其一定不易之式。而何所驚駭。而何所播弄。況乎太平之世。自有平貨齊物之道。而所謂隨時隨地變態倏忽波譎雲詭者。皆歸消滅也。故曰觀時變者。非太平之行也。今吾持此義以語今日據亂世之人。人知必莫予信也。吾今試問有一國於此。其商互相攘奪。互相傾擠。而冥冥之中。壟斷其利於一人或數人。彼其國之商務何如。則必曰是將窳敗衰落。而不可理也。識時者必又曰。何不合全國之力。相聯屬相友助以與他國敵。而徒自糜爛其商務何爲也。夫吾究不知壟斷其利於一國與壟斷其利於一人有何殊異也。人與人相擠。而全國之商病。國與國相擠。而舉天下之商病。彼天下亦一大國也。妄生分別。自相蝨賊。故國與國之界限不破。則財政終莫得而理。天下終莫得而平也。孟子曰。有賤丈夫焉。以太平世之律治之。則白圭之流。其猶不免於此名。而彼之以商務稱雄於寰宇者。又賤丈夫之大者耳。雖然。若以治今日之中國。拯目前之塗炭。則白圭計然。眞救時之良哉。

經世文新編序

易曰。日新之謂盛德。書曰。人惟求舊。器惟求新。又曰。作新民。中庸曰。溫故而知新。新舊者。固古今盛衰興滅之大原哉。故衣服不新則垢。器械不新則窳。車服不新則敝。飲食不新則餒敗傷生。血氣不新則槁暴立死。天之斡旋也。地之運轉也。人之吸呼也。皆取其新而棄其舊也。新相知之樂也。新婚姻之佳兒婦也。新沐浴之舒身體也。及夫追懷故舊。則哀以悲也。人道未有不喜新而厭故者也。矧於撫有廣土衆民。而爲天子。將以焜燿大業。平章百姓者乎。大矣哉。吾孔子之作春秋也。立新王之道。凡受命爲新王者。布政施敎於天下。必有先與民變革焉。立權度量。考文章。徙居處。改正朔。易服色。異器械。殊徽號。變犧牲。其大經也。豈聖人好爲更張哉。以爲不如是不足以新民之耳目。而吾承天意以開新治者丕顯。易曰。乾元用九。天下文明。王者作新名。作新樂。自公侯至於庶人。自山川至於草木昆蟲。莫不一一被之以新政。且日新又新。言以求進乎用九文明之治也。夫是之謂新國。孟子曰。

子力行之亦以新子之國。夫聖賢之稱古昔先民。過於今之所謂守舊之士也遠矣。及其論治則曰新民新國。豈亦猶夫人之情歟。且夫不新之國。其君驕以偷。其臣貪以懦。其民愚以弱。其政紊。其事廢。其器惡。其氣則厭緘老洫。其屋室城池郭邑宮府委巷街衢園囿臺沼椽采皆湫隘囂塵沮洳灌莽卑汚迫偪黃槁鶩沙。遊矚其方則蹙頞疾首。不可終日矣。遑問其國之治否之何若矣。求新之國。其君明以仁。其臣忠以毅。其民智以雄。其政通。其事精。其器瑩。其氣則華郁繽紛。其屋室城池郭邑宮府委巷街衢園囿臺沼椽采皆瑰瑋麗飛。朱華高驤。平夷洞達。光爛炤爛。裴褏其鄉。則心曠神怡。樂以忘返矣。遑問其國之治否之何若矣。夫能新則如此。不能新則如彼。太古之國。今無有存焉。存者亦不可以爲國。開新者興。守舊者滅。開新者强。守舊者弱。天道然也。人道然也。且夫泰西富强甲於五洲。豈天之獨眷顧一方民哉。昔嘗考之。實自英人培根始也。培根創設獎賞開新之制。於是新法新理。新器新製新學新政。日出月盛。流沫於各邦。芬芳於大地。諸國效之。舍舊圖新。朝更一製。不旰夕而全國之舊法盡變矣。不旬日而全球之舊法盡變矣。無器不變。亦無智不新。至今遂成一新世界焉。泰西以培根立科爲重生之日。蓋重之也。中國號稱文明之古國也。綿曖二千載。涉歷廿四朝。政治學俗。若出一軌。負床之孫。已誦大學而新民之道。通人魁儒。項背相望。熟視無覩。有若可刪也。（朱注新者革其舊念之汚因荆公行新法而改爲新念）於是二千載哲辟英相。咸以變更成法爲戒。無敢言新政者。惟因循積弊。行尸走肉而已。以二萬里之大。四萬萬之人。乃至學無新理。工無新製。商無新術。農無新具。任彼開新之奪吾利權。割吾土地。抱吾生命。而守舊之徒。且嘵嘵然曰。彼西法之尙新奇。中國不當效也。豈知吾之守舊。固爲先聖之所深惡痛絕哉。易曰。窮則變。變則通。昔嘗竊取斯旨作變法通議以告天下。又欲集天下通人宏著有當於新民之義者爲一編。以冀吾天子大吏有所擇焉。卒卒未暇。未之作也。

吾友麥君曼宣過海上，出其經世文新編相示，啓超已讀竟，乃喟然嘆曰：其庶幾吾孔子新民之義哉！書分通論、君德、官制、法律、學校、國用、農政、礦政、工藝、商政、幣制、稅則、郵運、兵政、交涉、外史、會黨、民政、教宗、學術、雜纂二十一門，中多通達時務之言。其於化陋邦而爲新國，有旨哉！啓超已慨拘迂之士，俾吾孔子明新之制，闇吻於天下，而致爲人役，又喜麥君之書條理精密，足以開守舊者之耳目，而使之矍然以興也，故言爲國之新舊關於興滅，以序其端。

春秋中國夷狄辨序

自宋以後，儒者持攘彝之論日益盛，而彝患亦日益烈，情見勢絀，極於今日，而彼囂然自大者，且日嘵嘵而未有止也。叩其所自出，則曰：是實春秋之義。烏乎！吾三復春秋，而未嘗見有此言也。吾徧讀先秦兩漢先師之口說，而未嘗見有此言也。孔子之作春秋，治天下也，非治一國也；治萬世也，非治一時也。故首張三世之義，所傳聞世，治尚麤觕，則內其國而外諸夏；所聞世，治進升平，則內諸夏而外彝狄；所見世，治致太平，則天下遠近大小若一，彝狄進至於爵。故曰有教無類，又曰洋溢乎中國，施及蠻貊，凡有血氣，莫不尊親，其治之也，有先後之殊，其視之也，無愛憎之異。故聞有用夏以變彝者矣，未聞其攘絕而棄之也。今論者持升平世之義，而謂春秋爲攘彝狄也，則亦何不持據亂世之義，而謂春秋爲攘諸夏也。且春秋之號彝狄也，與後世特異。後世之號彝狄，謂其地與其種族；春秋之號彝狄，謂其政俗與其行事。不明此義，則江漢之南，文王舊治之地，汧雍之間，西京宅都之所，以云中國，孰中於是？而楚秦之爲彝狄，何以稱焉？不甯惟是，昭十二年晉伐鮮虞，晉也彝狄之。春秋繁露楚莊王篇：晉伐鮮虞，何惡乎晉而同彝狄

（也。何注伐同姓，欲以立威行霸，故狄之）成三年。鄭伐許。鄭也而狄之。（繁露竹林篇鄭伐許何惡乎鄭而夷狄之也伐喪無義叛盟無信故大惡之）桓十五年。邾婁人牟人葛人來朝。邾婁等也。而狄之。（何注桓公行惡而三人朝事之故彝狄之）隱七年。戎伐凡伯於楚丘以歸。衛也而狄之。（穀梁傳戎者衛也伐太子之使貶而戎之也）哀六年。城邾婁葭。魯也而狄之。（何注城者取之也邾婁未嘗加非於魯魯數圍取邾婁邑不知足有彝狄之行）夫晉鄭邾衛。中原之名國也。魯者尤春秋所託焉。以明王法者也。而其爲彝狄。又何以稱焉。董子云。春秋之常辭也。不予彝狄而與中國爲禮。至邲之戰。偏然反之。何也。曰。春秋無通辭。從變而移。今晉變而爲彝狄。楚變而爲君子。故移其辭以從其事。（竹林篇）大哉言乎。然則春秋之中國彝狄。本無定名。其有彝狄之行者。雖中國也。醜然而彝狄矣。其無彝狄之行者。雖彝狄也。彬然而君子矣。然則藉曰攘彝焉云爾。其必攘其有彝狄之行者。而不得以其號爲中國而恕之。號爲彝狄而棄之。昭昭然矣。何謂彝狄之行。春秋之治天下也。天下爲公。選賢與能。講信修睦。禁攻寢兵。勤政愛民。勸商惠工。土地闢。田野治。學校昌。人倫明。道路修。遊民少。癈疾養。盜賊息。由乎此者。謂之中國。反乎此者。謂之彝狄。痛乎哉。傳之言也。曰。然則曷爲不使中國主之。中國亦新彝狄也。（昭二十三年）然則吾方日兢兢焉求免於春秋所謂彝狄者之不暇。而安能彝人。而安能攘人哉。是故以治天下治萬世之義言之。則其不必攘也如彼。以治一國治一時之義言之。則其不能攘也如此。吾卒不知攘彝之言。果何取也。徐君君勉既學於南海。治春秋經世之義。乃著中國彝狄辨三卷。一曰中國而彝狄之。二曰彝狄而中國之。三曰中國彝狄。進退微旨。於以挈千年之謬論。抉大同之微言。後之讀者。深知其意。則曉曉自大之空言。或可以少息也。中國之彝患。或可以少衰也。天下遠近大小若一之治。或可以旦暮遇之也。雖然。以孔子之聖。猶曰知我罪我。其惟春秋乎。然則世之以是書罪徐君。而因以罪余者。又不知凡幾矣。

日本國志後序

中國人寡知日本者也。黃子公度撰日本國志。梁啓超讀之。欣懌詠歎黃子。乃今知日本。乃今知日本之所以強。賴黃子也。又憑憤責黃子曰。乃今知中國。知中國之所以弱。在黃子成書十年久謙讓不流通。令中國人寡知日本。不鑒不備。不患不怵。以至今日也。乃誦言曰。使千萬里之外。若千萬歲之後。讀吾書者。若布眉目而列白黑。入家人而數米鹽。登廟廡而誦昭穆也。則良史之才矣。使千萬里之外。若千萬歲之後。讀吾書者。乃至知吾世。審吾志。其用吾言也。治焉者榮其國。言焉者輔其文。其不能用。則千萬里之外。若千萬歲之後。軼材諷說之徒。咨嗟之。太息之。夫是之謂經世。先王之志斯義也。吾以求諸古史氏。則惟司馬子長有取焉。雖然。道己家事者。非愚騃蒙崽之子。莫不靡靡能言之。深周隱曲。若夫遠方殊類。邈絕倜侏之域。則雖大智長老。聞言未解。游夢不及。況欲別閭閻話子姓數米鹽哉。此為尤難。絕無之事矣。司馬子長美矣。然其為史記也。則家人子之道其家事而已。日本立國二千年無正史。私家紀述。穢雜不可理。彼中學子能究澈本末。言之成物者已鮮。況以此土之人。譚彼岸之書。異域絕俗。殊文別語。正朔服色。器物名號。度律量衡。靡有同者。其孰從而通之。且夫日本。古之彈丸。而今之雄國也。三十年間。以禍為福。以弱為強。一舉而奪琉球。再舉而割臺灣。此土學子。鼾睡未起。睹此異狀。撟口咋舌。莫知其由。故吾政府宿昔靡得而戒焉。以吾所讀日本國志。其於日本之政事人民土地及維新變政之由。若入其閨闥而數米鹽。別白黑而誦昭穆也。其言十年以前之言也。其於今日之事。若燭照而數計也。又豈惟今日之事而已。後之視今。猶今之視昔。顧犬補牢。未為遲矣。孟子不云乎。有王者起。必來取法。斯書乎。豈可僅以史乎史乎目之乎。雖然古之史乎皆有恉義。其志深。其恉遠。啓超於黄子之學。自謂有深知其爲學也。不肯苟焉附古人以自見。上自道術。中及國政。下逮文辭。冥冥乎入於淵微。敢告讀是書者。論其遇。審其志。知所戒備。因以爲治。無使後世咨嗟而累欷也。

中國工藝商業考提要

中國工藝商業考。日本緒方南溟撰。凡分十章。一中國境域地理要略。二中國政治。三外國貿易沿革。四外國貿易大勢。五中國與日本貿易情形。六中國工業上。七中國工業下。八航海業。九中國各港志上。十中國各港志下。末附中國日本事物名目表。南溟居中國三十餘年。自中東事定。歸而著此書。故敍述中國情形頗詳。其中所論前明之時。上下奢華相競。故工藝之業反盛。本朝崇尚儉德。政體雖整肅。而工藝實因以漸衰。其言具有精理。與葛履蟋蟀之經義相發明。又云。中國所興製造之業。徒偏重於造船造兵械造火藥等局。糜金甚巨。而無益民業。又言中國製絨織布繅絲鍊鐵等廠。皆緣官辦之故。百弊滋生。即有號稱半官半民者。亦皆以官法行之。其眞爲民業者蓋寡。此中國工藝不興之大原。其言深切著明。洞中窾要。所述各港。只有上海蘇州杭州漢口重慶宜昌沙市九江蕪湖鎭江等處。其他尚不及。蓋猶非大備之書。然每港列具情形。並考其所出手業及各大行廠。莫不記載。其體例蓋與知新報附印新譯東方商埠述要相彷彿。特彼書所列較繁博。並不止中國一國耳。嗟夫。以吾國境內之情形。而吾之士大夫竟無一書能道之。是可恥矣。吾所不能道者。而他人能道之。是可懼矣。

讀日本書目志書後

梁啓超曰。今日中國欲爲自强第一策。當以譯書爲第一義矣。吾師南海先生。早睊睊憂之。大收日本之書。作書目志以待天下之譯者。謹按其序曰。聖人譬之醫也。醫之爲方。因病而發藥。若病變則方亦變矣。聖人之爲治法也。隨時而立義。時移而法亦移矣。孔子作六經而歸於易春秋。易者隨時變易。窮則變。變則通。孔子慮人之守舊方而醫變症也。其害將至於死亡也。春秋發三世之義。有撥亂之世。有升平之世。有太平之世。道各不同。一世之中又有天地文質三統焉。條理循詳。以待世變之窮而採用之。嗚呼。孔子之慮深以周哉。吾中國大地之名國也。今則耗矣衰矣。以大地萬國皆更新。而吾尙守舊故也。伊尹古能治病國者也。曰用其新。去其陳。病乃不存。湯受其敎。故言日新又新。積池水而不易則臭腐興。身面不沐浴則垢穢盈。大地無風之掃蕩。改易則萬物不生。物新則壯。舊則老。新則鮮。舊則黯。新則潔。舊則敗。天之理也。今中國亦汲汲思自强而改其舊矣。而尊資格使耆老在位之風未去。楷書割截之文。弓刀步石之制未除。補綴其一二。以具文行之。譬補漏糊紙於覆屋破船之下。亦終必亡而已矣。卽使掃除震蕩。摧陷其舊習而更張之。然泰西之强。不在軍兵礮械之末。而在其士人之學。新法之書。凡一名一器。莫不有學。理則心倫生物。氣則化光電重。業則農工商礦。皆以專門之學爲之。此其所以開闢地球。橫絕宇內也。而吾數百萬之吏士。問以大地道里。國土人民物產。茫茫如墮烟霧。瞪目撟舌。不能語。況生物心倫哲化光電重農工商礦之有專學新書哉。其未開徑路固也。故欲開礦而無礦學。無礦書。欲種植而無植物學。無植物書。欲牧畜而無牧學。無牧書。欲製造而無工學。無工書。欲振商業而無商學。無商書。仍用舊法而已。則就開礦言之。虧敗已多矣。泰西於各學以數百年考之。以數十國學士講之。以功牌科第激厲之。其室戶堂門。條秩精詳。而冥冥入微矣。吾中國今乃始舍而自講之。非數百年不能至其域也。彼作室而我居之。彼耕稼而我食之。

至逸而至速，決無舍而別講之理也。今吾中國之於大地萬國也，譬猶泛萬石之木航，與鞏鐵艦爭勝於滄海也。而舵工榜人皆盲人瞽者，黑夜無火，昧昧然而操柁於煙霧中，即無敵船之攻，其遭風濤沙石之破可必也。況環百數習於出沒波濤之鐵艦，而柁工榜人皆漁戶爲之，明燈火，張旌旗而來攻，其能待我從容求火乎？然今及諸艦之未來攻也，吾速以金篦刮目，槐柳取火，尤不容緩也。然即欲刮目取火以求明矣，而泰西百年來諸業之書萬百億千，吾中人識西文者寡，待吾數百萬吏士識西文而後讀之，是待百年而後可，則吾終無張燈之一日也。故今日欲自强，惟有譯書而已。今之公卿明達者，亦有知譯書者矣。曾文正公之開製造局以譯書也，三十年矣，僅百餘種耳。今即使各省并起，而延致泰西博學專門之士，歲非數千金不能得一人。得一人矣，而不能通中國語言文字，猶不能譯也。西人有通學游於中國，而通吾之語言文字者，自一二教士外，無幾人焉。則欲譯泰西諸學之要書，亦必待之百年而後可。彼環數十國之狡焉思啓者，豈能久待乎？是諸學終不可得興，而終不能求明而自强也。夫中國今日不變法，日新不可，稍變而不盡變不可，盡變而不興農工商礦之學不可，欲興農工商礦之學，非令士人盡通物理不可。凡此諸學，中國皆無其書，必待人士之識泰西文字，然後學之，泰西文字非七年不可通，人士安得盡人通其學？不待識泰西文字而通其學，非譯書不可矣。然即欲譯書，非二十行省並興不可，即二十行省盡興而譯之矣，譯人有人矣，而吾岌岌安得此從容之歲月？然則法終不能變，而國終不能强也。康有爲昧昧思之曰：天下後起者勝於先起也，人道後人逸於前人也。泰西之變法至遲也，故自倍根至今五百年，而治藝乃成。日本之步武泰西至速也，故自維新至今三十年，而治藝已成，大地之中，變法而驟强者，惟俄與日也。俄遠而治效不著，文字不同也。吾今取之至近之日本，察其變法之條理先後，則吾之治效可三年而成，尤爲捷疾也。且日本文字。猶吾文字也。但稍雜空海之伊呂波文。十之三耳。泰西諸學之書。其精者日人已略譯之矣。吾因其成功而用之。是吾以泰西爲牛。日本爲農夫。而吾坐而食之。費不千萬金。而要書畢集矣。使明敏士人習其文字。數月而通矣。於是盡譯其書。譯其精者而刻之。布之海內。以數年之期。數萬之金。而泰西數百年數萬萬人士新得之學舉在是。吾數百萬之吏士識字之人。皆可以講求之。然後致之學校以教之。或崇之科舉以勵之。天下嚮風。文學輻湊。而才不可勝用矣。於是言礦學而礦無不開。言農工商而業無不新。言化光電重天文地理而無不入微也。以我溫帶之地。千數百萬之士。四萬萬之農工商。更新而智之。其方駕於英美而逾越於俄日。可立待也。日本變法二十年而大成。吾民與地十倍之。可不及十年而成之矣。邇者購鐵艦槍礮築營壘以萬萬計。而挫於區區之日本。公卿士夫恐懼震動。幾不成國。若夫一鐵艦之費數百萬矣。一克虜伯礮之微費數萬金矣。夫以數萬金可譯書以開四萬萬人之智。以爲百度之本。自强之謀。而不爲。而徒爲購一二礮。以爲齎敵藉寇之資。其爲智愚何如也。嗚呼。日人之禍。吾自戊子上書言之。曲突徙薪。不達而歸。欲結會以譯日書。久矣。而力薄不能成也。嗚呼。使吾會成。日書盡譯。上之公卿。散之天下。豈有割臺之事乎。故今日其可以布衣而存國也。然今不早圖。又將爲臺灣之續矣。吾譯書之會。不知何日成也。竊憫夫公卿憂國者。爲力至易。取效至捷。而不知爲之也。購求日本書至多。爲撰提要。欲吾人共通之。因漢志之例。撮其精要。翦其無用。先著簡明之目。以待憂國者求焉。

啓超既卒業。乃正告天下曰。譯書之亟亟。南海先生言之既詳矣。啓超願我農夫考其農學書。精擇試用。而肥我樹藝。願我工人讀製造美術書。而精其器用。願我商賈讀商業學。而作新其貨寶貿遷。願我人士讀生理心理倫理物理哲學社會神教諸書。博觀而約取。深思而研精。以保我孔子之教。願我公卿讀政治憲法行政學之書。習三條氏之政議。撢究以返觀。發憤以改政。以保我四萬萬神明之胄。願我君后。讀明治之維新書。借觀於寇讎。而悚厲其新政。以保我萬萬里之疆域。納任昧於太廟。以廣魯於天下。庶幾南海先生之志。則啓超願鼓歌而道之。跪坐而進之馨香而祝之。

萃報敘

軍興以後。齊州學者。漸知以識時務知四國爲學中第一義。於是報館霧興雲涌。一稔之間。纔軌十數。而可觀者亦三四焉。顧聞之泰西諸國之報館。國以萬計。省以千計。城市以百計。以今日中國所有視之。何其少也。西國農工皆知書。婦孺皆識字。舉國之人視報如布帛菽粟。被之饋之。是以雖汗萬牛。闐億室。日出未有止。而莫或厭其多也。雖然。作者既盛。而一人之才力勢不能盡羣報而閱之。乃不得不爲披沙揀金和花成蜜之舉。於是乎有而立非吳亞夫奇而立非吳司報（譯言溫故）之作。中士嗜報之俗。既遠不逮西國。報雖日增。而閱報之人。祗有此數。其一人閱數報者。殆不數見。又報章體例未善。率互相勦說。雜采讕語。荒唐悠謬。十而七八。一篇之中。可取者僅二三策。坐是方聞之士。薄報章愈甚。而內地道路未通。郵遞艱滯。每日一紙。蕪詞過半。閱者益希。啓超居常想念。宜有如而立非吳亞夫奇而立非吳司報者出。盡集羣報。擷其精英。汰其糟粕。以餉天下。天下識時務知四國之士。其必有增益。而國家亦有所賴。啓超又痛中國互市數十載。交涉之策。一誤再誤。授人阿柄。自陷棘淖。往車既折。來軫瘉甚。謂宜取數十年舊案。編爲通商以來紀事本末。所謂前事不忘。後事之師。啓超又念自今以往之中國。如夢漸覺。新政次第舉者。必勿乏不有紀述。靡以取鑑。宜用春秋大事表之例。作爲新政表。分別部居。旁行斜上。以資比較懷此者亦有年歲三月見朱君强父於上海以萃報告且出敍若例相示乃取疇昔所欲爲而未克就者毅然與同志任之嗚呼才士也已余交朱君之日雖淺然讀其文淵懿若皇甫持正明七子其學有所受尊其師法愛厚逾尋常是眞能憂時之人哉願天下之讀萃報者且有以察其志也

蒙學報演義報合敍

人莫不由少而壯由愚而智壯歲者童孺之積進也士夫者愚民之積進也故遠古及泰西之善爲教者教小學急於教大學教愚民急於教士夫嗟夫自吾中國道術廢裂舍八股八韻大卷白摺之外無所謂學問自其就傅之始其功課即根此以立法驅萬萬之童孺使之桎梏汩溺於味根串珠對偶聲病九宮方格之中一書不讀一物不知一人不見一事不聞閉其腦筋攤其手足窒其性靈以養成今日才盡氣敝之天下斯義也吾昔論學校幼學一編既已重憂之而長言之矣抑士夫之所謂學問者既惟是光方烏釣渡挽是講是肄是切是磋此學也農學之無救於餒工學之無救於竄商學之無救於困也然天下之學既無有出此之外者則彼農也工也商也以爲學也者固非吾人所當有事焉耳於是乎普天下皆不學今言變法必自求才始言求才必自興學始然今之士大夫號稱知學者則八股八韻大卷白摺之才十八九也本根已壞結習已久從而教之蓋稍難矣年既二三十而於古今之故中外之變尙寡所識妻子仕宦衣食日日擾其胸其安能教其安能學故吾恆言他日救天下者其在今日十五歲以下之童子乎西國教科之書最盛而出以遊戲小說者尤夥故日本之變法賴俚歌與小說之力蓋以悅童子以導愚氓未有善於是者也他國且然況我支那之民不識字者十人而六其僅識字而

未解文法者又四人而三乎。故教小學教愚民實爲今日救中國第一義。啓超既與同志設時務報，哀號疾呼，以冀天下之一悟，譬猶見火宅而撞鐘，覩入井而怵惕，至其所以救焚拯溺切實下手之事未之及也。既又思爲學校報，通中西兩學，按日而定功課，使成童以上之學僮誦焉，自謂得此則於教學者殆庶幾矣，而於教小學教愚民二事，昧昧思之，未之逮也。歲九月歸自鄂，而友人葉君浩吾、汪君甘卿有蒙學報之舉，門人章生仲和及其哲兄伯初有演義報之舉，兩日之間，先後見告，既聞之，且忭且舞，且喜不寐。嗚呼，其或者天之不欲亡中國，故一敗之辱，而吾國人士之扼腕攘臂，思爲國民效力，爲天下開化者，趾相錯，自今以往，而光方烏釣渡挽之凶焰，或可以少熄，中國之人亦漸可教矣乎。斯固救焚者之突梯，拯溺者之桔槔也。他日吾學校報成，使童孺誦蒙學報者，既卒業而受焉，則荀卿子所謂始於爲士，終於學聖，其由茲矣，豈曰小之云乎哉。

大同譯書局敘例

譯書眞今日之急圖哉。天下識時之士，日日論變法，然欲變士，而學堂功課之書，靡得而讀焉；欲變農，而農政之書，靡得而讀焉；欲變工，而工藝之書，靡得而讀焉；欲變商，而商務之書，靡得而讀焉；欲變官，而官制之書，靡得而讀焉；欲變兵，而兵謀之書，靡得而讀焉；欲變總綱，而憲法之書，靡得而讀焉；欲變分目，而章程之書，靡得而讀焉。今夫瞽者雖不忘視，跛者雖不忘履，其去視履固已遠矣。雖欲變之，孰從而變之。無已，則舉一國之才智而學西文，讀西籍，則其事又迂遠，恐有所不能待，卽學矣，未必其卽可用，而其勢又不能舉一國之才智而盡出於此一途也。故及今不速譯書，則所謂變法者，盡成空言，而國家將不能收一法之效。雖然，官譯之書，若京師同文館、天津水師學堂上海製造局始事迄今垂三十年而譯成之書不過百種近且悉輟業矣然則以此事望之官局再自今以往越三十年得書可二百種一切所謂學書農書工書商書兵書憲法書章程書者猶是萬不備一而大事之去固已久矣是以憤懣聯合同志創爲此局以東文爲主而輔以西文以政學爲先而次以藝學至舊譯希見之本邦人新著之書其有精言悉在采納或編爲叢刻以便購讀或分卷單行以廣流傳將以洗空言之誚增實學之用助有司之不逮救燃眉之急難其或憂天下者之所樂聞也

一本局首譯各國變法之事及將變未變之際一切情形之書以備今日取法譯學堂各種功課以便誦讀譯憲法書以明立國之本譯章程書以資辦事之用譯商務書以與中國商學挽回利權大約所譯先此數類自餘各門隨時間譯一二種部繁多無事枚舉其農書則有農學會專譯醫書則有醫學會專譯兵書則各省官局尚時有續譯者故暫緩焉

一舊譯之書或有成而未刻刻而已佚者隨時搜取印布或編爲叢書以便新學購讀

一中國人所著或編輯之書有與政教藝學相關切實有用者皆隨時印布

一海內名宿有自譯自著自輯之書願託本局代印者皆可承印或以金錢奉酬或印成後以書奉酬皆可隨時商訂同志之士想不吝見教

一本局所印各書行款裝潢悉同一式散之則爲單行本合之則爲叢書收藏之家至爲便益

一本局係集股所立不募捐款印出各書譯費印費所糜甚鉅已在上海道署存案翻印射利者究治

蠶務條陳敍

蠶務條陳一卷。英國康發達撰。發達官浙海關税務司。初光緒四年。巴黎設衔奇會。會中蠶務首領致函我邦。請查華蠶總署下権署。権署通札各關具報。浙者中國產蠶最盛地也。發達旣取杭州甯波鄞江之蠶絲蛾繭寄巴黎。復自請假之日本察日蠶。又派學生學蠶術於法。旣歸。乃於光緒十五年。請在上海設整頓蠶務總局。此書乃其前後呈権署各公牘也。書凡八篇。一爲中國蠶務亟宜設局講求整頓以保利源事宜。二爲查勘日本整頓蠶務大概情形。三爲派人往法國養蠶公院學習巴氏防治蠶病之法及一切情形。四爲光緒十五年帶往法國養蠶公院所養各種蠶子收成數目及蠶病情形。五爲各處寄來蠶繭蛾請查各病分別查明情形。六爲擬設總局試辦章程。七爲擬設總局定章。八爲擬設蠶務總局大約經費。附絲商某稟稿。前二篇嘗印入格致彙編中。又抽印爲單行本。名蠶務圖說。附日本蠶圖四。光緒二十三年。張季直殿撰謇以足本寄時務報館。無圖。乃即日上石。更名蠶務條陳。從其質也。敍曰。士貨出口絲爲大宗。二十年來。絲市日減。蠶種將絕。可恥一。旣已衰敗。不思所由。法會函詢。始知考察。可恥二。不自加意。委權権署。可恥三。康氏苦口請設蠶局。至今不行。可恥四。此書著成。久不流通。海內志士希見全本。可恥五。嗚呼。其第五恥。吾黨之責也。其前四恥。非吾黨之責也。嗚呼。

續譯列國歲計政要敍

列國歲計政要。西士歲有著錄。欲覘國勢察內政者。靡不宗此書。歲癸酉。製造局譯出一通。齊州之士寶焉。時閱二紀。繼軌蓋闕。今歲五月。知新報館乃始得取其去歲所著錄者。譯成中文。附印於報末。乞敍。敍曰。有君史。有國史。有民史。民史之著。盛於西國。而中土幾絕。中土二千年來。若正史。若編年。若載記。若傳記。若紀事本末。若詔令奏議。強半皆君史也。若通典通志文獻通考唐會要兩漢會要諸書。於國史爲近。而條理猶有所未盡。梁啓超曰。君子曷爲尊史。史者鑑往以知來。察彼以知己。讀其史。於其國之寖强寖弱。與其所以强弱之故。粲然秩然若數白黑。而指經緯。斯良史哉。以故讀斷代史不如讀通史。讀古史不如讀近史。讀追述之史不如讀隨記之史。讀一國之史不如讀萬國之史。後世之修史者。於易代之後。乃始模擬彷彿。百中掇一二。又不過爲一代之主作譜牒。若何而攻城爭地。若何而取威定霸。若何而固疆圉。長子孫。如斯而已。至求其內政之張弛。民俗之優絀。所謂寖强寖弱。與何以强弱之故者。幾靡得而覩焉。卽有一二散見於紀傳。非大慧莫察也。是故君史之敝極於今日。以予所聞。西人之歲計政要者。其所采錄。則議院之檔案也。豫算決算之表也。民部學部兵部海部戶部商部之淸冊也。各地有司各國使員之報案也。自國主世系宗戚歲供議院官制敎會學校學會國計兵籍兵船疆域民數商務工藝鐵路郵務新疆錢幣權衡。區以國別。分類畢載。冠以總表。藉相比較。國與國比較。而强弱見。年與年比較。而進退見。事與事比較。而緩急輕重見。自癸酉迄今二十五年。其增益新政。萬國所同者。有二大端。一曰學。二曰兵。日盛月新。各不相讓。卽以區區之日本。昔之文部省。歲費不過十三萬餘圓者。今且增至二百五十三萬八千餘圓。昔之陸軍海軍兩省。合計歲費不逾九百餘萬圓者。今且增至一萬三千七百餘萬圓。歐洲各國稱是。其驟增之數。懸絕至不可思議。故學之極盛。乃至美國瑞士千人中不識字者不過八九人。雖在婦女。其入學悉無分毫異於男子。敎法日新。用力少而蓄德多。在學數年之功。所得與疇昔之十數年者可以相抵。兵之極盛。乃至易一新式槍礮。而每國所費至萬萬。歲入經費。其用之於兵者。殆過其半。日本今歲豫算歲入共二萬三千九百七十五萬餘圓其費於海陸軍者一萬三千七百餘萬圓歐洲各國皆稱是學之日盛。地球將受大福。兵之日盛。地球將蒙顯禍。然其機皆起於爭自存。其原皆由於列國並立。中國以一瘠牛。偃然臥羣虎之間。持數千年一統垂裳之舊法。以治今日。此其所以爲人弱也。管子曰。國之存也。鄰國有焉。國之亡也。鄰國有焉。嗚呼可以自媿。可以自惕。可以自奮矣。卷端有比較表。一事也。國與國比較。一國也。年與年比較。戶口之表。中國等恆居一。疆域之表。中國等居四。（昔居三今降而四矣）國用學校商務工藝輪船鐵路兵力諸表。中國等恆居十五以下。或乃至無足比數焉。嗚呼。觀此而不知媿。不知惕。不知奮者。其爲無人心矣。是故觀美國之富庶。而知民權之當復。觀日本之勃興。而知黃種之可用。觀法國之重振。而知敗衄之不足懼。觀突厥之瀕蹙。而知舊國之不足恃。觀暹羅之謀新。而知我可恥。觀德之銳意商務。而知其將大欲於中國。觀俄之陰謀。而知東方將有大變。觀俄日之拓張海運。而知海上商權。將移至太平洋。觀德美日之爭興工藝。而知英之商務。將有蹶衄。觀各國兵力之日厚。而知地球必有大血戰。觀土希之事。列國相持不發。而知其禍機必蓄洩於震旦。有天下之責者。將鑑往以知來。察彼以知己。不亦深切而著明也乎。斯國史之良哉。

新學僞經考敍

南海先生演孔之書四。而僞經考先出世焉。問者曰。以先生之大道。而猶然與近世考據家爭一日之短長。非所敢聞也。梁啓超曰。不然。孔子之道堙昧久矣。孔子神聖與天地參。制作爲百王法。小大精粗。其運無乎不在。自荀卿受仲弓南面之學。舍大同而言小康。舍微言而言大義。傳之李斯。行教於秦。於是孔子之教一變。秦以後之學者。視孔子如君王矣。劉歆媚莽。贗爲古文。撫瀆亂之野文。讎口說之精義。指春秋爲記事之史。目大易爲卜筮之書。於是孔子之教又一變。東漢以後之學者。視孔子如史官矣。唐宋以降。鑒茲破碎。東閣六經。專宗論語。言理則勸販佛老以爲說言學則束身自好以爲能經世之志忽焉大道之失益遠於是孔子之教又一變宋以後之學者視孔子如迂儒矣故小有智慧之士以爲孔子之義甚淺其道甚隘坐此異教來侵輒見篡奪魏唐佞佛可爲前車今景教流行挾以國力其事益悍其幾益危先生以爲孔教之不立由於孔學之不明鋤去非種嘉穀必茂蕩滌雰霧天日乃見故首爲是書以淸蕪穢至於荀學之偏宋學之淺但明於大道則支流餘裔皆入範圍非吾黨之寇讎固無取於好辯啓超聞春秋三世之義据亂世內其國而外諸夏升平世內諸夏而外夷狄太平世天下遠近大小若一嘗試論之秦以前據亂世也孔教行於齊魯秦後迄今昇平世也孔教行於神州自此以往其將爲太平世乎中庸述聖祖之德其言曰洋溢中國施及蠻貊凡有血氣莫不尊親孔教之徧於大地聖人其知之矣由斯以談則先生之爲此書其非與考據家爭短長甯待辯耶演孔四書啓超所見者曰大義述曰微言考並此而三又聞之孔子作易春秋皆首著以元統天之義所謂智周萬物天且弗違嗚呼則非啓超之愚所能及矣孔子卒後二千三百七十五年六月朔弟子新會梁啓超

西政叢書敘

政無所謂中西也列國並立不能無約束於是乎有公法土地人民需人而治於是乎有官制民無恆產則國不可理於是乎有農政鑛政工政商政逸居無教近於禽獸於是乎有學校官民相處秀莠匪一於是乎有律例各相猜忌各自保護於是乎有兵政此古今中外之所同有國者之通義也中國三代尚已秦漢以後取天下於馬上制一切法草一切律則咸爲王者一身之私計而不復知有民事其君臣又無深心遠略思革前代之弊成新

王之規。徒因陋就簡。委靡廢弛。其上焉者。補苴罅漏。塗飾耳目。故千瘡百孔。代甚一代。二千年來之中國。雖謂之無政焉可已。歐洲各國。土地之沃。人民之蹟。物產之衍。匪有邁於中國也。而百年以來。更新庶政。整頓百廢。始於相妒。終於相師。政治學院。列爲專門。議政之權。逮於氓庶。故其所以立國之本末。每合於公理。而不戾於吾三代聖人平天下之義。其大國得是道也。乃縱橫汪洋於大地之中。而莫之制。其小國得是道也。亦足以自立而不見吞噬於他族。播其風流。乃至足以闢美洲。輿印度。强日本。存暹羅。西政之明效大驗。何其盛歟。利徐以來。西學始入中國。大率以天算格致爲傳敎之梯徑。自晚明以逮乾嘉。魁儒鉅子。講者蓋寡。互市以後。海隅士夫。怵念於敗衄。歸咎於武備。注意於船械。輿想於製造。而推本於格致。於是同文館製造局船政所各事。南北踵起。而旁行之書。始行於學官。象鞮之筆。漸齒於士類。然而舊習未滌。新見未瑩。則咸以爲吾中國之所以見弱於西人者。惟是武備之未講。船械之未精。製造之未嫻。而於西人所以立國之本末。其何以不戾於公理。而合於吾聖人之義者。則瞠乎未始有見。故西文譯華之書數百種。而言政者可屈指算也。吾旣未識西人語言文字。則翹頸企踵。仰餘瀝於舌人之手。一新譯政書出。購之若不及。雖然。所譯之書。未必其彼中之良也。良矣。譯者未必能無失其意也。卽二者具備。而其書也。率西域十餘年以前之舊書。他人所吐棄而不復道者。而吾猶以爲瑰寶而珍之。其爲西域笑也固已多矣。又況並此區區者。乃不過燕吳粵一隅之地有通行本。而腹地各省鄉僻績學士。猶往往徒覩目錄。如宋槧元鈔。欲見而不可得。嗚呼。中國之無人才。其何怪歟。乃從肆客之請。略擷其譯本之最要者。或家刻本少見者。或叢刻本無單行者。得十餘種。彙爲一編。俾上石以廣流通。其華人之深通外事。而有獨見者。亦附數種焉。腹地之省。鄉僻績學之士。其或願聞之也。雖然。其細已甚。欲免於西儒之笑難矣。慰情聊勝無。亦靡慝焉。若責以古賢[illegible]輯之體例。則俟譯本徧天下。必有人從而抉擇之。釐定之者。

南學會敘

歲十月。啓超以湘中大夫君子之督責。辭不獲命。乃講學長沙。既至而湘之大夫君子。適有南學會之設。不以啓超爲不文也。而使爲之序。序曰。嗚呼。今之策時變者。則曰八股不廢。學校不興。商政不修。農工不飭。民愚矣。未有能國者也。蒙則謂八股卽廢。學校卽興。商政卽修。農工卽飭。而上下之弗矩絜。學派之弗溝通。人心之無熱力。雖智其民。而不能國其國也。敢問國。曰。有君焉者。有官焉者。有士焉者。有農焉者。有工焉者。有商焉者。有兵焉者。萬其目。一其視。萬其耳。一其聽。萬其手。萬其足。一其心。一其力。萬其力。一其事。其位望之差別也萬。其執業之差別也萬。而其知此事也一。而其志此事也一。而其治此事也一。心相構。力相摩。點相切。綫相交。是之謂萬其塗一其歸。是之謂國。有國於此。君與官不相接。官與官不相接。官與士不相接。士與士不相接。士與農與工與商與兵不相接。農與農工與工商與商兵與兵不相接。如是乃至士與君不相接。農工商兵與官不相接之國者何國矣。曰。使其國千人也。則爲國者千。使其國萬人也。則爲國者萬。嗚呼。不得爲有國焉矣。今夫軀萬也。心萬也。力萬也。位望萬也。執業萬也。雖欲一之。孰從而一之。吾乃遠稽之三代。乃博觀於泰西。彼其有國也。必有會。君於是焉會。官於是焉會。士於是焉會。民於是焉會。且旦而講之。昔昔而摩厲之。雖天下之大。萬物之多。而惟强吾國之知。夫能齊萬而爲一者。舍學會其曷從與於斯。昔普之覆於法也。普不國也。時乃有良民會。卒報大讎也。法之覆於普也。法不國也。時乃有記念會。不數年而法之强若疇昔也。意大利之軛於敎皇也。希臘之軛於突厥也。意與希不國也。時乃有保國會保種會。卒克自立。光復舊物也。日本之劫盟於三國也。日不國也。時乃有薩摩長門諸藩侯。激厲其藩士。畜養其豪傑。汗且喘走國中。以倡大義。一嘯百吟。一呻百問疾。時乃有尊攘革政改進自由諸會黨。繼軌並作。遂有明治之政也。今夫以地之小如日本。民之寡如日本。幕府秉政以來。士之偷。民之靡。國之貧。兵之弱如日本。君相爭權。內外交訌。時勢之危蹙如日本。當彼之時。其去亡也不容髮。而卒有今日。則豈非會之爲功。有以蘇已死之國。而完瓦裂之區者乎。嗟夫。吾中國四萬萬人爲四萬萬國之日。蓋已久矣。甲午乙未之間。敵氛壓境。沿海江十數省。風聲鶴唳。草木兵甲。舉國自上達下。抱顱護頸。呼妻喚子。蒼黃涕泣。戢戢待縶。封猶可言也。曾不數月。和議既定。償幣猶未納。戍卒猶未撤。則已以歌以舞。以嬉。如享太牢。如登春臺。其官焉者。依然惟差缺之肥瘠是問。其士焉者。依然惟八股八韻大卷白摺之工窳是講。即有一二號稱知學之英。憂時之彥。而漢宋有爭。儒墨有爭。彝夏有爭。新舊學有爭。君民權有爭。乃至興一利源。則官與商爭。紳與民又爭。舉一新政。則政府與行省爭。此省與彼省又爭。議一創舉。則意見歧而爭。意見不歧而亦爭。究之陰血周作。張脈僨興。旋動旋止。祇視爲痛癢無關之事。而其心之熱力。久冰消雪釋於亡何有之鄉。而於國之恥。君父之難。身家之危。其忘之也。抑已久矣。曾不知支那股分之票。已騈闐於西肆。瓜分中國之圖。已高張於議院。持此以語天下。天下人士。猶瞪目莫之信。果未兩載。而德人又見告矣。今山東膠灣之據。閩海船島之割。予取予攜。拱手以獻。不待言矣。而其欲猶未饜。其禍猶未息。試問德人今日必索山東全省。福建全省。改隸德版。我何以拒之。試問俄人今日以一旅兵收東三省直隸山陝。我何以拒之。試問法人今日以一介使索雲貴兩廣。我何以拒之。試問英人今日以一紙書取楚蜀吳越。我何以拒之。然則所恃以延一綫之息。偷一日之活者。恃敵之不來而已。敵無日不可以來。國無日不可以亡。數年以後。鄉井不知誰氏之藩。眷屬不知誰氏之奴。血肉不知誰氏之俎。魂魄不知誰氏之鬼。及今猶不思洗常革故。同心竭慮。摩盪熱力。震撼精神。致心皈命。破釜沈船。以圖自保於萬一。而猶禽視息息。行尸走肉。毛舉細故。瞻前顧後。相妒相軋。相距相離。譬猶蒸水將沸於釜。而儵魚猶作蓮葉之戲。燎薪已及於棟。而燕雀猶爭稻粱之謀。不亦哀乎。今夫西人不欲分裂中國斯亦已矣。苟其欲之。如以千鈞之弩潰癰。何求不得。何願不成。然又必遲回審顧累歲而不發者。則豈不以彼之所重者在商務。一旦事起。淪胥靡爛。而於彼固非有所大利。故苟可已則無甯已也。而無如中國終不自振。終不自保。則其所謂淪胥靡爛者。終不能免。而彼之商務無論遲速。而必有受牽之一日。故熟思審處。萬無得已。而勢殆必出於瓜分云爾。然則吾苟確然示之以可以自振可以自保之機。則其謀可立戢。而其禍可立弭。昭昭然矣。此所以中東之役以後。而泰西諸國猶徘徊莫肯先動。以待我中國之有此一日。及至三年。一無所聞。而德人之事。乃復見也。夫所謂可以自振可以自保之機者。何也。即吾向者所謂齊萬而爲一。而心相構。而力相摩。而點相切。而綫相交。蓋非是而一利不能興。一弊不能革。一事不能辦。雖日呼號痛哭。奔走駭汗。而其無救於危亡一也。吾聞日本幕府之末葉。諸侯擁土者數十。而惟薩長土肥四藩者。其士氣橫溢。熱血奮發。風氣已成。浸假徧於四島。今以中國之大。積弊之久。欲一旦聯而合之。吾知其難矣。其能如日本之已事。先自數省者起。此數省者。其風氣成。其規模立。然後浸淫披靡。以及於他省。苟萬夫一心。萬死一生。以圖之。以力戴王室。保全聖教。噫。或者其猶可爲也。湖南天下之中。而人才之淵藪也。其學者有畏齋船山之遺風。其任俠尚氣。與日本薩摩長門藩士相彷彿。其鄉先輩若魏默深郭筠仙曾劼剛諸先生。爲中土言西學者所自出焉。兩歲以來。官與紳一氣。士與民一心。百廢具舉。異於他日。其可以强天下而保中國者。莫湘人若也。今諸君子既發大願先合南部諸省而講之庶幾官與官接官與士接士與民接省與省接爲中國熱心之起點而上下從茲其矩絜學派從茲而溝通而數千年之古國或尚可以自立於天地也則啓超日日執鞭以從諸君子之後所忻慕焉

知恥學會敍

春秋曰蒙大辱以生者無寧死（春秋繁露竹林篇）痛乎哉以吾中國四萬萬戴天履地含生負氣之衆軒轅之胤仲尼之徒堯舜文王之民乃伈伈俔俔忍尤攘垢靦然爲臣爲妾爲奴爲隸爲牛爲馬於他族以偷餘命而保殘喘也記曰哀莫大於心死心死者訴之而不聞曳之而不動唾之而不怒役之而不慚封之而不痛縻之而不覺此其術也自老氏言之謂之至道而自孔子孟子言之謂之無恥嗚呼吾不解今天下老氏之徒何其多也越惟無恥故安於城下之辱陵寢之蹂躪宗祏之震恐邊民之塗炭而不思一雪乃反託虎穴以自庇求爲小朝廷以乞旦夕之命越惟無恥故坐視君父之難忘越鏑之義昧嫠緯之恤朝睹烽燧則蒼黃瑟縮夕聞和議則歌舞太平官惟無恥故不學軍旅而敢於掌兵不諳會計而敢於理財不習法律而敢於司李瞽聾跛疾老而不死年逾耋頤猶戀棧豆接見西官栗栗變色聽言若聞雷覩顏若談虎其下焉者飽食無事趨衙聽鼓旅進旅退濡濡若驅羣豕曾不爲怪士惟無恥故一書不讀一物不知出穿窬之技以作搭題甘囚虜之容以受收檢襃八股八韻謂極宇宙之文守高頭講章謂窮天人之奧商惟無恥故不講製造不務轉運攘竊於室內授利於漁人其甚者習言語爲奉承西商之地入學堂爲操練買辦之才充犬馬之役則耀於鄉閭假狐虎之威乃轢其同族兵惟無恥故老

弱羸病。苟且充額力不能勝匹雛。耳未聞譚戰事。以養兵十年之蓄。飲酒看花。距前敵百里。而遙望風棄甲。民惟無恥。百人之中識字者不及三十。安之若素。五印毒物。天下所視爲殈命爲鴆。乃徧國種之。徧國嗜之。男婦老弱。十室八九。依之若命。纏足陋習。倡優之容。天刑之慘。習之若性。嗟乎。之數無恥者。身有一於此罔不廢。家有一於此罔不破。國有一於此罔不亡。使易其地居殷周之世。則放巢流彘之事。興不旋踵。使移此輩實歐墨之域。則波蘭突厥之轍。將塞天壤。吾不解天之所毒中國者。何以如此其甚也。吾又不解中國人之自絕於天者。又何以如此其至也。孟子曰。無恥之恥。無恥矣。吾中國四萬萬人者。惟不知無恥之爲可恥。以有今日。亦既知之。亦既恥之。子胥恥父。乃鞭楚墓。范蠡恥君。乃沼吳室。張良恥國。乃墟秦社。大彼得恥愚。以興俄。華盛頓恥弱。以造美。惠靈吞恥挫以拒法。嘉富洱恥散以合意。威良卑士麥恥受轄而德稱雄。參亞士恥割地。而法再造。日本君臣民恥刦盟而幡然維新。更張百度。遂有今日。若是者雖恥何害。而惜乎吾中國知之者尚少。方且掩匿彌縫其可恥者。以冀他人之不我知。而未聞有出天下之公恥。以與天下共恥之者也。宗室壽君。以天潢之親。明德之後。奮然恥之。特標此義。立會以號召天下。而走告於啓超曰。嗟乎。吾儕四萬萬蒙恥之夫。苟猶有人心。猶是含生負氣戴天履地者。其庶誦春秋之義。抉老學之毒。以從壽君之後。意者天其未絕中國歟。雖然。吾猶將有言。願吾儕自恥其恥。無責人之恥。賢者恥大。不賢恥小。人人恥其恥。而天下平。自諱其恥。時曰無恥。自誦其恥。時曰知恥。啓超請誦恥以倡於天下。嗚呼。聖教不明。民賊不息。太平之治不進。大同之象不成。斯則啓超之恥也。

醫學善會敍

南皮先生序不纏足會。窮極流弊。乃曰數十百年以後。吾華之民。幾何不馴致人人爲病夫。家家有侏儒。盡受殊方異族之踩踐魚肉。而不能與校也。啓超受而三復。眙然以驚。睊然以悲。曰、嗟乎。古之欲强其國者。十年而後生聚之。蓋殖民若斯之難哉。中國孳育之繁。甲大地。雖紀紀有刀兵。歲歲有旱溢。月月有癘疫。昔昔有水火。而此四萬萬人者。旋滅旋生。不增不減。歷數十年。恆以民數等於萬國之上。故爲民上者。視其民爲不足愛惜之物。聽其自休自養自生自死。於天高地厚之內。而不一過問。而烏知其種之將瘠。將弱。將稀。將虜。將殄。將絕。冥冥之間。隱受其毒。而不能救也。吾聞師之言曰。凡世界野蠻之極軌。惟有兵事。無有他事。凡世界文明之極軌。惟有醫學。無有他學。兵者。純乎君事者也。醫者。純乎民事者也。故言保民。必自醫學始。英人之初變政也。首講求攝生之道。治病之法。而講全體。而講化學。而講植物學。而講道路。而講居宅。而講飲食多寡之率。而講衣服寒熱之準。而講工作久暫之刻。而講産孕。而講育嬰。而講養老。而講免疫。而講割紮。自一千八百四十二年以來。舉國若鶩。普之將蹶法也。日之將圖我也。爲其國之大小。民之衆寡。不敵也。於是倡爲强種之說。學堂通課。皆兼衛生。舉國婦人。悉行體操。故其民也。筋幹强健。志氣遒烈。赴國事若私難。蹈鋒鏑若甘飴。國之勃然。蓋有由也。今中國之戶口誠衆矣。然西人推算。凡地球生人之率。大都每五十年而增一倍。乃吾國自乾嘉以來。人數卽號稱四萬萬。迄今垂七十餘年。未有增益。以丁酉列國歲計政要所記載。有不過三萬八千六百萬。見知新報此何故歟。一歲之中。其坐藥誤而死者。不知幾何人。疾本可治。而不解治之之道。束手聽其坐斃者。不知幾何人。坐道路不潔。居宅不精。飲食不淨。感召疫癘。坐病致死者。不知幾何人。坐父母有病。受質尫弱。未及年而死者。不知幾何人。胎産不講。坐孕育而母死或胎落者。不知幾何人。故孳生雖繁。而以每百人中較其死亡多寡之率。則亦遠甲於大地。嗚呼。彼死於無醫。與死於醫者。其數之多。巧曆不能算也。泰西新史攬要云當道光廿二年英廷派員專查通國受病之由及醫學據報云當英國戰事最酣之時其傷亡之兵士尚不及沾染穢毒藥物不救而死者之多苟公家能設善法以衞民生講明醫學以防藥誤則每年之獲救者不下三四萬人故以民數計。中國數十年來。恆冠萬國。以每方里所有民數計則中國每二十年必有所減。今且等居第六矣。此亦西國戶口漸增。而中國戶口漸少之萌兆也。孳生雖繁。又可恃耶。而況今之所謂四萬萬者。又復稟賦日薄。軀幹不偉。志氣頹靡。壽命多夭。亦口口口口序語中然則國究何取乎有此民哉。而不見夫蠶乎。中國以蠶務冠絕天下。近歲以來。蠶之患椒末瘟黃軟病者。所在皆是。西方之講蠶學者。謂不及今整頓。則中國蠶種絕矣。卽不爾。而作繭無力。一眠卽死。雖有蠶如無蠶矣。嗟乎。物固有之。人亦宜然。故不求保種之道。則無以存中國。保種之道有二。一曰學以保其心靈。二曰醫以保其軀殼。今舉四萬萬人之心靈。而委諸學究之手。舉四萬萬人之軀殼。而委諸庸醫之手。是率其國爲盲瞽之行。爲尸居之氣。若之何其不愚且弱也。今卽靡論及此。抑古人有言。死生亦大矣。人當晏居康樂。從容仁壽。則相與習焉忘焉云爾。一旦有霜露之侵。寒暑之失。飲食之逆。陰陽之患。方其展轉牀蓐。疾痛慘怛。呼號呻吟。或乃素所親愛。若老父慈母。手足昆弟。嬌妻愛子。若平生一二肝膽相共。骨肉相親之師友親戚。倏忽感沴戾。生疾病。乃至涕唾洒洟。生死呼吸之頃。苟有神醫。一舉而起之。雖南面王之樂。不以易此。此天下無智無愚無賢無不肖之所同心也。今中國所在京國都會。以至十室之邑。三家之村。固靡不有以醫鳴者。詢其爲學也。則全體部位之勿知。風土燥溼之勿辨。植物性用之勿識。病證名目之勿諳。胸中有坊本歌括數則。筆下有通行藥名數十。遂囂然以醫自命。偶値天幸。療治一二顯者獲愈。而國手之名。遂噪於時。今之所謂醫者。皆此類也。若乃一二賢士大夫。其措心於中國醫學及古醫書。講求鑽研。探悟新理。或受庸醫之誤。而發憤肆力此業。以救天下者。雖未始無其人。顧未克讀海外之書。廣集思之益加以道路閡隔財貲微薄卽有所心得而刊布無力濟世未能坐使其賢其仁無由公之於同類彼疾者昕生夕作環而待命又不可以須臾緩也利害切身急何能擇於是向所謂都會村邑之以醫鳴者遂得以持其短長若而人也則皆粗識字略解文理學爲八股八韻而不能就者乃始棄而從事於此途今夫醫也者天下至貴之業最精極微之學億萬人生死之所由繫也而八股八韻者天下至賤之業至鄙至俚之學愚陋庸下人所有事者也今其人之聰明才力並此至鄙至俚之學愚陋庸下人之所優爲者猶且學焉而不能就乃忽焉而期以窮精極微忽焉而舉其身若其所親愛老父慈母手足昆弟嬌妻愛子若肝膽骨肉之師友親戚而懸性命決生死於此輩之手此何異屠腹飲鴆以自戕舉其所親愛者而手刃之也嗚呼此四萬萬人中其死於是者歲不知幾萬億人吾靡得而稽焉乃若其所知者若亡友曹著偉氏（名泰廣東南海人甲午十月卒年二十四）吳鐵樵氏（名樵四川達縣人丁酉四月卒年三十二）其智慧志氣才力學行皆一世所無也咸以尋常微細無足重輕之病受庸醫進毒劑數日之間痛楚以死以前古神聖之呵護天下豪傑之想望挽留之而不得一庸醫斷送之而有餘天下事之痛心疾首張目切齒孰過是也

嗟乎醫學既已不講生其間者幸而終身無病則苟免焉卒有不幸陰陽寒暑之冒犯則已舍其身爲釜中魚爲俎上肉聽醫者之烹治臠割而不能以自有其不治也視爲固然其痊也則孤注之偶一得者也可不懼哉可不痛哉雖然此罪醫者醫者不任受也古之醫者方伎之略列於藝文惠濟之方頒自天子其重之也如是西國醫學列爲專科中學學成乃得從事今中土既不以醫齒於士類士之稍自重稍有智慧者皆莫肯就此業醫師之官不設無十全爲上之獎無十失四五之罪坐聽天下之無賴持此爲倚市餬口之術殺人如麻又何怪歟鐵樵之弟曰仲弢憫茲學之廢墜悼厥兄之慘酷發大心願欲采中西之理法選聰慧之童孺開一學堂以昌斯道而

屬余述其所由質諸天下。議方倡未就也。余在廣座中。慷慨哀激。論保種之道。次述仲弢之所志。臨桂龍君積之。忽從座起涕泗長跽而言曰。此舉若昌某願粉身碎骨相贊助。某家計雖淡泊。願悉所有以其半養母。而散其半以就此事。以報先君於地下。余驚起長跪問故。則君之尊甫於客歲患痢。爲醫者所誤。齎志以沒。積之方徹歲自怨艾。以未嘗學醫爲莫大罪。其痛心疾首。張目切齒。蓋息息與仲弢有同心也。梁啓超曰。天下之爲人子弟。而與仲弢積之共此懵怛者。奚啻千萬。吾度其苟有人心者。其必志兩君之所志。哀悼憤恨。思有以一掃庸醫之毒。以謝其父兄。而惜乎獨力之不克舉。又無人焉振臂號呼以集其事也。抑庸醫之病天下。天下稍有識者。皆能道之。顧以爲其害未必卽在我。是用漠焉淡焉置之而已。抑豈不聞緩急者人之所時有也。萬一事起倉卒。命在瞬息。大索其良者不可得。乃不得不委而棄之於庸醫之手。彼時噬臍。雖悔何及。詩不云乎。迨天之未陰雨。徹彼桑土。綢繆牖戶。亦烏知夫誰氏當罹其害。而誰氏當蒙其利乎。今將誓合天下孝子悌弟之與仲弢積之同其痛者。與夫仁人志士之自愛其身與其所親者。與夫一時賢士大夫之讀中西醫書有所心得。而亟欲廣仁心仁術於天下者。壹心羣策。昌此善舉。能效其力。富效其財。大以救種族之式微。小以開藝術之新派。遠以拯來者之急難。近以殺兩君之私痛。開醫會以通海內海外之見聞。刊醫報以甄中法西法之美善。立醫學堂選高才之士以究其精微。設醫院循博施之義。以濟貧乏。凡厥條理。別具專篇。海內好善之君子。其諸有樂於是歟。

飲冰室文集之三

知新報敍例

東西各國之有報也。國家以之代憲令。官府以之代條誥。士夫以之代著述。商民以之代學業。郁郁乎。洋洋乎。宗風入於人心。附庸蔚爲大國。何其盛也。齊州之大。神裔之繁。而華文之報。未及三十。致遠恐泥。可觀者希。自曩時間有繙述西國近事格致彙編。惟彼二種。頗稱美善。雖匪語於大備。乃有助於多識。數年以來。譯印中止。志士惜焉。去年結集同志。設館海上。負山塡海。綿薄滋慚。顧承達人謬見許可。曾靡脛翼。已走陬澨。豈非恆飢之子。不擇饌而食。去國之客。見似人而喜者耶。篇幅隘短。編誌漏略。記事則西多而中少。譯報則政詳而藝略。久懷擴充。未之克任。濠鏡海隅。通商最早。中西孔道。起點於斯。二三豪俊。繼倡此舉。公擬略例。屬爲弁詞。蓋聞伐木之義。每感懷於友聲。橫流之柱。或危凜於獨木。洛鐘見應。聞喜欲狂。若夫報章所關。與國消息。義具前論。靡取綴疣。謹依來書。略標義例。

子與好辯。孔圖卒賴其功。賈生建策。孝景始感其言。言之若罪。聞者足興。錄論說第一。

大哉王言。如絲如綸。錄上諭第二。

創鉅痛深。知恥不殆。齊威不忘在莒。句踐每懷會稽。海隅逖聽。拭觀新政。錄近事第三。

周知四國。行人之才。知己知彼。兵家所貴。觀螳蟬之機心。識棒喝之妙用。譯錄西國政事報第四。

生衆食寡。是曰大道。智作巧述。不恥相師。譯錄西國農學鑛政商務工藝格致等報第五。

與林迪臣太守書

頃閱各報。知浙中學堂已有成議。大吏委公總司厥事。無任忭喜。軍事既定。廟謨諄諄。野議續續。則咸以振興學校爲第一義。各省州縣頗有提倡。而省會未或聞焉。浙中此舉。實他日羣學之權輿也。啓超竊以爲此後之中國。風氣漸開。議論漸變。非西學不興之爲患。而中學將亡之爲患。至其存亡絕續之權。則在於學校。昔之敝也。在中學與西學分而爲二。學者一身不能相兼。彼三十年來之同文館方言館武備學堂等。其剏立之意。非不欲儲非常之才。以爲國用也。然其收效乃僅若是。今之抵掌鼓舌以言學校者。則莫不知前此諸館之法之未爲善矣。而要彼今日之所立法。其他日成就有以異於前此諸館之爲乎。則非啓超之所敢言也。啓超謂今日之學校。當以政學爲主義。以藝學爲附庸。政學之成較易。藝學之成較難。政學之用較廣。藝學之用較狹。使其國有政才而無藝才也。則行政之人。振興藝事。直易易耳。即不爾。而借材異地。用客卿而操縱之。無所不可也。使其國有藝才而無政才也。則絕技雖多。執政者不知所以用之。其終也必爲他人所用。今之中國。其習專門之業。稍有成就者。固不乏人。獨其講求古今中外治天下之道。深知其意者。蓋不多見。此所以雖有一二藝才。而卒無用也。中國舊學。考據掌故詞章爲三大宗。啓超竊嘗見儕輩之中。同一舊學也。其偏重於考據詞章者。則其變而維新也極難。其偏重於掌故者。則其變而維新也極易。蓋其人既以掌故爲學。必其素有治天下之心。於歷代治亂興亡沿革得失所以然之故。日往來於胸中。既徧思舊法。何者可以治今日之天下。何者不可以治今日之天下。抉擇既熟。圖窮匕見。乃皤然知泰西之法。確有可采。故其轉圜之間廓如也。彼夫西人之著書爲我借箸者。與今世所謂洋務中人介於達官市儈之間。而日日攘臂譚新法者。其於西政非不少有所知也。而於吾中國之情勢政俗未嘗通習。則其言也必窒礙不可行。非不可行也。行之而不知其本。不以其道也。於是有志經世者。或取其言而試行之。一行而不效。則反以爲新法之罪。近今之大局未始不壞於此也。故今日欲儲人才。必以通習中國掌故之學。知其所以然之故。而參合之於西政。以求致用者爲第一等。泰西諸國首重政治學院。其爲學也。以公理公法爲經。以希臘羅馬古史爲緯。以近政近事爲用。其學成者授之以政。此爲立國基第一義。日本效之。變法則獨先學校。學校則獨重政治。此所以不三十年而崛起於東瀛也。啓超自頃入鄂。則請南皮易兩湖書院專課政學。以六經諸子爲經。而以西人公理公法之書輔之。以求治天下之道。以歷朝掌故爲緯。而以希臘羅馬古史輔之。以求古人治天下之法。以按切當今時勢爲用。而以各國近政近事輔之。以求治今日之天下所當有事。苟由此道。得師而教之。五年之間。可以大成。則眞國家有用之才也。今以爲浙中學堂宜仿此意。即未能專示以所重。亦當中西兼舉。政藝並進。然後本末體用之間。不至有所偏喪。彼乎同文方言諸館者。其中亦未嘗無中學教習也。未嘗不課以誦經書作策論也。而其學生皆如未嘗受中學然者。彼其教習固半屬此間至庸極陋之學究。於中學之書。原一無所聞。其將以何術傳諸其徒也。學生既於中學精深通達之處。未嘗少有所受。則其所誦經書。只能謂之認字。其所課策論。只能謂之習文法。而絕不能謂之中學。故其成就一無可觀也。故今日欲興學校。苟不力矯此弊。則雖糜巨萬之經費。祇爲洋人廣蓄買辦之才。十餘年後。必有達識之士。以學堂爲詬病者。此不可不愼也。爲今之計。能聘一通古今達中西之大儒爲總教習。駐院教授。此上策也。其不能也。則竊見尊擬章程中有諸生各設日課部一條。苟能以周禮公羊孟子管子史記文獻通考全史書志等。及近譯西人政學略精之書數種。列爲定課。使諸生日必讀若干葉。以今日新法證羣書古義。而詳論其變通之由與推行之道。其有議論。悉劄識於日課中。而請通人評隲之。或每月更設月課。其題多用策問體。常舉政學之理法以叩之。俾啓其心思。廣其才識。則其所得亦庶幾也。浙中此舉。爲提倡實學之先聲。一切章程。他日諸省所藉以損益也。惟公留意焉。啓超稚齡寡學。於一切門徑條理。豈有所知。顧承見愛。相待逾恆。故不避唐突。薄有所見。輒貢之於左右。想公達人。必不訶其多言也。

致伍秩庸星使書

去臘歸自杭州。省讀留札。謙牧懇切。有逾尋常。循誦再三。感悚萬狀。啓超上循公議。下迫賤事。未能從行。區區之情。具詳前覆。想已塵覽。自惟庸陋。靡所取裁。顧承過愛。謬采虛譽。屈己相招。待以殊禮。下士之風。昔賢所難。況在今日。雖未克追陪。然銘感之私。靡時或忘。竊聞之仁者贈人以言。薄有所知。敢貢諸左右。以報盛意。惟垂擇焉。美國之立國也。以自保爲主。而不與物競。故交涉繁難之事。較少於他國。惟華工一端。向者諸使臣咸束手焉。今夫美者。萬國之客民所合而成國者也。歐洲人挈族以往者。歲以億萬計。其情形與吾華同。等是客民也。而彼之國會必歧而二之。雖由吾國勢之不振。然亦不能盡爲國勢咎也。乃者與日本定約。約言日本旅華之民。當從最優之國相待。吾亦以是反索諸日本。日人則曰。華民之旅於他國者。非上等人也。非上等人而責吾待以上等之禮。烏可行也。此雖橫逆之言。而吾實無以難之矣。今夫華工之在美者。其始大率饑寒洊逼。謀生無術。瀕死亡命。迫而他逃。無家室。無產業。未嘗識字。未嘗讀書。未嘗受教化。起居飲食言語舉動。皆有蠻野之風。故美人初年。猶有令華工入美籍之請。及其後也。反從而禁之。彼中人士至昌言謂宜圈限華人。勿令與美族雜處。恐其獷陋之俗。傳染全國。嗚呼。吾之所以見輕見虐於他人者。有自來矣。後此往者。漸久漸衆。頗有致厚實蓄田廬長子孫者。而未經教化也如故。不識字不讀書也如故。孟子曰。人而無教。則近於禽獸。以故華工麕集之處。街道湫隘。房屋穢溷。煙賭充斥。械鬬狠藉。名曰貴種。實同土番。夫我既土番矣。而欲人之不土番我。何可得也。故今日欲保華工。必以教華民爲第一義。教之之法有六。

一曰立孔廟。西國之人各奉一教。則莫不尊事其教主。崇麗其教堂。七日休沐。則咸聚其堂而頂禮。而聽講。雖其教之精粗得失不必論。要之誘勸獎掖。涵濡漸摩。使人去暴就良。去詐就忠。其意至微。其法至善。今中國之人。號稱奉聖教。而農工商賈。終身未登夫子廟堂。不知聖教爲何物。故西人謂我爲半教之國。良不誣也。今宜倡義勸捐。凡華市繁盛之地。皆設建孔廟。立主陳器。使華工每值西人禮拜日。咸詣堂瞻仰拜謁。並聽講聖經大義。然後安息。則觀感有資。薰陶自易。民日遷善而不自知。西人覩此威儀。沾此教澤。亦當肅然起敬。無敢相慢矣。

二曰興書院。夫旅居既久。漸有子弟。無師可就。無書可讀。幼而失教。長而洋傭。謬種流傳。永難自立。今宜就各市鎮。創立書院義學。由中士聘良師爲教習。而兼請西人以課西學。授西文。昔王文成在軍中。自編俗語歌訣。口授軍士。以作其敵愾之氣。近曾文正亦用其法。以授前敵及圍城中人。此教鄉曲粗人莫善之良法也。書院既立。則宜令各教習編定此種書。專發明振興中國保全種族之義。及工作商業等理。皆編成俗語。以授之人手一編。口碑載道。自强之效。油然生矣。彼中各邑。向有會館。而規條未善。所延董事。率皆不學無術。誠能因其舊貫。改作書院，擬定課程，獎勸後進，毫不費力，而補益良大。西國最重文學，苟華人旅彼者彬彬秩秩，說禮敦詩，惟彼西人，敢侮予哉。

三曰設報館。報館之開風氣，裨國政，夫人而知之矣。西國無地不有，無人不閲，以報館之多寡，覘國勢之强弱。今旅美華工林總日加，而報館無一焉，無惑乎吾民之闇於商理，而昧於敵情也。今宜設一華文報館，仿西國婦孺報之例，專用俗語，普勸華民以講求工藝，改革陋俗，集大公司，與大商務，乃心故國，共禦外侮等義。又西國西文各報詆諆中國，無所不至，言過其實，熒惑聽聞，故西人聞其說者，輕我愈至，而虐我益甚。若能在彼中設一西文報，辨其誣謬，昌言中國敎化之善，及其可以振興之道，俾知吾國之尚有人在，則亦弭患無形之一術也。

四曰擴善堂。善堂之意，昉自周官相賙相救，謂之任卹。近泰西諸國，善舉滋多，吾粵好善，此風亦盛。省城之廣濟醫院、廣仁善堂、愛育善堂，香港之東華醫院，澳門之鏡湖醫院，常款或至數十萬，首事諸人多爲衆信，漸至一鄉議院之基。堂中宜講聖諭，印刷善書，救荒恤貧，訓嬰治病，敎養兼行，爲益良大。港澳兩院至能漸收華民自治之權，效可睹矣。聞美國各埠近亦有此，宜因其舊址，普加勸厲，益求擴充，增定條規，自由保護，選有志之士，以爲講生，刻有用之籍，以當善書。聞彼中娼妓極盛，受虐極苦，每有西人見而不忍，取擕以去。又鴉片盛行，爲人厭惡。凡此陋習，皆由善堂設會禁止，我既自愛，人亦無辭，興可興之利，復已失之權，事屬善舉，則西人不至相疑，局既漸成，則華民得以自保，非細故也。

五曰聯公會。外洋華民多設私會，各立名號，其類非一，不達時務者，指爲亂黨，竊竊憂之，而無可如何。其迂者乃多方設法，思所以散之，不知國之所以立者，恃民情之固結而已。東西洋諸强國，無一國不有黨，無一人不入會，未聞有以爲病者。豈不以固結之道。莫善於此哉。以故黨會愈多者。其國愈强。俄英法美其較然也。中國此義未明。尚當思所以提倡之。況彼華工轉徙異域。其彼之立名目以相號召者。大率爲自相保護。冀免憑陵。或激念國恥。誓衆圖報。用心至苦。陳義甚高。亦人心不死天運未改之符驗矣。今宜因此機緣。益加獎厲。愚者導之使智。散者合之使聚。毋挫其氣。毋渙其心。激以大義。約以法程。樹海外之干城。助中原之犄角。他日有事。必有大收其用者。

六曰勸工藝。吾中國有遠過於西人者一事。曰華工耐勞而索價少。西工惰作而索價昂。此今日華工見逐之由。而實他日吾華人所藉以制彼族之死命者也。以華人之聰明智慧。加以工價之賤。操作之勤。苟能學習西法。深知其意。自行設廠置機。製造百物。雖盡五洲工藝之利權而奪之不難矣。華人之旅美者。賃身爲奴。十居其九。間有自主經商者。大都販運故鄉衣物。以供傭保之所求。罕有集大股。立大公司。牟他人之利者。非力之不逮。殆未有明於商理。達於藝學者。以提倡之也。爲今之計。莫如集股設立工藝學堂。聘西人藝學師爲敎習。選華工之子弟聰穎者以實之。不足則招學閩子弟願學者。由縣署取憑送赴就學。專習丹青雕刻油漆織作等類手工之事。其各種大機器需本鉅而成事難者。姑從緩辦。三年之後。即可大成。則別招新班。而使學成者散游於金山紐約等處。或歸中國。以所得新法傳之其人。擇其西人所喜用之物。必需之件。而專製之。十年之間。轉相仿效。彼中食用器物。將皆取給於華工之手。中國欲無富强。不可得也。彼區區之日本。其手工製造用物玩物。售於美國者。歲值銀至八百餘萬。此亦工價賤而操作勤之所致也。況中國之賤且勤。又過於日本乎。凡此數端。皆因勢利導。集事甚易。及夫成就之後。則大之爲一國命脈之所繫。小之亦爲華工生計之所資。至其措辦之方。亦有二要。一曰與工相習而爲所信。與西人相浹而借其力。彼土華工。吾鄉人居十之七八。語言風俗。皆可通曉。其於相習。固易易矣。執事淹貫西學。又久處香港。爲鄉人所深知。使命一下。海外數百萬黔首。方將翹領企踵。以望軺輶。使推誠布公。提倡大義。則令如流水。草偃風從。何款不集。何事不成。若其稍棘手者。則公使在外國。無自治其民之權。凡百措施。恐受牽掣。不知所陳諸事。與彼地方之公事。一毫無涉。不過助彼政府分其敎養客民之勞。非惟無損於彼。且有大益焉。但使與其執政交誼稍洽。從容商辦。豈有執難。美國爲執事昔年遊學之區。彼中賢士大夫。必多舊好。言語相通。不勞繙譯。情意易達。商略易行。彼中善舉極多。義士林立。或卽延請美國名士。提倡主持。藉其治外之權。革我錮積之弊。匪直不憂阻閡。雖勸令美廷歲撥常欵。爲敎養華童之費可也。故此犖犖數事。責之他人。必不能成。求之執事。必可立致。然則執事此行。乃天不欲絕此億萬生靈之命。而假手以拯之也。執事豈有意乎。今夫美國之苦逐華人。乃出於無賴工氓之所爲耳。其富戶固大不欲也。其政府固引爲慚德也。且有識之士。方且嚻焉眲焉。議其非也。今日誠得其人。因勢利導。不侵彼中地方有司絲毫之權。而造我國商民無窮之福。亦何憚而不爲哉。方今時事多艱。外侮日亟。朝廷掃除常格。妙選精熟律法。洞悉外情者。而用執事。執事膺特達之知。受不次之擢。感激知遇。力圖報稱。其聯絡邦交。顧全國體。必有深謀良慮。以慰天下之望。其必不欲循例奉公。碌碌苟且。蹈巧宦之陋習。損海外之聞譽。此固無待於鄙言矣。顧區區之愚。以爲美使一職。舍保全華工而外。無他事可辦。華工一事。舍前陳數端辦法。無他策可圖。執事而不思報國不思立名則已。苟其思之。則惟此一舉。可以建不朽之業。與大局之利。雪前此之國恥。作海內之民氣。三年之內。美境華工。將戴執事如父母。十年之後。海內人士。將服執事如神明。此眞豪傑立功名之時也。啓超學識旣陋。閱歷更少。於天下大事。豈有所知。旣承雅愛。待以國士頗竭數日夜之力。圖所以報命者。竊謂悠悠萬事。惟此爲大。有大利而無小害。有百易而無一難。其試辨條理。頗經熟思。限於尺素。未能具陳。若蒙采擇。更當臚舉。伏惟裁察。

復友人論保教書

得復書。慨然於中國之微。大教之衰。於其所以然之故。言之洞若觀火。久矣夫天下之不聞此言也。既承不棄。令悉貢所聞。敢就來書復道一二。所論西教之强。憑藉國力。是固然矣。然亦有其本也。耶氏之起。猶太人疾之滋甚。其大弟子十二人。死於法者十一。其一人猶竄逐搜捕。瀕死數四。幸而免焉而已。而其精悍鋭很之氣不衰。保羅以私淑之徒。縱横排蕩。以昌其教。其繼起者。皆以死自任。歷三百年而後有甘站丁沙鼇曼之徒。以國王而信其教者。自後教皇之權日益尊重。至於各國君主。咸受加冕。於是國力之盛極矣。而不知其初之累受逼迫。皆一二匹夫之賤。百折不回。以成之者也。且甯獨彼教爲然哉。孔子既創教立法。以治萬世。而百家之言。紛然淆亂。自魏文侯師子夏。而魏有六藝之博士。是爲孔教得國力第一關鍵。則子夏之爲之也。以秦皇之無道。而博士具員以七十人。大儒伏生叔孫通。皆官其職。太史公推原其故。以爲李斯知六藝之歸。斯爲丞相。故能如是。爲孔教得國力第二關鍵。則荀卿之徒李斯之爲之也。漢初多用武力有功之臣。文景竇后皆好黄老術。是時國力在於黄老。不在六經。及武帝用董子之言。表章六藝。罷黜百家。其不在六藝之科者。絕勿進。於是天下之士。靡然向風。班孟堅以爲祿利之路然。祿利者。國力之謂也。於是而孔教之根址乃定。此爲孔教得國力第三關鍵。則董子之爲之也。由此觀之。雖肉食者與有力。未有不由匹夫之賤。以强毅堅忍而成之者也。夫天下無不教而治之民。故天下無無教而立之國。國受範於教。肉食聽命於匹夫。是以彼教之挾國力以相陵。非所畏也。在吾之能自立而已。西人論列國教分爲三等。一有教。二無教。三半教。中國爲半教之國焉。蓋其聲明文物典章制度先聖所留貽。歷代所增益。實繁且備。若儕之於非洲之黑人。墨洲之紅番。固有不類。然其風俗之敗壞。士夫之隘陋。小民之蠢愚。物產不興。智學不開。耳目充閉。若坐眢井。恥尙失所。若病中風。則直謂之無教可耳。孟子曰。上無道揆。下無法守。國之所存者幸也。又曰。上無禮。下無學。喪無日矣。斯則執事所云。尊之則興。不尊則亡。衰弱非所云也。今空言憂憤。無救危亡。思與海內有志之士。大明教之日卽於亡之勢。而共求其可以不亡之道。語其條理。殆必自講學始。孔子聚徒至以三千。墨翟言學。强聒不舍。西人一切政藝。皆有學會。合衆人之聰明。以講求一義。則易明。聯衆人之聲氣。以主持一事。則易舉。故有天文會。地學會。算學會。農學會。商學會。兵學會。其最小至於照像浴堂。莫不有會。其入會者。上自后妃王公大臣。下及傭保奴隸。是以會中人與國爲體。而有國者以會爲命。日本向主守舊。薾疲一類中士。近者翻然變易。維新以後。國勢蒸蒸日上者。雖其君相之雄才大略。實則其黨人之力量。有以成就之也。此其已然之效可見者也。今擬倣彼中保國公會之例。爲保教公會。凡入會者。人設日課。日有劄記。以發明經義切實有用爲主。五日或十日一會。相與反覆詰難。講求實學。及推行擴充條理。其一切天算地礦聲光化電顱門之學。各專其一。求以能著書爲主。其劄記每月一彙。公定去取。刻之以布示天下。以轉移舊習。其大會一在京師。一在上海。其會中人所至。必分立小會。見人必發明保教之義。由斯漸廣。愈講愈明。則此道之不絕於大地。當有望也。今中國士夫習氣。平居不讀書。相見不言學。日以飲食遊戲相趨相競而已。其碌碌豎子固不足言。卽一二有志。亦爲風氣所束縛。而不能自拔。其最高流者。則徒私憂竊歎。而莫肯自任。以爲萬無可爲。乃自娛於聲色詞章。度數十寒暑以去。噫嘻。安得不胥而爲彝哉。夫國計民命。卽不厝意。試問棟折榱崩。孰免傾壓。彼薤露之富貴。固爲埃塵。卽醇酒婦人名山文字。亦豈能晏然哉。故竊以爲居今日而不以保國保教爲事者。必其人於危亡之故。講之未瑩。念之未熟也。夫春秋三世之義。據亂世內其國而外諸夏。昇平世內諸夏而外彝狄。太平世天下遠近大小若一。彝狄進至於爵。竊嘗論之。孔子之道。秦以前所傳聞世也。齊魯儒者。講誦六藝。成爲風氣。外此則寥寥數子而已。所謂內其國也。自漢至今所聞世也。中國一統。同種族者。皆宗法焉。所謂內諸夏也。若夫所見世之治。施及蠻貊。用夏變彝。則過此以往。所有事也。夫以事勢言之。則今日存亡絕續之交。間不容髮。以常理言之。則豈惟不亡。直將胥天下而易之。此亦視我輩爲之而已。故知孟子舍我其誰之言。非夸而無當也。執事以爲何如。環顧天涯。同志能幾。共此憂憤。天下之福也。若不河漢。請從隗始。何如。

復劉古愚山長書

二三月間。疊由楊君風軒兩賜手書。及味經隨錄創建書院摺片機器織布說略諸稿。循誦數四。欽佩千萬。惟於啓超獎飾過當。非所敢受。徒增慚愧。啓超鄉曲陋㞳。於一切學問。懵無所習。行年十七。始獲捧手於南海康先生之門。略聞古今治法及中外變故。而學問旣淺。閱歷尤寡。自撫歉然。烏敢語天下事。雖然。嘗聞之南海之言矣。學者所以經世也。學焉而不憂天下。無甯勿學。又曰。天下之事至鉅也。至賾也。苟欲以一二人之力振救之。雖大賢不能矣。然惟人人以不能自廢。而天下之患乃益大。是故雖有綿質陋學。苟率其不忍人之心。則未嘗不可以有補於天下。是用忘其愚固。振臂疾呼。極知無當。惟行其心之所安。竭其力之所能而已。乃者强學議起。海內志士。

頗跛息輻集謂庶有瘳既爲言者所沮綿蕝未定遽以輟散今殫精竭慮一載有餘思復舊業合大羣拯大禍終未克逮固由才力之不及抑亦世變之莫究也啓超自交李孟符得諗先生之言論行事以謂苟盡天下之書院得十百賢如先生者以爲之師中國之强可翹足而待也人才者國之所與立也而師也者人才之大原也故救天下之道莫急於講學講學之道莫要於得師書中謂今日顯禍固在東南隱患仍在西北至哉言乎嚮嘗竊竊過計謂吾西北腹地諸省風氣閡隔人才乏絕恐不足以自立今獲聞先生之餘論則矍然起釋然信秦之可以不亡也今日東南諸省蓋不救矣沿海膏腴羣虎競噬一有兵事則江浙閩粤首當其衝不及五載悉爲臺灣割棄倉卒呼號莫聞雖有堅銳祇增盜糧雖有智勇束手坐斃然則居東南而譚富强其猶過屠大嚼雖少快意終不得肉惟西北腹地遠距海岸彝跡尚罕地利未闢涎割稍遲而礦脈之盛物產之饒隨舉一省皆可自立秦中自古帝都萬一上京有變則六飛行在猶將賴之故秦地若立東連晉豫西通巴蜀他日中國一旅之興必在是矣先生以織局書院兩義立富教之本可謂知務既以集股不易織造恐致無成甚矣任事之難也今欲糾大衆立公司以興地利無論何事想皆不易就權宜之計莫如興小農勸小工如蘿蔔之糖葡萄之酒畜牛製乳牧羊織毯之類費本不鉅盡人可行及其既盛獲利亦可無量又日本每歲手造器物銷至美國者值八千萬美人畏之然則機器固爲富國第一義然必謂舍機器之外而卽無術以致富亦未必然矣彼至纖極瑣如草帽邊者猶且爲出口貨物一大宗他可知矣故苟能擇西人喜用之物與通商口岸之人所喜用之西物仿其式樣擇數類而廣製之雖手造遲鈍不猶愈於已乎勿謂其小苟用者廣出者多何事何物不足以生利彼法國有以飼雞爲業而數年之閒至百萬者矣故小農小工最可用也先生若有意於是則此閒續譯此類之書當以次寄上以備

采擇其舊譯格致彙編西藝知新等亦多可采但取與地相適者而仿行之亦興利中應有之義也若地物旣漸闢則轉運一事實爲通津之大原河輪馬路二者苟能擧其一以達於近江其所補益實爲無量但此事恐亦非旦夕所能集耳今日所最切要而最易行者自當以興學爲主義近歲各省學堂之設所在皆有其爲法也以方言爲開宗明義第一事似得其本也雖然欲講學者莫急於擇師今之學方言者以西人爲師乎則貧僻之地未必能以重脩聘西人也卽或能之而西人之旅華者大率傳敎之士不學無術亦烏足以爲人師也卽或能之而言語不通情意不達烏在其能傳授也以華人爲師乎則今日之號稱通習西文者上焉者能充譯署使館之繙譯下焉者能作洋行洋艦之通事如斯而已於西人之政事學問非有所知也夫僅能充繙譯作通事其猶華人之能作華語粗識華文者而已欲講中學而以能作華語粗識華文之人爲之師雖五尺之童猶知其不行也然則欲講西學而以能作西語粗識西文之人爲之師甯非惑歟徒使學者沾染洋習捐棄大道六經束閣論語當薪其猶壽陵學邯鄲之步東家效西子之顰故步盡喪益形生醜今日通商口岸之士習殆類是矣故啓超謂今日欲興學校當以仿西人政治學院之意爲最善其爲學也以公理公法爲經以希臘羅馬古史爲緯以近政近事爲用其學焉而成者則於治天下之道及古人治天下之法與夫治今日之天下所當有事靡不融貫於胸中若集兩造而辨曲直陳緇羔而指白黑故入官以後敷政優優所謂用其所學學其所用以故縫掖之間無棄才而國家收養士之效日本變法之始卽開此院以故數年之間人才大成各用所長分任庶政是以强也中國開學堂數十年同文方言之館所在有之而其爲學也不出於繙譯通事是以弱也啓超自頃入鄂則請南皮尚書易兩湖書院專課政學以六經諸子爲經而以西人公法公理之書輔之以求治天下之道以歷朝掌故爲緯而

以希臘羅馬古史輔之。以求古人治天下之法。以按切當今時勢爲用。而以各國近事近政輔之。以求治今日之天下所當有事。今秦中興學。鄙意謂亦宜參用此意。務使中學與西學不分爲二學者一身可以相兼。而國家隨時可收其用。而其尤切要者。千年教宗。運丁絶續。左袵交迫。淪胥靡日。必使薄海内外知孔子爲制法之聖。信六經爲經世之書。信受通習。庶幾有救先生以耆德碩學悲憫天人。一言提倡士氣振變。伏望努力起衰扶危。則豈惟秦地之幸而已。南海先生長興學記。新學僞經考。四上書記。各呈上數本。此皆先生嚆矢之書。自餘諸學或撰而未成。或成而未刻。先以數種奉獻。亦略見一二耳。同門諸子。頗有所撰述。專以經學諸子學言經世者。秋間或可刻成數種。當以就正。拙撰西學書目表。淺陋已極。既承相愛。亦以奉塵。尙乞教之。南海先生頃游各省。所至講學。欲以開風氣覺後賢以救天下。去冬遊桂林。開聖學會。祀孔子。譯西書。桂士咸集。殆將大振。秋間將遊湖湘。入巴蜀。來年二三月間。或取道秦晉。以如京師。彼時啓超或能從遊。當可暢聆教益。今之中國既如累卵。而東南沿海各省。益復朝不保夕。雖自竭其股肱之力。誠恐所志未就十一。而桑田滄海。倏忽已淪。故竊用憤懣。欲於腹地得二三豪傑以共揹之。尊省振興之事。幸時相告。苟力所能及。靡不竭其拳拳。共矢血誠。力扶危局。亦未見天下事之必無可爲也。所懷千萬。苦未盡吐。容俟續陳。

讀春秋界說

界說一　春秋爲孔子改定制度以教萬世之書。

史記太史公自序曰。周道衰廢。孔子知言之不用。道之不行也。是非二百四十二年之中。以爲天下儀表。文成數萬。其指數千萬。物之散聚皆在春秋。孟子曰。春秋天子之事也。夫春秋一儒者之筆耳。何以謂爲天子之事。蓋以春秋者損益百王。斟酌三代。垂制立法。以教萬世。此其事皆天子所當有事者也。獨惜周道衰廢。王者不能自舉其職。而天地之公理終不可無人以發明之也。故孔子發憤而作春秋。以行天子之事。故說苑曰。周德不亡。春秋不作。孟子曰。王者之迹熄。然後春秋作。又曰。知我者其惟春秋乎。罪我者其惟春秋乎。夫作春秋何以見罪孔子。蓋逆知後世必有執布衣不當改制之說。而疑孔子之僭妄者。故先自言之也。後之儒者不明此義。而甘爲罪孔子之人。則何益矣。

孔子改制之說。本無可疑。其見於周秦諸子兩漢傳記者極多。不必偏舉。即如論語麻冕禮也一章。顏淵問爲邦一章。改制之精義猶可考見。使孔子而僅從周云爾。則何不云行周之時。乘周之輅。樂則武舞。而必兼采三代耶。可見當時孔子苟獲爲邦。其制度必有所因革損益明矣。既已不見用。則垂空文以待來者。亦本其平日之所懷者而著之。又何足異乎。黃梨洲有明夷待訪錄。黃氏之改制也。王船山有黃書有噩夢。王氏之改制也。馮林一有校邠廬抗議。馮氏之改制也。凡士大夫之讀書有心得者。每覺當時之制度有未善處。而思有以變通之。此最尋常事。孔子之作春秋。亦猶是耳。夫以梨洲船山林一之所能爲者。而必不許我孔子爲之。此何理也。西人果魯士西亞、虎哥皆以布衣而著萬國公法。天下遵之。今孔子之作春秋。乃萬世公法也。今必謂孔子之智曾果氏虎氏之不若。此又何理也。

界說二　春秋爲明義之書。非記事之書。

孟子曰。晉之乘。楚之檮杌。魯之春秋。一也。其事則齊桓晉文。其文則史。孔子曰。其義則丘竊取之矣。蓋以明春秋之所重者在義。而不在事與文也。其意若曰。若僅論其事。則不過桓文之陳迹而已。若僅論其文。則不過一史官之職而已。是二者乃晉乘楚檮杌之所同也。孔子未修之春秋。亦猶是也。及孔子修之。則其中皆有義焉。太史公所謂萬物散聚。皆在春秋。其指數千者。即今之春秋是也。春秋所以爲萬世之書者。曰惟義之故。孔子所以爲聖者。曰惟義之故。孟子所以言道統。述及孔子。即舉春秋者。曰惟義之故。若夫事也者。則不過假之以明義。說詳第三條　義之既明。兼記其事可也。義之既明。而其事皆作筌蹄之棄。亦無不可也。若徇其事而忘其義。則大不可也。痛哉左傳家之說也。乃謂春秋書不書之例。不過据列國赴告之策以爲文。然則孔子直一識字之史官而已。乘與檮杌皆優爲之。而何必惟孔子之春秋是尊也。自公穀之義大不明。後儒之以史目春秋久矣。夫使孔子而果爲史官也。則亦當搜羅明備。記載詳博。然後爲史之良。我朝二百餘年。而東華之錄。已汗牛充棟矣。而春秋二百四十年。乃僅得一萬九千字。猶復漏略蕪雜。毫無體例。何其陋歟。故使春秋而果爲記事之史也。則吾謂左邱明賢於孔子遠矣。嗚呼。此義也。孔子自言之。孟子又言之。董子太史公又言之。而竟數千年沈霾晦昒。無一發明。則無怪王荊公謂春秋爲斷爛朝報。而雖以朱子之賢。亦自言於春秋無所解也。故苟不辨明義與事之界。則春秋不可得而讀也。

界說三　春秋本以義爲主。然必託事以明義。則其義愈切著。

問者曰。孔子之春秋。既已如明夷待訪錄。校邠廬抗議之例矣。則何不條舉直書。言某事當如何興作。某政當如何改革。一如黃王氏之例。而何必比附當時之事。以眩惑後人乎。答之曰。孔子自言之矣。孔子曰。我欲載之空言。不如見之行事之博深切明也。故因其行事而加吾王心焉。假其位號以正人倫。因其成敗以明順逆。

見春秋繁露俞序篇又見史記太史公自序篇此蓋聖人警時憂世之苦心也。如春秋有大居正之義。但言大居正本已足矣。而必借宋宣之事言之。所以使人知不居正之害。可以召爭亂也。春秋有譏世卿之義。但言譏世卿本已足矣。而必借尹氏之事言之。所以使人知世卿之害。可以篡逆也。蓋春秋所重者在大居正譏世卿。而不在葬宋繆與尹氏卒也。不然。一巡撫之出殯。一京官之死。何足以勞聖人之筆哉。故曰因其行事。假其位號。故讀春秋當如讀楚辭。其辭則美人芳草。其心則靈修也。其辭則齊桓晉文。其義則素王制也。知此則於春秋無所閡焉矣。善哉句容陳氏立之言也。曰春秋記號之書也。

讀孟子界說

界說一　孔子之學。至戰國時有二大派。一曰孟子。二曰荀卿。

史記特立孟子荀卿列傳。儒林傳又云孟子荀卿之徒以學顯於當世。蓋自昌黎以前。皆孟子荀卿並稱。至宋賢始獨尊孟子與孔子等。後世遂以孔孟並舉。無以孟荀並舉者矣。要之孔子乃立教之人。孟子乃行教之人。必知孟子爲孔教中一派。始可以讀孟子。

界說二　荀子之學在傳經。孟子之學在經世。荀子爲孔門文學之科。孟子爲孔門政事之科。

漢興諸經皆傳自荀卿。其目略見汪容甫述學其功最高不可誣。然所傳微言大義不及孟子。孟子專提孔門欲立立人。欲達達人。天下有道。某不與易之宗旨。日日以救天下爲心。實孔學之正派也。

界說三　孟子於六經之中。其所得力在春秋。

詩書禮樂。孔子晉年所定著爲雅言。荀氏一派傳之。荀子謂凡學始於誦詩。終於讀禮。故荀子一書言禮者過半。春秋爲獲麟以後所作。昌言制作。爲後王法。孟氏一派傳之。故孟子每敍道統。於禹抑洪水周公兼夷狄之後。述及孔子。卽舍五經而言春秋。於舜明於庶物禹惡旨酒湯執中文王視民如傷武王不泄邇周公思兼三王之後。述及孔子。亦舍五經而言春秋。莊子曰春秋經世先王之志。蓋凡言經世者。未有不學春秋者也。故必知孟子所言一切仁政。皆本於春秋。然後孟子學孔子之實乃見。

界說四　孟子於春秋之中。其所傳爲大同之義。

孔子立小康之義。以治二千年以來之天下。在春秋亦謂之昇平。亦謂之臨一國之言。荀子所述皆此類也。立大同之義。以治今日以後之天下。在春秋亦謂之太平。亦謂之臨天下之言。孟子所述皆此類也。大同之義。有爲今日西人所已行者。有爲今日西人所未及行。而可決其他日之必行者。讀孟子者當於此焉求之。

界說五　仁義二字。爲孟子一切學問總宗旨。

董子曰。仁者人也。義者我也。知有人不知有我。則爲墨氏之學。知有我不知有人。則爲老氏之學。故墨氏徒仁。老氏徒義。仁至義盡時曰中庸。孔子所以異於諸教者以此。孟子所以獨尊孔子者以此。一切義理制度皆從此出。學者勿以陳腐字而視之。則可有悟矣。

界說六　保民爲孟子經世宗旨。

孟子言民爲貴。民事不可緩。故全書所言仁政。所言王政。所言不忍人之政。皆以爲民也。泰西諸國今日之政。殆庶近之。惜吾中國孟子之學之絕也。明此義以讀孟子。則皆迎刃而解。否則司馬溫公之疑孟。余隱之之尊

孟徒事嘵嘵楚固失矣齊亦未爲得也

界說七　孟子言無義戰爲大同之起點

此義本於春秋爲孔子特立大義後之儒家惟孟子能發明之外教則墨翟宋牼皆深明此意泰西諸國惟美洲庶近之然未能至也近則公法家大立會以昌其說此爲孔教漸行於地球之徵自宋以來讀孟子者皆闇於此

界說八　孟子言井田爲大同之綱領

井田爲孔子特立之制所以均貧富論語所謂不患寡而患不均井田者均之至也平等之極則也西國近頗倡貧富均財之說惜未得其道耳井田不可行於後世無待言迂儒斤斤思復之者妄也法先王者法其意井田之意眞治天下第一義矣故孟子一切經濟皆從此出深知其意可語於道

界說九　孟子言性善爲大同之極效

孔子之言性也有三義據亂世之民性惡升平世之民性有善有惡亦可以爲善可以爲惡太平世之民性善荀子傳其據亂世之言宓子漆雕子世子傳其升平世之言孟子傳其太平世之言各尊所聞因而相爭苟通於三世之義可以了無窒閡矣太平之世禮運所謂謀閉而不興盜竊亂賊而不作春秋所謂人人有士君子之行故曰性善西人近倡進種改良之學他日此學極盛則孔子性善之教大成矣不明於此則孟子斷斷之致辨誠無謂也

又案性善性惡屬內言大同小康屬外言望文似無關涉然荀子爲小康之學者則必言性惡孟子爲大同之

學者則必言性善亦可見古人之學各有家數不相雜廁後世學者不明乎此强拉合爲一以讀羣書非疑古人則誣古人矣。

界說十　孟子言堯舜言文王爲大同之名號。

禮運以小康歸之禹湯文武成王周公其大同蓋謂堯舜也故曰天下爲公春秋哀十四年傳言其諸君子樂道堯舜之道亦指大同言春秋隱元年傳王者孰謂謂文王也文王亦太平世之義。詳讀春秋界說義凡此諸聖者皆有天下而不有故言大同之學者必宗之讀孟子不可不知此義。

界說十一　孟子言王霸卽大同小康之辨。

本文自明。

界說十二　距楊墨爲孟子傳教宗旨。

楊朱爲老子弟子見於列子距楊朱卽以距老子也周秦諸子雖多其宗旨不出老墨兩派詳讀諸子界說別當時最負盛名幾與孔子敵者亦惟老墨兩派故距老墨卽所以距諸子也故曰辭而闢之廓如也此孟子傳教之功也。

界說十三　不動心爲孟子內學宗旨。

此中下手功夫復分三端一曰先立乎其大者二曰養氣三曰求放心漢儒氣節之學宋儒主靜之學各得孟子內學之一體不動心者經世傳教之總根原也學者欲學孟子不可不致力於此三端之中學其一焉可也。

學者初讀孟子可將界說六至界說十三共八條分類求之。

界說十四　孟子之言卽孔子之言。然則孔子何以不自言之。孔子及身。教未大行。故春秋有大義。有微言。皆口授弟子。俟數傳乃著竹帛。所以避時艱也。故論語者孔子之雅言也。其微言亦間有存焉。然亦罕矣。傳微言者孟子董子爲最多。故孟子終篇以見知自任也。學者欲學孔子。先學孟子可也。

界說十五　孟子之學至今未嘗一行於天下。漢興。羣經皆傳自荀子。十四博士大半屬荀子之學。東漢以後。又遭竄亂。六朝及唐日益破碎。無論是非得失。皆從荀學中之一派討生活矣。二千年以來。無有知尊孟子者。自昌黎倡之。宋賢和之。孟學似光大矣。然於孟子經世大義。無一能言者。其所持論。無一不與孟子相反。實則摭荀學吐棄之餘而已。惟不動心之學間有講之者。然非其至也。故自宋以來。有尊孟子之名。無行孟學之實。以孔門嫡派。而二千年昏霾湮沒。不顯於世。斯亦聖教之大不幸也。今二三子既有志於大道。因孟學實入德之門。學聖之基也。持此界說以讀孟子。必有以異於疇昔之所見者。勿以爲習見之書而忽之也。

公車上書請變通科舉摺

具呈舉人梁啓超等爲國事危急。由於科舉乏才。請特下明詔。將下科鄉會試及此後歲科試停止八股試帖。推行經濟六科。以育人才而禦外侮。伏乞代奏事。竊頃者强敵交侵。割地削權。危亡岌岌。人不自保。皇上臨軒發歎。天下扼腕殷憂。皆以人才乏絶。無以禦侮之故。然嘗推求本原。皆由科第不變致之也。夫近代官人皆由科舉。公卿百執皆自此出。是神器所由寄。百姓所由託。其政至重也。邑聚千數百童生。而擢十數人爲生員。省聚萬數千生員。而拔百數十人爲舉人。天下聚數千舉人。而拔百數人爲進士。復於百數進士而拔數十人爲翰林。此其選之精也。然內政外交治兵理財無一能舉者。則以科舉之試。以詩文楷法取士。學非所用。用非所學故也。凡登第皆當壯艾之年。況當官卽爲政事所累。婚宦交逼。應接實繁。故待從政而後讀書。必無此理。此所以相率爲無用之才也。非徒無用而已。又更愚之。二十行省童生數百乃皆民之秀也。而試之以割裂搭截枯困纖小不通之題。學額極隘。百十不得一。則有窮老盡氣終身從事於割裂搭截枯困纖小侮聖之文。而不暇他及者。是使數百萬之秀民皆爲棄才也。若爲生員宜可爲學矣。則制藝功令禁用後世書後世事。於是天下父兄師長慮子弟之文以駁雜見黜。禁其讀書。非徒子史不觀。甚且正經不讀。既可惰學。又便速化。誰不從之。至朝殿試臨軒重典。亦僅試楷法。或挑破體。故雖爲額甚隘。得之甚艱。老宿奇才。亦多黜落。而乳臭之子。沒字之碑。粗解庸濫墨調。能爲楷法。亦多僥倖登第者。其循資至公卿。可爲總裁閱卷。其資淺下者。亦放同考試差。謬種流傳。天下同風。故自考官及多士。多有不識漢唐爲何朝。貞觀爲何號者。至於中國之輿地不知。外國之名形不識。更不足責也。其能稍通古今者。郡邑或不得一人。其能通達中外。博達政教之故。及有專門之學者。益更寡矣。以彼人才至愚極陋如此。而當官任政如彼。而以當泰西十六之強國。萬億之新學新藝。其爲所淩弱宰割。拱手受縛。乃其固然也。乾隆時舒赫德嘗請廢之矣。禮官泥於舊習。謂舉業發明義理。名臣多出其間。千年立國。未嘗有害。此似是而非之謬論。亡我國割我地者。皆自此言也。夫明孔孟之義理。爲論體已可。何爲試割裂題以侮聖言。限以八股代言之制。而等於倡優哉。名臣多出其間。可以治國無害者。乃先抑天下於至愚。而用其稍智者治之。此施於一統閉關之世則可若以較之泰西列國人才則昔所謂名臣者亦非有專門之學通中外之故不過才局可用其爲愚如故也且科舉之法非徒愚士大夫無用已也又並其農工商兵婦女而皆愚而棄之夫欲富國必自智其農工商始欲强其兵必自智其兵始泰西民六七歲必皆入學識字學算粗解天文輿地故其農工商兵婦女皆知學皆能閱報吾之生童固農工商兵婦女之師也吾生童無專門之學故農不知植物工不知製物商不知萬國物產兵不知測繪算數婦女無以助其夫是皇上撫有四萬萬有用之民而棄之無用之地至兵不能禦敵而農工商不能裕國豈不大可痛哉今科舉之法豈惟愚其民又將上愚王公自非皇上天亶聖明不能不假於師學近支王公皆學於上師房之師傅師傅皆出自楷法八股之學不通古今中外之故政治專門之業近支王公又何從而開其學識以爲議政之地乎故科舉爲法之害莫有重大於茲者夫當諸國競智之時吾獨愚其士人愚其民愚其王公以與智敵是自掩閉其耳目斷刖其手足以與烏獲離婁搏豈非自求敗亡哉昔我聖祖仁皇帝已赫然變之矣然此後復行之而無害者竊謂當閉關臥治士民樂業之時無强敵之比較無奸宄之生心雖率由千年羣愚熙熙固無害也無如大地忽通强鄰四逼水漲堤高專視比較有一不及敗績立見人皆智而我獨愚人皆練而我獨闇豈能立國乎故言守八股楷法不變者皆不學之人便其苟竊科第之私耳我皇上則以育才造士任官禦侮爲主何愛於割裂枯困窣疎之文方光烏端楷之字而循庸謬之人委以神器之重以自棄其數百萬之秀民而制千萬里之地以亡我三百年祖宗艱難締構之天下乎頃者伏讀上諭舉行經制之科天下咸仰見旁求之盛意矣而以舊科未去經制常科額又甚隘舉人等從田間來見生童晝夜咿唔尙誦讀割裂搭截庸惡陋劣之文如故舉人等亦未免習寫楷法以備過承策問之用當時局危急如此而天下人士爲無用之學如彼豈不

可爲大憂哉此非徒多士之無恥亦有司議例之過以誤我皇上以亡我中國也夫易尙窮變禮觀會通今臣工頻請開中西學堂皇上頻詔有司開京師大學矣然竊觀直省生童之爲八股以應科擧一邑百千皆非郡邑敎官敎之者蓋上以是求下以是應昔齊桓服紫一國皆服紫楚靈細腰宮人餓死皇上撫有四萬萬之民倍於歐羅巴全洲十六國之數有雷霆萬鈞之力轉移天下之權擧天下之人而陶冶成才以禦侮興治在一反掌間耳奚憚而不爲哉査經制常科已由總理各國事務衙門王大臣會同禮部議准頒行伏乞皇上憂恤國家哀憐多士奉聖祖仁皇帝之初制盡行經制科之條例斷自聖衷不必令禮官再議特下明詔宣布天下今自丁酉戊戌鄕會試之後下科鄕會試停止八股試帖皆歸倂經制六科擧行其生童歲科試以經古場爲經制正場四書文爲二場並廢八股試帖體格天下嚮風改視易聽必盡廢其呫嗶割裂腐爛之文而從事於經制之學得此三年講求下科人才必有可觀風化轉移人才不可勝用皇上挾以復仇雪恥何所往而不可哉變法之要莫過於此擧人等素習擧業並講楷法於兵農工商內政外交之學向未講求至外國新法及一切情形尤所未覩將來幸被貢擧皇上授官任政不出擧人等旣內自慚悚實恐誤國頃上痛誤國下恤身家不敢復戀舊習以徇私便同聲知誤更無異辭謹合辭上瀆伏乞代奏皇上聖鑒謹呈

萬木草堂書藏徵捐圖書啓

今之語天下事者莫不曰歐美學人多是以强支那學人少是以弱眞知本之言哉雖然學也者非可以嚮壁而造捕風而談也則必讀書又不能抱高頭講章兔園册子以自足也則必多讀書雖然以數千年之中國爲書數

十萬卷。其必讀者亦數萬卷。加以萬國大通。新學日出。橫行之籍。象鞮之筆。無一書可以棄。無一書可以緩。然則欲以一人之力備天下之書。雖陳晁毛范固所不能。況乃巖穴蓬蓽好學之士。都養以從師。賃廡以自給者。其孰從而闚之。啓超故陬澨之鄙人也。年十三始有志於學。欲購一潮州刻本之漢書。而力不逮。乃展轉請託。以假諸邑之薄有藏書者。始得一睹。成童以還。欲讀西學各書。以中國譯出者。不過區區二百餘種。而數年之力。卒不能盡購。洎乙未在京師强學會中。乃始獲徧讀焉。至於今日。而續三通。皇朝三通。大清會典等至通行易得之書。猶未能自置十百之一。恃一瓻之誼。乞諸友朋而已。夫啓超既已如是。天下之寒士。其與啓超同病者。何可勝道。其艱苦十倍於啓超者。何可勝道。購既大難。借亦非易。其坐是束手頓足。塗目塞耳。降志短氣而卒不獲大成者。不知幾百千萬億人也。彼西國之爲學也。自男女及歲。卽入學校。其敎科必讀之書。校中固已咸備矣。其淹雅繁博孤本重値之書。學人不能家庋一編者。則爲藏書樓以庋之。而恣國之人借覽焉。倫敦大書樓藏書至五千餘萬卷。入樓借閱之人。歲以億萬計。其各地城邑都會。莫不有書樓。其藏書至數十萬卷者。所在皆是。舉國書樓以千數百計。凡有井水飲處。靡不有學人。有學人處。靡不有藏書。此所以舉國皆學。而富强甲於天下也。昔高宗既勒成四庫全書。著錄天府。復於江浙設文宗、文匯、文瀾三閣。以餉江左之學者。而儀徵阮相國亦體右文之盛德。設焦山靈隱各書藏。故乾嘉之間。江左之學者。人蒲竹而家鉛槧。學術之茂。近古所希。斯藏書之明效哉。吾粤僻在嶺表。百年以來。與中原士大夫相隔絕。故以學鳴於時者殆寡。海道既通。風氣漸被。迄同光以後。而賈馬許鄭之學萌芽間出。加以海疆多事。濠鏡香港兩地爲泰西入中國孔道。彼族頗以其學設塾以敎我子弟。將收以爲用。而耳目沾被。聾聵稍開。於是今日海內之論人才者。靡不於吾粤屬觀聽焉。顧自和議成後。廟謨諄諄。廷議繽繽。

以興學育才爲急務。於是各行省霧起雲湧。學堂學會。所在而有。即至陝蜀之僻遠。桂黔之瘠苦。猶思興焉。獨我粵以中西之孔道。文學之地。各省所想望者。而聲沈響絕。寂無一聞。啓超等實恥之。往者既與二三同志各出其所有之書。合庋一地。得七千餘卷。使喜事小吏典焉。名曰萬木草堂書藏。以省分購之力。且以餉戚好中之貧而好學者而已。數年以來。同志借讀漸夥。集書亦漸增。稍稍及萬卷。而粵士之憂天下者。方將聯一學會。羣萃州處。以相切偲。以講求救天下之學。啓超以爲書之不備。不足以言學。圖器之不備。不足以言學。欲興學會。必自藏圖書器始。於是思因嚮者書藏之舊而擴充焉。材力綿薄。懼不克任。聞之求其友聲。詩人稱焉。獨爲君子。抑亦古者之所恥也。海內耆碩。方聞好義之士。或生長此地。率維桑之敬。或曾官斯土。推甘棠之澤。或愛其士氣之可用。加以獎藉。或憐其瀕海之顛危。垂賜扶卹。盛意提倡。慨贈百城。闡揚風流。沾溉末學。他日五嶺之間。南海之濱。其或有一二倜儻非常之士。得以肆力於學。養成其才。以備國家緩急乎。皆仁人君子之賜也。吾粵幸甚。啓超等幸甚。

一凡惠捐者。或撥官局之書。或賜家刻之本。或中國書籍。或泰西新書。或捐各種圖。各種儀器。或以金錢代。皆無不可。拜領盛意。感謝惟均。

一凡原有及惠捐之書圖器。按年刻一清册。至戊戌年歲杪起書目以七略分類。注明某書某君所捐。備登台銜官階。圖器亦然。册末附閱書賃書管書章程。分送惠捐諸公。以志盛德。

一本書藏亦有自刻同人新著各書。凡諸公惠捐者。隨檢自刻書奉酬。以表謝悃。惟酬書多不過兩三種。不以捐書之多寡爲酬書之厚薄。不敢投報分明。反沒高義。

一凡惠捐者。或寄上海時務報館內梁任父。或寄長沙時務學堂內梁任父。或寄上海大同譯書局內韓樹園。或寄廣東省城廣府學宮萬木草堂內王鏡如收，皆可收到。時有同人公謝啓及奉酬之書爲憑。

保國會演說詞

光緒二十四年閏三月初一日第二次集說

今日之會，惟諸君子過聽，或以演說之事相督責。啓超學識陋淺，言語樸吶，且久病初起，體氣未復，無以應明命。又不敢闕焉，以破會中之例，謹略述開會宗旨，以筆代舌，惟垂覽焉。嗚呼！今日中國之士大夫，其心力，其議論，與三歲以前則大異。啓超甲午乙未游京師時，東警初起，和議繼就，竊不自揣，日攘臂奮舌，與士大夫痛陳中國危亡朝不及夕之故，則信者十一，疑者十九，退而靄然憂，瞿然思，謂安得吾國中人人知危知亡，其必有振而救之者乃。及今歲，膠旅大威，相繼割棄，受脅失權之事，一月二十見，啓超復游京師，與士大夫接，則憂瓜分、懼爲奴之言，洋溢乎吾耳也。及求其所以振而救之之道，則曰天心而已，國運而已；談及時局，則曰一無可言；語以辦事，則曰緩不濟急。千臆一念，千喙一聲，舉國戢戢，坐待封割。嗟乎！昔曾惠敏作中國先睡後醒論，英人烏理西（英之子爵，今任全國陸軍統帥）謂中國如佛蘭金仙之怪物，縱之臥則安寢無爲，警之覺則奮牙張爪，蓋皆於吾中國有餘望也。今之憂瓜分、懼危亡者遍天下，殆幾於醒矣，而其論議若彼，其心力若此，故啓超竊謂吾中國之亡，不亡於貧，不亡於弱，不亡於外患，不亡於內訌，而實亡於此輩士大夫之議論之心力也。今有病者於此，家人親戚，咸謂其病不可治也，相與委而去之，始焉雖無甚病，不浹旬必死矣。今中國病外感耳，病噎隔耳，苟有良藥，一舉可療，而舉國上下，漫然以不可治之一語，養其病而待其死亡。昔焉不知其病，猶可言也；今焉知其病而相率待死亡，是致死之由，不在病而在此輩之手，昭昭然也。且靡論病之必可治也，即治之罔效，及其死也，猶有衣衾棺槨之事焉，猶有託孤寄命之事焉。欲委而去之。蓋有所不能矣。一人之身且有然。而況國之存亡。其所關係所牽率。有百倍於此者乎。故卽瓜分之事已見。爲奴之局已成。後此者猶當有事焉矣。執豕於牢。尚狂躑而怒嘷。今數萬里之沃壤。固猶未割也。數萬萬之貴種。固猶未縶也。而已俯首帖耳。忍氣吞聲。死心塌地。束手待亡。斯眞孟子所謂是自求禍也。論語之記孔子也。曰知其不可爲而爲之。夫天下事可爲不可爲。亦豈有定哉。人人知其不可而不爲。斯眞不可爲矣。人人知其不可而爲之。斯可爲矣。使吾四萬萬人者。咸知吾國處必亡之勢。而必欲厝之於不亡之域。各盡其聰明才力之所能及者。以行其分內所得行之事。人人如是。而國之亡猶不能救者。吾未之聞也。何謂分內所得行之事。今語人以變法以辦事。其在上者必曰下無人才。無所可用也。其在下者必曰上不變法。無一可言也。以故疆臣則歸罪政府。政府亦歸罪疆臣。州縣則歸罪督撫。督撫亦歸罪州縣。士民則歸罪有司。有司亦歸罪士民。要而論之。相率以不發一論。不辦一事而已。其太息痛恨涕哭唾罵之言。正以便其推諉卸責一齊放倒之計。而實非有一毫眞心以憂國憂天下者也。如眞憂之。則必無以辦事望人焉。以望諸己而已。必無以辦事責人焉。以責諸己而已。各有不可諉之責分。各有可得爲之權限。願我士我大夫。皆移其責望人之心。以自望自責。則天下事之可爲者。未有量也。子曰飽食終日。無所用心。難矣哉。又曰羣居終日。言不及義。好行小慧。難矣哉。又曰說而不繹。從而不改。吾末如之何也已矣。蓋天下無論何種人。皆可教。皆可用。惟此死心塌地。一齊放倒。知其不可而不爲者。雖聖賢末由而化之。且此輩者。豈惟自行放倒而已。其見有他人之實心憂天下者。則相與目笑之。鼻嗤之。或摭拾言語舉動之小小過節微詞以詆排之。阻撓之。以佐其飽食羣居好行小慧之談資以爲快。嗟乎。痛哉。吾壹不知我中國人若此輩者。何其多也。孔子一則曰難。再則曰難。再則曰末如之何。誠哉其難。誠哉其末如之何矣。昔有英人某。游高麗歸而著書。曰高麗其亡矣。入其國。見其人。終日無所事。但攜莽一榼。三五爲羣。以清談於陰樹之下。永日永夜。人人如是。日日如是。國其能國乎。嗚呼。啓超觀於我京師之士大夫。而竊有感於斯言也。籍於朝者以千計。自一二要津顯宦。疲精力於苞苴鑽競。日不暇給外。自餘則皆飽食以待升轉。終日無所事。既不讀書。又不辨事。堂堂歲月。無法消遣。乃相率自沈於看花、飲酒、詩鐘、射覆、彈棋、六博、徵歌、選舞。以爲度日之計。若今之公車。自闈後榜前二十日間。集輦轂下者八千人。其無可消遣之情態。視朝士又有甚焉。而此人者則皆能爲憂瓜分懼爲奴之言者也。徐而叩其說。則曰今日事無可爲。正我輩醇酒婦人之時也。嗚呼。行有死人。尙或殣之。君子秉心。惟其忍之。我士我大夫。豈必其有樂於此。無亦以保國之大事。非一手之爲烈。救亡之條理。非舉念之可得。或思救之而不得其下手之法。或獨爲之而苦無相助之人。日消月磨。而因自放云爾。夫同一法也。合羣策以討論之。斯易定矣。同一學也。合羣智以講求之。斯易成矣。同一事也。合羣力以分任之。斯易治矣。然則我士我大夫之所以自放於無用之地。以求爲消遣歲月之謀。甘爲游民。甘蹈高麗之覆轍而不悟者。殆皆以無學會之故。思之思之。鬼神通之。鍥而不舍。金石鏤之。羣之習之。摩之厲之。盪之決之。策之鞭之。意者佛蘭金仙。其猶有將醒之時。而曾惠敏烏西里之言。不終不驗耶。則啓超馨香而祝之。跪膜而禮之。

清議報敘例

嗚呼。我支那國勢之危險。至今日而極矣。雖然。天下之理。非剝則不復。非激則不行。輓近百餘年間。世界社會。日進文明。有不可抑遏之勢。抑之愈甚者。變之愈驟。遏之愈久者。決之愈奇。故際列國改革之始。未嘗不先之以桎梏刑戮干戈之慘酷。吾嘗縱觀合衆國獨立以後之歷史。凡所謂十九世紀之雄國。若英若法若奧若德若意若日本。當其新舊相角。官民相爭之際。無不殺人如麻。流血成河。仁人志士。前仆後起。赴湯蹈火者。項背相望。國勢岌岌。危於累卵。不絕如綫。始則陰雲妖霧。慘黯蔽野。繼則疾風暴雨。迅雷掣電。旋出旋沒。相搏相擊。其終乃天日忽開。赫曦在空。和風甘雨。扇嫗羣類。世之淺見者。徒豔羨其後此文物之增進。民人之自由。國勢之浡興。而不知其前此拋幾多血淚。擲幾多頭顱。以易之也。我支那數千年來。義俠之風久絕。國家祇有易姓之事。而無革政之事。士民之中。未聞有因國政而以身爲犧牲者。是以民氣嗒然不昌。國勢薾焉不振。日澌月削。以至於今日。而否塞極矣。善夫烈士譚君嗣同之言也。曰、世界萬國之變法。無不經流血而後成。中國自古未有因變法而流血者。此國之所以不昌也。有之請自嗣同始。嗚呼。吾聞譚君之言。始焉而哀。終焉而喜。蓋我支那數十年以來。正如嚴冬寒冱。水澤腹堅。及有今日之事。乃所謂一聲春雷。破蟄啓戶。自此以往。其必有仁人志士。前仆後起。以扶國家之危於累卵者。安知二十世紀之支那。必不如十九世紀之英俄德法日本奧意乎哉。乃者三年以前。維新諸君子。創設時務報於上海。大聲疾呼。哀哀長鳴。實爲支那革新之萌蘗焉。今茲政變。下封禁報館之令。揆其事實。殆與一千八百十五年至三十年間。歐洲各國之情形。大略相類。嗚呼。此正我國民竭忠盡慮。扶持國體之時也。是以聯合同志。共興清議報。爲國民之耳目。作維新之喉舌。嗚呼。我支那四萬萬同胞之國民。當共鑒之。我黃色種人。欲圖二十世紀亞洲自治之業者。當共贊之。今將本報宗旨規例列左。

宗旨

一　維持支那之清議。激發國民之正氣。

二　增長支那人之學識。

三　交通支那日本兩國之聲氣。聯其情誼。

四　發明東亞學術以保存亞粹。

規例

一　本報所刊約分六門。

一　支那人論說。

二　日本及泰西人論說。

三　支那近事。

四　萬國近事。

五　支那哲學。

六　政治小說。

二　本報每月發刊三次。以陰曆一日十一日二十一日發行。每次於發行前五日定稿。

三　報中所登支那人論說。係由本館自聘之主筆撰述。其日本及泰西論說則由寄稿或譯稿采登。各國志士。如有關心支那大局。惠賜大稿者。請於每次定稿之前惠寄。必當照錄。

仁學序

嗚呼。此中國爲國流血第一烈士亡友瀏陽譚君之遺著也。烈士之烈。人人知之。烈士之學。則罕有知之者。亦有自謂知之。而其實未能知者。余之識烈士。雖僅三年。然此三年之中。學問言論行事。無所不與共。其於學也。無所不言。無所不契。每共居則促膝對坐一榻中。往復上下。窮天人之奥。或徹數日夜廢寢食。論不休。每十日不相見。則論事論學之書盈一篋。嗚呼。烈士之可以千古。尙有出乎烈士之外者。余今不言。來者曷述焉。乃敍曰。仁學何爲而作也。將以會通世界聖哲之心法。以救全世界之衆生也。南海之教學者曰。以求仁爲宗旨。以大同爲條理。以救中國爲下手。以殺身破家爲究竟。仁學者。卽發揮此語之書也。而烈士者。卽實行此語之人也。今夫衆生之大蔽。莫甚乎有我之見存。有我之見存。則因私利而生計較。因計較而生罣礙。因罣礙而生恐怖。馴至一事不敢辦。一言不敢發。充其極也。乃至見孺子入井而不怵惕。聞鄰榻呻吟而不動心。視同胞國民之糜爛而不加憐。任同體衆生之痛癢而不知覺。於是乎大不仁之事起焉。故孔子絕四。終以無我。佛說曰。無我相。今夫世界乃至恆河沙數之星界。如此其廣大。我之一身。如此其藐小。自地球初有人類。初有生物。乃至前此無量劫。後此無量劫。如此其長。我之一身。數十寒暑。如此其短。世界物質。如此其複雜。我之一身。分合七十三原質中之各質。組織而成。如此其虛幻。然則我之一身。何可私之有。何可愛之有。既無可私。既無可愛。則毋寧舍其身以爲衆生之犧牲。以行吾心之所安。蓋大仁之極。而大勇生焉。顧婆羅門及其他舊教。往往有以身飼蛇虎。或斷食。或臥車下轍下求死。而孔佛不爾者。則以吾固有不忍人之心。既曰不忍矣。而潔其身而不思救之。是亦忍也。故佛說我不入地獄。誰入地獄。孔子曰。天下有道。丘不與易也。古之神聖哲人。無不現身於五濁惡世。經歷千辛萬苦者。此又佛所謂乘本願而出。孔子所謂求仁而得仁。又何怨也。烈士發爲衆生流血之大願也久矣。雖然。或爲救全世界之人而流血焉。或爲救一種之人而流血焉。或爲救一國之人而流血焉。乃至或爲救一人而流血焉。其大小之界。至不同也。然自仁者視之無不同也。何也。仁者平等也。無差別相也。無揀擇法也。故無大小之可言也。此烈士所以先衆人而流血也。況有仁學一書。以公於天下。爲法之燈。爲衆生之眼。則烈士亦可以無慊於全世界也夫。亦可以無慊於全世界也夫。烈士流血後九十日同學梁啓超敍。

俄土戰紀敍

西歐人恆言曰。東方有病夫之國二。中國與土耳其是也。土耳其所以削弱。其故有二。一曰内治不修。綱紀廢弛。官吏貪黷。魚肉其民。因循成法。莫肯少更。束縛馳驟。激成民變。二曰外交不慎。妄自尊大。不守公法。屢起教案。授人口實。取怨各國。合而謀之。嗚呼。其與今日中國之情實何相類也。希臘之自立也。塞爾維亞門的內哥布加利亞羅馬尼亞赫次戈緯納之叛土也。六大國之以兵力脅土也。其事皆自俄羅斯發之。蓋俄人承先君大彼得遺命之志。欲得志於東方者。歷數百年。而其心未嘗少渝也。東方有病夫國。俄之大利也。土既不悟。而猶屢授人以可抵之隙。一舉而屬國分裂矣。再舉而歐洲各士開協議會於土之廷矣。三舉而黜其君。執其政。豆剖其地矣。昔之泱泱雄國。囊括東西羅馬之舊土。跨亞歐非三洲之沃壤者。今且薾然不絕如綫矣。猶復不思自振。禍亂將至。則補苴彌縫。以期苟安。及事之既平。又復晏然爲燕雀之計。處堂以嬉矣。是以外侮間歲輒起。每起必喪師割地。日朘月削。而不復能國其國也。比者革雷得阿比西尼亞之事。西方論者。以爲若在十年前。則土其必亡矣。今者歐洲諸雄。方併心注力於中國。無暇以餘力及區區之土。而土遂獲全焉。嗚呼。與土同病者。其危可知矣。而況於倚强盜以作腹心。引餓虎以同寢食。而尚欲以苟延旦夕。爲小朝廷者乎。嗚呼。吾願取湯君覺頓筆譯俄士之事。懸諸國門。以爲我四萬萬人告也。

譯印政治小說序

政治小說之體。自泰西人始也。凡人之情。莫不憚莊嚴而喜諧謔。故聽古樂。則惟恐臥。聽鄭衛之音。則靡靡而忘倦焉。此實有生之大例。雖聖人無可如何者也。善爲教者。則因人之情而利導之。故或出之以滑稽。或託之於寓言。孟子有好貨好色之喻。屈平有美人芳草之辭。寓譎諫於詼諧。發忠愛於馨豔。其移人之深。視莊言危論。往往有過。殆未可以勸百諷一而輕薄之也。中土小說。雖列之於九流。然自虞初以來。佳製蓋鮮。述英雄則規畫水滸。道男女則步武紅樓。綜其大較。不出誨盜誨淫兩端。陳陳相因。塗塗遞附。故大方之家。每不屑道焉。雖然、人情厭莊喜諧之大例。既已如彼矣。彼夫綴學之子。黌塾之暇。其手紅樓而口水滸。終不可禁。且從而禁之。孰若從而導之。善夫南海先生之言也。曰。僅識字之人。有不讀經。無有不讀小說者。故六經不能教。當以小說教之。正史不能入。當以小說入之。語錄不能諭。當以小說諭之。律例不能治。當以小說治之。天下通人少而愚人多。深於文學之人少而粗識之無之人多。六經雖美。不通其義。不識其字。則如明珠夜投。按劍而怒矣。孔子失馬。子貢求之不得。圉人求之而得。豈子貢之智。不若圉人哉。物各有羣。人各有等。以龍伯大人與僬僥語。則不聞也。今中國識字人寡。深通文學之人尤寡。然則小說學之在中國。殆可增七略而爲八。蔚四部而爲五者矣。在昔歐洲各國變革之始。其魁儒碩學。仁人志士。往往以其身之所經歷。及胸中所懷。政治之議論。一寄之於小說。於是彼中綴學之子。

嚳塾之暇手之口之下而兵丁而市儈而農氓而工匠而車夫馬卒而婦女而童孺靡不手之口之往往每一書出而全國之議論爲之一變彼美英德法奧意日本各國政界之日進則政治小說爲功最高焉英名士某君曰小說爲國民之魂豈不然哉豈不然哉今特採外國名儒所撰述而有關切於今日中國時局者次第譯之附於報末愛國之士或庶覽焉

紀年公理

紀年者何義也時也者過而不留者也立乎今日以指往日謂之去年謂之前年謂之前三年前十年再推而上之則詞窮矣言者既淩亂而難爲之名聽者亦瞀惑而莫知所指矣然人生在世則已閱數十寒暑其此年與彼年交涉比較之事不一而足而人之愈文明者其腦筋所容之事物愈多恆喜取數百年數千年以前之事而記誦之討論之然而年也者過而不留者也至無定而無可指者也無定而無可指則其所願記之事皆無所附麗故不得不爲之立一代數之記號化無定爲有定然後得以從而指名之凡天地間事物之名號其根源莫不由此而紀年其一端也春秋曰諸侯不得改元惟王者然後改元此其義何凡設記號者皆將使人腦筋省力也故記號恆欲其簡不欲其繁當各國之未相通也各自紀年蓋記號必不能暗同無可如何也及諸國既已相通交涉之事日多而所指之年其代數記號各參差不相符則於人之腦筋甚勞而於事甚不便故孔子作春秋首立此義所以齊萬而爲一去繁而就簡蓋有精義存焉問者曰孔子以前紀年一乎曰以左氏春秋國語戰國策史記各世家各年表推之知當時諸國各自紀年也西漢諸侯王亦各自改元觀泮池刻石云五鳳二年魯三十四

年。知其仍沿舊制也。東漢以後。孔制漸昌矣。歐洲希臘諸國。各自改元。千餘年前。猶沿此制。後乃定於一。以耶穌降生爲紀。與孔子精意暗合。蓋由繁而簡。乃自然之理。人心所必至者也。

一地之中。而並時有數種紀年。固爲不便。百年之內。而紀年之號屢易。則其不便亦相等。一者橫繁。一者豎繁也。是以去繁就簡者。必務合橫豎而一之。故最初爲無立號紀元之世。漢以前是也。次爲紀元極繁之世。如西漢一帝改元動以十數。如此則幾與無紀元等矣。又次爲紀元稍簡之世。如明至本朝。皆一帝一改元是也。更進則爲一紀元之世矣。紀元不一。則於論古者。仍大不便。如中國人欲治史學。必耗其腦氣筋無量之力。以記歷朝之年號。否則不能讀史。如啓超者於年號不熟。則罣礙極多矣。是其證也。□□□曰。王莽以始建國爲紀年。與秦之始皇二世同一氣象。□□能持論爲王莽伸寃其證据極多是亦不可以人廢者也。問者曰。然則今日欲取中國數千年之紀元而一之。以求爲衆人之腦筋省力。其道何由。曰太史公於老子列傳。大書孔子卒後二百七十五年。爲萬世之紀元之定法矣。南海先生倡強學會。即用史公之例。大書孔子卒後二千四百七十三年。會中一二俗士聞之。則舌撟汗下。色變懼禍將及己。汲汲請除名。曰是不奉今王之正朔也。是學耶穌也。嗚呼。吾之所謂公理。所謂記號繁簡之例。苟持以語此輩。猶隔數十重雲霧。其曷從語之。要之中國之種。使從此滅絕爲奴。不自立則已耳。苟猶自立。則紀元必歸於一。一者何。必一於教主也。彼俗士聞孔子紀年而駭怒者。然則其將一於耶穌乎。井蛙夏蟲。亦無足責焉耳。□□□曰。法其生不法其死。以孔子卒紀。不如以孔子生紀也。□□□曰。孔子治天下之道。具於春秋。莫如以春秋紀便。斯二義也。皆無大同異者也。然孔子卒後。則太史公用之。吾信而有徵也。□□□曰。尚書獨載堯以來。以堯舜紀。其可也。此說也。吾甚取之。孔子託古。以堯舜爲極則。紀堯舜無異紀孔子。一善也。堯舜爲公天下之祖紀以爲法。二善也。孔子以前之事尚多。如西國例稱耶穌前幾年。則不大順。不如自堯舜以來紀之。三善也。有此三善。然則以堯舜紀其亦可也。後有作者。必於數者焉擇而用之矣。抑地球之中。萬國既已交通矣。而五大洲猶各自爲紀年。以孔子之例治之。此亦宜歸於一者也。各尊其國。各尊其教。然則當一於誰氏乎。則非吾所能言也。吾度他日必有地球萬國立一大會會議紀年之事。其會議也。苟相持而不能下。則莫如以會議之年定爲元年。

口口口口曰。以甲子乙丑紀年。每六十年乃一周。而不稱爲第幾甲子。僅足供百年内之人之用。而不足爲千年數千年後之人用。以堯舜紀年。可直算爲四千餘年。而堯起甲辰。亦有干支可据。亦可不廢舊日之干支紀年。亦一便也。

說動

合聲、光、熱、電、風、雲、雨、露、霜、雪、摩激鼓宕而成地球。曰動力合地球、與金、水、火、木、土、天王、海王、暨無數小行星、無數彗星繞日疾旋。互相吸引而成世界。曰動力合此世界之日統行星與月繞昴星而疾旋。凡得恆河沙數。成天河之星圈。互相吸引而成大千世界。曰動力合此大千世界之昴星繞日與行星與月、以至於天河之星圈。又別有所繞而疾旋。凡得恆河沙數。若星團、星林、星雲、星氣、互相吸氣互相吸引、而成一世界海。曰動力假使太空中無此動力。則世界海毁。而吾所處八行星繞日之世界。不知隳壞幾千萬年矣。由此言之。則無物無動力。無動力不本於百千萬億恆河沙數世界自然之公理。而電熱聲光。尤所以通無量無邊之動力以爲功用。小而至於人身。

而血。而腦筋。而靈魂其機緘之妙。至不可思議。否則爲聾瞶。爲麻木痿痹。而體魄之殭隨之。更小而至於一滴水一微塵。莫不有微生物萬千浮動於其中。否則空氣因之而不靈。蓋動則通。通則仁。仁則一切痛癢相關之事。自不能以秦越肥瘠處之。而必思所以震蕩之。疏瀹之。以新新不已。此動力之根原也。

譚嗣同曰。日新烏乎本。曰以太之動機而已矣。王船山邃於易者也。於有雷之卦。說必加精而微至焉。屯之所以滿盈也。豫之所以奮也。大壯之所以壯也。无妄之所以无妄也。復之所以見天心也。震之所以不喪匕鬯。而再則泥也。罔弗由於動也。是故君子之學。恆其動也。吉凶悔吝。貞乎動也。易抑陰而扶陽。則柔陰與剛動異也。痛乎有老氏者出。言靜而戒動。言柔而戒剛。鄉曲之士。給饘粥。察雞豚。而長養子孫。以之自足。而苟視息焉。固亦術之工者矣。烏知乎天子術焉。士大夫術焉。諸侯王術焉。卒使數千年來。成乎似忠信似廉潔。一無刺無非之鄉愿。天下言學術則曰寧靜。言治術則曰安靜。處事不計是非。而首禁更張。躁妄喜事之名立。百端由是廢弛矣。用人不問賢不肖。而多方遏抑少年意氣之論興。柄權則皆頹暮矣。陳言者命之曰希望恩澤。程功者命之曰露才揚己。既爲糊名以取之。而復隘其途。既爲年資以用之。而復嚴其等。財則憚闢利源。兵則不貴朝氣。其朝夕孜孜不已者。不過日制四萬萬人之動力。以成一定不移之鄉愿格式。悲夫。彼西人之哀我中國之亡於靜也。曰此不痛不癢頑鈍無恥者也。梁啓超曰。不通則塞。不進則退。亙古今中外。無中道而畫之理。子謂顏淵曰。吾見其進也。未見其止也。又曰。逝者如斯夫。不舍晝夜。曾子曰。仁以爲己任。死而後已。此皆聖賢捄世度衆生之大願力。日新不已。故悲閔其動之心。棲棲皇皇。足跡遍九州。其動之迹。其視柔靜無爲之旨。殆有大小乘之別。卽彼釋氏之爲教。衆以佛老並詆之。然其精意所在。曰威力。曰奮迅。曰勇猛。曰大無畏。曰大雄。括此數義。至取象於師子。而於柔靜無爲者則斥爲頑空爲斷滅爲九十六種外道即其言靜之旨不過以善其動而徧度衆生與大學之以靜生慮太極之以靜根動同一智慧勇力而即靜即動本無對待之可名楊氏述老氏者也其意專主於爲我夫孔氏戒我而楊氏爲我此仁不仁之判也乃今天下營營於科目孳孳於權利佖佖俔俔於豆剖瓜分之日不過我之一字橫梗胸臆而於一二任俠之士思合大羣聯大力血淚孤心議更庶政以拯時艱則必以喜事多事詆之以曲利其守舊不變之私此眞老楊之嫡派孔孟之蟊賊釋氏之罪人充其柔靜之禍以戕種類毀世界有餘矣其可爲太息痛恨者孰有過於斯乎

唐才常曰西人以動力橫絕五洲也通商傳教覔地布種其粗跡也其政學之精進不已駸駸乎突過乎升平無可懼也無可駭也乃天之日新地球之運而生吾中國之動力也梁啓超曰斯固然矣然以吾所見吾中國者微論其精其粗者不可得也何也科舉不變士欲動而至庸極陋之時文紲之鐵路不修商欲動而淹滯迂廻之舟車紲之機器不興工欲動而笨拙麤疏之刀鋸紲之電化不講農欲動而勤苦胼胝之耒耜紲之生一人即予一紲紲一人即防一弊故我聞西人之言以爲中國防弊之法至精且密雖彼國千思萬慮不能臻此境地其意若有所諷刺也者若自苦其民智難於控御轉羨吾中國也者故法於越南仍以越南之法治之俄於朝鮮仍以朝鮮之法治之彼非有愛於越南朝鮮也乃陰用吾中國防民之故智紲之使不生其動力也雖然吾特怪吾四萬萬人之紲於士農工商之舊法者言提其耳而天聰之力啓其扃而解脫之則必色然怒譁然駭以謂吾安吾紲而奚紓吾手足破吾囹圄爲於是道高一尺魔高一丈事涉求新輒生阻力法圖稍變必多業障凡少年意氣妄事更張沽名市譽等語不惜箝制海內豪俠任氣之士同歸澌滅老楊柔靜爲我之徒可以尸居養望坐享老成

持重之名。嗟夫以全球之極熱極漲極速。以新其動力。而吾士夫方面髹壁。坐漆室。喪靈魂。尸軀殼。倏忽終年。以正比例求之。孰生孰滅。孰存孰亡。不待智者知之。今夫鳥。大鵬摶九萬里。擊扶搖而上。鳳凰餐霞吸露。棲息雲霄之表。鷃雀則終身困藩籬。餌矰繳。今夫獸。麒麟騶虞。往來開化之國。以方仁者。獅象狻猊。縱横萬蹊。虎豹慴伏。羊豕則終身豢圈苙。供封縶。然則有動力與不有動力之存滅。可一言決矣。吾又聞之公理家言。凡生生之道。其動力大而速者。則賤種可進爲良種。其動力小而遲而無者。則由文化而土番。而猿狖。而生理殄絕。初不謂然。繼而觀於獞獠猓猺。其食息起居。與猿狖無殊。其柔靜無爲。至老死不相往來。其去生理殄絕也幾何。則奈何忍以吾黨聰明秀特之士。日日靜之柔之愚之。不一毅然慈悲其願力。震盪其腦筋也。

今夫壓力之重。必自專任君權始矣。動力之生。必自參用民權始矣。雖然。吾觀羅馬之衰也。教皇怙其權力之私。戕賊平等之義。宗旨蕩然。而路德之動力生。法國世家之横也。酷虐平民。慘無天日。而拿破侖之動力生。英人苛斂美民。罷不堪命。而華盛頓之動力生。日本大將軍之柄政也。君統民統。不絕若綫。而羣藩烈士之動力生。此以壓力生其動力者。事相反而實相因也。若夫中國則不然。壓力之重。既不如從前之歐美日本。而柔靜無爲之毒。已深中人心。於是壓力動力。浸淫至於兩無。以成今日不君權不民權之天下。故欲收君權。必如彼得睦仁之降尊紆貴而後可。欲參民權。必如德意希臘之聯合民會而後可。而尤必先廢愚民柔民之科目。首獎多事喜事之豪傑。盡網巖穴勇敢任俠之志士仁人。以激成木戶孝允大久保利通之憤不有。身爹亞畢士馬克之艱難措置。而後動力之生。國權之固。可得言也。

論湖南應辦之事

今之策中國者必曰興民權興民權斯固然矣然民權非可以旦夕而成也權者生於智者也有一分之智卽有一分之權有六七分之智卽有六七分之權有十分之智卽有十分之權是故國卽亡矣苟國人之智與滅我之國之人相等則彼雖滅吾國而不能滅吾權阿爾蘭之見併於英人是也今英倫人應享利益阿爾蘭人無不均霑也卽吾民之智不能與滅我之國之人相等但使其智日進者則其權亦日進印度是也印度初屬於英印人只能爲第六七等事業其第五等以上事業皆英人爲之（凡官事私事莫不皆然如一衙署則五品以上官皆英人一公司則總辦幫辦及高等司事皆英人也）近則第二等以下事業皆印人所爲矣其智全塞者則其權全亡非洲之黑人美洲之紅人南洋之棕人是也此數種者只見其爲奴爲隸爲牛爲馬日澌月削數十年後種類滅絕於天壤耳更無可以自立之時矣夫使印度當未亡之時而其民智慧卽能如今日則其蚤爲第二等人也久矣使其有加於今日則其爲第一等人也亦已久矣是故權之與智相倚者也昔之欲抑民權必以塞民智爲第一義今日欲伸民權必以廣民智爲第一義湖南官紳有見於民智之爲重也於是有時務學堂之設意至美矣然於廣之之道則猶未盡也學堂學生祇有百二十人卽使一人有一人之用其爲成也亦僅矣而況此輩中西兼習其教之也當厚植其根柢養蓄其大器非五年以後不欲其出而與聞天下事也然則此五年中雖竭盡心力以教之而其風氣仍不能出乎一學堂之外昭昭然矣故學生當分爲二等其一以成就遠大各有專長各有根柢爲主此百二十人是也其一則成就不必其遠大但使於政學之本原略有所聞中外之情形無所闇蔽可以廣風氣消阻力如斯而已由前之說則欲其精由後之說則欲其廣大局之患已如燎眉不欲湖南之自保則已耳苟其欲之則必使六十餘州縣之風氣同時並開民智同時並啓人才同時並成如萬毫齊力萬馬齊鳴三年之間議論悉變庶幾有濟而必非一省會之間

數十百人之局可以支持有斷然矣。則必如何然後能如此。就其上者言之。一曰朝廷大變科舉。一曰州縣徧設學堂。斯二者行。頃刻全變。然而非今日之所能言矣。有官紳之力所可及。而其成效之速可與此二事相去不遠者。一曰全省書院官課師課改課時務也。以嶽麓求賢之改章。及孝廉堂之爲學會。士林舉無閒然。然則改課亦當無違言必矣。官課師課全改。耳目一新。加以學政所至。提倡新學。兩管齊下。則其力量亞於變科舉者無幾矣。或疑各府州縣悉變。則恐閱卷者無人。是不難。但專聘一二人駐省會。而各處課卷皆歸其評閱。不過郵寄稍需時日耳。於事無傷也。若太僻遠之州縣。則或兩三月之題目同時並發。課卷同時並收。則郵寄之繁難亦可稍省矣。尤有進於此者。則莫如童試之縣考府考。飭下州縣。除第一場外。悉試時務。府縣考凡六七場。功令所載。並無必試八股之例。支牀架屋。實屬可憎。掃除更張。眞乃快事。然此事尚有未盡可行者。則慮各府縣無閱卷之人也。今宜飭下。令其自行物色聘請。或由省中薦人前往。此則只需長官一紙書耳。不費一銖。而舉省之士。靡然向風矣。二曰學堂廣設外課。各州縣咸調人來學也。州縣徧設學堂。無論款項難籌。卽敎習亦無從覓聘。敎習不得人。講授不如法。勞而少功。雖有若無耳。以余所見。此間各處書院諸生。講習經年。而成就通達者。寥寥無幾。大約爲開風氣起見。先須廣其識見。破其愚謬。但與之反復講明政法所以然之理。國以何而强。以何而弱。民以何而智。以何而愚。令其恍然於中國種種舊習之必不可以立國。然後授以東西史志各書。使知維新之有功。授以內外公法各書。使明公理之足貴。更折衷於古經古子之精華。略覽夫格致各學之流別。大約讀書不過十種。爲時不過數月。而其見地固已甚瑩矣。乃從而摩激其熱力。鼓厲其忠憤。使以保國保種保敎爲己任。以大局之糜爛爲一身之恥疚。持此法以敎之。閒日必有講論。用禪門一棒一喝之意。讀書必有劄記。仿安定經義治事之規。半年以後所教人才。可以拔十得五。此間如學堂學生。鼓篋不過月餘耳。又加以每日之功。學西文居十之六。然其見識議論則已殊有足觀者。然則外課成就之速。更可冀矣。大抵欲厚其根柢。學顓門之業。則以年稚爲宜。欲廣風氣。觀大略。速其成就。則以年稍長爲善。蓋苟在二十以上。於中國諸學會略有所闚者。則其腦筋已漸開。與言政治之理。皆能聽受。然後易於有得。故外課生總以不限年爲當。前者出示在此間招考。僅考兩次。已迫歲暮。來者百餘人。可取者亦三十人。然設此課之意。全在廣風氣。其所重者在外府州縣。故必由學政按臨所至。擇其高才年在三十以下者。每縣自三人至五人。咨送來學。其風始廣。然各府遼遠。寒士負笈之資。固自不易。愚意以爲莫如令各州縣爲具川資。咨送到省。每歲三五人之費。爲數無幾。雖瘠苦之縣。亦不至較此區區。到省以後。首須謀一大廈。使羣萃而講習。若學堂有餘力。則普給膏火。否則但給獎賞而已。（如不給膏火則須問其願來與否乃可咨送）此項學生。速則半年。遲則一年。即可遣散。另招新班。擇其學成者。授以憑記。可以爲各縣小學堂教習。一年之後。風氣稍成。即可以飭下各州縣。每縣務改一書院爲學堂。三年之間。而謂湘人猶有嫉新學如讎。與新學爲難者。其亦希矣。欲興民權。宜先興紳權。欲興紳權。宜以學會爲之起點。此誠中國未常有之事。而實千古不可易之理也。夫以數千里外渺不相屬之人。而代人理其飲食訟獄之事。雖不世出之才。其所能及者幾何矣。故三代以上。悉用鄉官。兩漢郡守。得以本郡人爲之。而功曹掾史。皆不得用它郡人。此古法之最善者。今之西人。莫不如是。唐宋以來。防弊日密。於是悉操權於有司。而民之視地方公事。如秦越人之肥瘠矣。今欲更新百度。必自通上下之情始。欲通上下之情。則必當復古意。采西法。重鄉權矣。然亦有二慮焉。一曰慮其不能任事。二曰慮其藉此舞文也。欲救前弊。則宜開紳智。欲救後弊。則宜定權限。定權限者何。西人議事與行事分而爲二。議事之人有定章之權。而無辦理之權。行事之人有辦理之權。而無定章之權。將辦一事。則議員集而議其可否。既可。乃議其章程。章程草定。付有司行之有司不能擅易也。若行之而有窒礙者。則以告於議員議而改之。西人之法度所以無時不改。每改一次則其法益密。而其於民益便。蓋以議事者爲民間所舉之人也。是故有一弊之當革。無不知也。有一利之當興。無不聞也。其或有一縣一鄉之公益。而財力不能舉者。則議員可以籌款而辦之。估計其需費之多少。而釀之於民焉。及其辦成也。則將其支用款項列出清單。與衆人共見。未有不願者也。譬之一街之中不能無擊柝之人。於是一街之戶宅集議。各出資若干而雇一人爲之。一鄉之中欲築一橋修一路。於是一鄉之戶宅集議。或按田畝。或按人丁。各出資若干而動工爲之。未有不願者也。推而大之。而一縣、而一省、而一國。莫不如是。西人即以此道治一國者也。（吾中國非不知此法。但僅以之治一鄉治一街。未能推廣耳。）故每有應籌款項。皆待命於下議院。下議院則籌之於民。雖取之極重。而民無以爲厲己者。蓋合民財以辦民事。而爲民所信也。民亦知此事之有益於己。而又非己之獨力所能辦。故無不樂輸以待上之爲我成之也。（如一街四十戶。每戶月輸一百。即得四千。可以用一擊柝之人。以爲己保護財產。若非得一人總任其事。則雖每戶月自出二百。仍不能用一人也。）故有鄉紳爲議事。則無事不可辦。無款不可籌。而其權則不過議此事之當辦與否。及其辦法而已。及其辦之也。仍責成於有司。如是則安所容其舞文也。至於訟獄等事。則更一委之於官。鄉紳只能爲和解。或爲陪審人員。而不能斷其讞。然則又何舞文之有乎。西人舉國而行之。不聞有弊。則亦由權限之劃定而已。開紳智者何。民間素不知地方公事爲何物。一切條理皆未明悉。而驟然授之。使其自辦。是猶乳哺之兒而授之以杯筯。使自飲食。其殆必矣。故必先使其民之秀者。日習於公事。然後舉而措之裕如也。今中國之紳士。使以辦公事。有時不如官之爲愈也。何也。凡用紳士者。以其於民之情形熟悉。可以通上下之氣而已。今其無學無智。既與官等。而情僞尚不如官之周知。然則用之何爲也。故欲用紳士。必先教紳士。教之惟何。惟一歸之於學會而已。先由學會紳董。各舉所知品行端方才識開敏之紳士。每州縣各數人。咸集省中入南學會。會中廣集書籍圖器。定有講期。定有功課。長官時時臨莅以鼓厲之。多延通人爲之會長。發明中國危亡之故。西方强盛之由。考政治之本原。講辦事之條理。或得有電報。奉有部文。非極祕密者。則交與會中。俾學習議事。一切新政將舉辦者。悉交會中議其可辦與否。次議其辦法。次議其籌款之法。次議其用人之法。日日讀書。日日治事。一年之後。會中人可任爲議員者過半矣。此等會友。亦一年後除酌留爲總會議員外。卽可分別遣散。歸爲各州縣分會之議員。復另選新班在總會學習。紳智既開。權限亦定。人人既知危亡之故。卽人人各思自保之道。合全省人之聰明才力。而處心積慮。千方百計。以求辦一省之事。除一省之害。捍一省之難。未有不能濟者也。紳權固當務之急矣。然他日辦一切事。舍官莫屬也。卽今日欲開民智開紳智。而假手於官力者。尚不知凡幾也。故開官智。又爲萬事之起點。官貧則不能望之以愛民。官愚則不能望之以治事。聞黃按察思所以養候補官。優其薪水之法。此必當速辦者也。既養之。則教之。彼官之不能治事。無怪其然也。彼胸中曾未有地球之形狀。曾未有歐洲列國之國名。不知學堂工藝商政爲何事。不知修道養兵爲何政。而國家又不以此考成。大吏又不以此課最。然則彼亦何必知之。何必學之。舉一省之事。而委之此輩未嘗學問無所知識之人之手。而欲其事之有成。是猶然薪以止沸。卻行而求前也。而無如不辦事則已。苟辦事。則其勢不能不委之此輩之手。又不可以其不能辦而不辦也。然則將如之何。曰教之而已矣。教官視教士難。彼其年齒已老。視茫髮蒼。習氣極深。宦情熏灼。使之執卷伏案。視學究之訓頑童。難殆甚焉。然教官又視教士易。彼其望長官如天帝。覬缺差若九鼎。宮中細腰。四方餓死。但使接見之時。稍爲抑揚。差委之間。微示宗旨。雖强之以不情之舉。猶將赴湯蹈火以就之。而況於導之以學乎。故課吏堂不可不速立。而必須撫部爲之校長。司道爲之副校長。其堂即設在密邇撫署之地。每日或間一二日。必便衣到堂。稽察功課。隨時教誨。最善者莫如刪堂屬之禮。以師弟相待。堂中陳設書籍。張掛地圖。各官所讀之書。皆有一定。大約各國約章。各國史志及政學公法農工商兵礦政之書。在所必讀。多備報章。以資講求。各設箚記。一如學堂之例。延聘通人爲教習。評閱功課。校長及副校長。隨意譚論。隨意閱箚記。或閱地圖而與論其地之事。或任讀一書而與論其書之美惡。聽其議論。而可以得其爲人矣。而彼各官者。恐功課不及格而獲譴。恐見問不能答而失意。莫不爭自濯磨。勉强學問矣。教之既熟。必有議論明達神氣堅定者出矣。或因好學而特予優差。或因能辦事而委之繁缺。數月之後。家絃誦而人披吟矣。聞曾文正每日必有一小時與幕府縱譚。若有事應商。則集幕府僚屬。使之各出意見。互相辯論。文正則不發一言。歸而采之。既可於此事集思廣益。復可見其人之議論見地。駱文忠則每集司道於一圓桌。令以筆墨各陳所見。岑襄勤丁雨生之辦事。如訓蒙館然。聚十數幕友於一堂。陳十數几桌。定時刻辦事。隨辦隨到。案無留牘。此誠治事之良法也。今日之中國。亦頗苦於禮矣。終日之晷刻。消磨於衣冠應酬迎送之間者。不知凡幾。交受其勞。而於事一無所補。日日議變法。此之不變。安得有餘日以辦應辦之事乎。是宜每日定有時刻。在課吏堂辦事。一切皆用便衣。凡來回事者。立譚片刻。不迎不送。除新到省衣冠一見外。其餘衙門例期。悉予停免。有事咸按時刻在堂中相見。則形骸加適。而治事加多。斯實兩得之道也。至實缺各官。關係尤重。既未能盡取而課之。亦必限以功課。指明某書。令其取讀。必設箚記。讀書治事。二者並見。須將其讀書所有心得。及本縣人情物產風俗。咸著之箚記中。必須親筆。查有代筆者嚴責。難者必以爲實缺官身任繁劇。安能有此休暇。不知古人仕優則學。天下斷無終年不讀書而可以治事之理。每日苟定出時刻。以一兩點鐘讀書未必即無此暇晷也頻頒手諭。諄諄教誨。如張江陵與疆臣各書。胡文忠示屬員各諭。或以嚴厲行之。或以肫誠出之。未有不能教誨者也。吏治之怠散久矣。參劾則無人可用。亦不可勝劾。其无咎无譽。臥而治之。無大惡可指者。亦常十居六七焉。夫立木偶於庭。並水不飲。其廉可謂至矣。然而不能爲吏者。吏者治事者也。吏不治事。即當屏黜。豈待擾民哉。雖然。治事者。必識與才兼。然後可云也。若並不知有此事。不知此事之當辦。則曷從治之。未嘗講求此事之辦法。則曷從治之。西國治一事。則有一事之學堂。既學成而後授以事矣。然其每日辦事之暇。未嘗有一日廢書者。不讀書則看報。貴至君主。賤至皮匠。莫不皆然今我國人士。自其鼓篋之始。即已學非所用。用非所學。及一入宦途。則無不與書卷長別。傳曰。子有美錦。不使人學製焉。一官一邑。身之所庇也。而使學製焉。又況於終其身而不學者乎。中國一切糜爛。皆起於此。而在位者沓焉不自覺。今日興一新法。明日興一新法。而於行法之有人與否。漠然而不之計。此眞可爲痛哭流涕者也。以上三端。一曰開民智。二曰開紳智。三曰開官智。竊以爲此三者。乃一切之根本。三者畢舉。則於全省之事。若握裘挈領焉矣。至於新政之條理。則多有湖南所已辦者。如礦務輪船學堂練兵之類。或尅日開辦者。如學會巡捕報館之類。或將辦而尚有阻力者。如鐵路之類。或已辦而尚須變通擴充者。如鈔票製造公司之類。今不必述。而竊以爲尚有極要者二事。一曰開馬路。通全省之血脈。則全省之風氣可以通。全省之商貨可以出。二曰設勸工博覽場。取各府州縣天產人工之貨。聚而比較之。工藝精者優加獎勵。長沙古稱貧國。而五代馬氏。即恃工商以立邦。今欲易貧而富。則非廣勵工商末由也。今全省無論已辦將辦未辦各事。除紳士協辦外。苟經官手。則幾無事不責成於一二人。其事至繁。其勢至散。一人之精神。有萬不能給之勢。然舍此則又無可倚畀。鄙意以爲宜設一新政局。各省有洋務局之稱其名最不雅馴不可用一切新政。皆總於其中。而使一司道大員爲總辦。令其

自舉幫辦以下之人事歸一綫有條不紊或稍易爲力也。新政局即設於課吏堂尤爲兩益

論中國人種之將來

日本某大政黨之機關報其名曰大帝國徵文於余草此應之因並以告我四萬萬同胞各壯其氣焉篇中因倣效日本文體故多委蛇沓複之病讀者幸諒之撰者自誌

歐人中國分割之議倡之既有年迄於今而其聲浪愈高其視中國人不啻如土耳其如印度且將如阿非利加矣自英俄協商以來事機益迫馴至如意大利、奧地利、比利特、丁抹、葡萄牙皆思染指中國之運命殆在於旦夕吾中國之頑固醉夢者渺然不自知固無論矣其薄有所見者則惟惴惴憂之以爲中國必亡必亡而已日本者與中國同其利害者也爾來保全中國扶植中國之論徧滿於國中然於一方亦有爲反對之言者其意蓋謂中國終不能保全雖欲扶植之而無益也吾今故爲此文題曰中國人種之將來以告我國民及兄弟之國民云

凡一國之存亡必由其國民之自存自亡而非他國能存之能亡之也苟其國民無自存之性質雖無一毫之他力以亡之猶將亡也苟其國民有自存之性質雖有萬鈞之他力以亡之猶將存也今日中國之現狀其受他力之橫加事機危迫與前者之土耳其、印度、阿非利加殆無以異且更甚焉然中國人種之性質與其地位決非如土耳其印度阿非利加之比例歐人欲以前此待諸國之例待我中國決非容易之事且不甯惟是而已他日於二十世紀我中國人必爲世界上最有勢力之人種有可豫斷言者今於他事置不論請專就其人種之特質而論之一曰富於自治之力也泰西所謂文明自由之國其所以保全人權使之發達者有二端曰參政權曰自治

權。而此兩權之中。又以自治權爲尤切要。此政治學者之公論也。雖然、參政權者。可以鼓國民之氣。一躍而獲之。自治權者則恆因其歷史習慣積久而後成。非可以强致而驟得也。以法國人民之雄傑急進。而其自治之力不完。日本行憲法十數年。而自治體段。猶遠不及英國。此殆積於習慣無可如何也。吾中國則數千年來有自治之特質。其在村落也。一族有一族之自治。一鄉有一鄉之自治。一堡有一堡之自治。其在市集也。一市有一市之自治。一坊有一坊之自治。一行有一行之自治。鄉之中有所謂紳士耆老者焉。有事則聚而議之。卽自治之議會也。設族長堡長。凡議定之事。交彼行之。卽自治之行政官也。其一族之祖祠。一鄉之廟宇。或鄉局或社學。卽自治之中央政府也。祖祠廟宇鄉局皆有恆產。其歲入歲出有定額。或有臨時需費。則公議稅其鄉所產之品物。卽自治之財政也。歲杪必布告其所出入。卽財政之豫算決算也。鄉族中有爭訟之事。必愬於祖祠。愬於鄉局紳士耆老。集議而公決之。非有大事。不告有司。卽自治之裁判也。每鄉每族。必有義學。卽自治之學校也。每鄉族必自設巡丁保里閈禁盜賊。卽自治之警察也。凡此諸端。凡關於自治之體制者。幾於具備。人民之居其間者。苟非求富貴利達及犯大罪。則與地方有司。絕無關涉事件。惟每年納錢糧地丁（卽田租）少許而已。而推其所以致此之由。非歷代君相樂畀吾民以此特權也。中國之地太大。人太衆。歷代君相。皆苟且小就。無大略。不能盡力民事。其於民僅羈縻勿絕。聽其自生自養而已。我民因君相不代我謀。於是合羣以自謀之。積之既久。遂養成此一種政體。故以實情論之。一國之內。實含有無數小國。朝廷之與地方團體。其關係殆僅如屬國。政府與民間。痛癢不甚相關。無論何姓代有天下。而吾民之自治也如故。故民亦不甚以爲意焉。此實中國人種固有之習俗。大異於諸國者也。夫政府民人。痛癢不關。愛國之心。因以薄弱。此中國人之所短也。然因痛癢不關之故。使我民養成此自治之特質。亦不幸中之幸事也。凡人有自治之性者。外力不得容易干涉之。中國所以屢爲異種所統治。而不變其性俗者。蓋賴此也。夫取不同化之民以爲屬國。如食不消化之物積於胃中。而每足以生病。中國今雖爲他人俎上之肉。而其耐消化之力頗有足恃者。恐彼逐逐者未易下咽也。

或者曰。昔者統治中國之異種。皆游牧賤族。無有文化。故其入中國也。不能化中國。適爲中國所化耳。若今日歐西文明之國。蹴踏中原。化之有方。馭之有術。吾恐中國固有自治之力。終必不保。而干涉之直易易耳。答之曰。中國人之自治。不獨內地爲然也。卽旅居海外之工商。其自治之力量固甚厚。無論在何國。皆守其習俗。不與所寓之國同化。如南洋各埠。多有自祖父以來居其地十數世。而其社會之習慣。一守中國之風。衣冠不變。言語不變。彼在海外且然。況於內地人民。其所積更深。其所聯更大。欲一旦干涉之。豈容易哉。

或者又曰。中國人所至。皆守其俗。不與他國同化。此正中國人頑固之陋習。最爲各國所憎惡者。而子乃津津然道之。何其陋歟。答之曰。凡人之性質與力量。只有一源。因其所發所施。而異其效用。堅守舊物。固惡也。然善用之。卽獨立不羈之根原矣。舍己從人。固美也。然不善用之。卽服從他國之根原矣。我國人居於海外者。不問其外面之現象何若。而其內恆以向來自治之法治之。不肯輕於自棄以從他人。正獨立之基礎也。各國自憎惡之。我自譽之。庸何傷焉。

西人之言曰。凡國民向有自治權之習慣。不大經政府之干涉者。其要求參政權之會。必不甚盛。我中國國民。自古以來。未有如歐西各國倡自由爭政權之風者。其故未始不因此也。今者全世界文明進化之運。相逼而來。自由平等之義。已浸入中國人腦中。他日獨立之基礎既定。采西人之政體而行之。其成就之速。必有可驚者。蓋有古來習慣之自治權以爲之基。一蹴可以立至矣。此中國人種之將强。其原因一也。

二曰有冒險獨立之性質也。歐洲人所以雄於世界者。以其人喜冒險遠游也。而我中國人亦頗富於此性質。五大洲之域。無地無中國人之足跡焉。且彼西人之遠游者。其國家獎勸之贊助之保護之。風氣既成。國民視爲樂途。其慣冒險喜遠游。未足以爲誇也。而我中國則國家非惟不勸助之。且禁制之。非惟不保護之。且魚肉之。而我民有不挫不撓之氣。而自殖（西國則殖民也。我中國則民自殖也。）於世界各地焉。南洋英屬荷屬諸島。爲中國人最初發見者十居五六。我民與土番戰。奪其地。墾而居之。因國家不助。獨力不支。後乃舉而畀諸英荷者。比比然也。當國家海禁極嚴之時。而吾民之游海外擴土地長子孫者。已不知凡幾。非有獨立冒險之性。而能若是耶。方今雖設公使領事。以保護商民爲名。其實則如木偶。甚乃擇商民之肥者而噬之耳。彼各國民之旅居他國者。其本國政府噢咻之撫育之。如保姆之護嬰兒。吾中國則反是。旅居他國者數百萬人。譬之則如棄兒也。上無怙恃。下無扶助。而吾民乃能自殖於人種競爭最烈之世。所至各地。常爲其地最有關係之人。此亦天下萬國無其比例者也。以如此之人種。如此之性質。使有國家以教育之保護之。其必不讓歐西以獨步也明矣。昔西人動以印度土耳其比我中國。試問印度土耳其人有此冒險獨立之徵驗否乎。要之不依賴國家之力而能獨立者。此我中國人之所長也。中國人種之將强。其原因二也。

今日全世界之地。其已開通者。不過歐羅巴之全境。與亞細亞北亞米利加之半境。澳大利亞三分之一而已。其餘諸地。尚在草昧之域。彼西人高掌遠蹠之手段。非不欲盡取而墾闢之繫通之也。無如强弩之末。不能穿魯縞。以歐人之力。僅僅開通北米澳洲而止矣。猶尚且多假手於我中國人。若南洋諸島。則中國開之。歐人坐而食之耳。其餘南米阿非利加之地。雖歸其轄屬。然閱爾許年。不能增其繁榮。發其光彩也。此無他故。歐洲之人。只有此數。其勢固不足以分配（即偏布充塞之意）於大地。而其人開明之度既日進。分利之人（即執事業者）高等愈多。而生產之人（即任勞力者）愈少。夫闢未闢之地者。最勞苦而所得最少之事也。歐洲人之力量。既不足更闢未闢之地。於是乃垂涎於他人之已闢者。思一舉而篡取之。今者舍非洲南米之地。不復以全力經營。而眈眈逐逐。謀我中國。不能以實力相爭。而欲以巧智攘奪。其無道固可憤。其無力亦可憐也。他日能有實力以開通全世界者誰乎。即我中國人種是也。白人驕而不勞苦。黑人椶人惰而無智慧。然則此事舍我黃人不能任也。北米與澳洲。今為白種人殖民地之區域。南米與非洲。他日必為黃種人殖民地之區域。無可疑也。謂吾不信。請觀其後。

三曰長於學問思想。易發達也。我中國於周秦之間。諸子並起。實為東洋思想之淵海。視西方之希臘。有過之無不及。政治上之思想。社會上之思想。藝術上之思想。皆有亭毒六合包羅萬象之觀。中世以還。國勢統一。無外國之比較。加以歷代君相。以愚民為術。阻思想之自由。故學風頓衰息。誠有如歐洲之所謂黑暗時代者。夫歐洲所以有今日之文明者。因十字軍以後。外之則齎來埃及印度遠東之學術。內之則發明希臘固有之學術。古學復興。新學繼起。因蒸蒸而日上耳。中國今日之時局。正有類於是。外之則受歐洲輸入之種種新學。內之則因國民所固有歷史所習慣的周秦古學。而更加發明。加以現今政府威壓之力。不能實行言論思想之自由。不能遏禁。自今以往。我國民思想之突飛。必有不可思議者。吾嘗在湖南見其少年子弟。口尚乳臭。目不識盤文。未嘗一讀歐西之書。而其言論思想。新異卓拔。洞深透闢。與西人學理暗合者。往往而有。然則中國人種之腦力。不讓於歐西明矣。昔佛學之入中國。經智顗玄奘六祖之徒發明之。自成一種中國之佛學。非復尋常之佛學。他日歐學入中國消化於中國人之腦中必當更發奇彩照耀於全世界自成一種中國之歐學非復尋常之歐學者此我中國人之擅長也我邦人昔留學於歐米者所在每冠其曹今學成因歸國無所用而流寓於彼中者尚不乏人亦可證我中國人長於學問而非彼半開人種之所能比例也中國人種之將强其原因三也

四曰民人衆多物產沃衍善經商而工價廉將握全世界商工之大權也十九世紀爲政治上競爭革命之時代二十世紀爲經濟上競爭革命之時代此有識者之公言也而經濟上競爭之大權實握於勞力工人之手近年以來同盟罷工之案絡繹不絕各國之經濟界屢受牽動資本家深患之夫以今日世界文明日進之故百物騰踊起居飲食所需皆倍於昔時工人以微薄之俸給不足以贍日用其求增工價固宜也然因工價日增之故則物價不得不隨之而增物價更增一級則工價亦更增一級如是相引以至無窮於是資本家與消費者與勞力者皆受其病夫白種人以壟斷之手段促工業之進步其意殆欲使全世界需用之物品悉成於白種人之手而無如世界開明之度日進而白種之人只有此數其人口增加之速率與全世界銷用物品增加之速率終不足以相敵勞力者常處於不足之勢因得有所挾以持資本家之短長於此時也非有外力以調劑之他日之決裂有不勝其禍者而當此調劑之任者爲誰則我中國人種是也中國人數衆多耐勞苦而工價廉此白種勞力人之所最忌也故其排斥之不遺餘力然排斥者白人自護其私耳天下之大勢既日趨於文明即日趨於均平固非一種之人之私心所能遏制也以中國四百兆人之資本勞力插入於全世界經濟競爭之場迭相補助然後畸輕畸重之間不至大相懸絕而社會（即人羣）上之危險乃可以免此乃二十世紀全世界一大進化之根原而天運人事所必不可避者也然則此進化之關鍵惟我中國人種得而掌握之我中國人顧可輕量乎顧可自棄乎

商務者經濟競爭之眼目也。而歐米人持之以制他種人之生命者也。然我中國人善於經商之性質。實有可驚者。吾嘗見我旅居海外之商人。其人未嘗入商業之學校。未嘗經商會之講求。而其舉動行爲。一切與商業學理暗合。其經商之始。非有鉅大之資本也。乃至有不名一錢。持空拳以游於商界。不數年遂成素封之家者。比比然也。其人又非有政府之保護。有內地之扶助。而皆能自立。此實其特質之可驚者也。故嘗以中國之商與歐米之商相比較。歐米人經學問。而後能經商。中國人未經學問。而已能經商。歐米人有大資本。而後能經商。中國人不必有大資本。而即能經商。歐米人得保護。而後能經商。中國人不必得保護。亦能經商。然則其商力之强弱優劣。可以見矣。他日者我中國人加以學問。厚其資本。而復有以保護之。則其商力必衝突披靡於全球。可斷言也。今者西人製造物品之原料（即天產之物）一切皆取材於東方。運取東方之物。製爲西方之產。而復售於東方之人。猶且足以壟斷全球之利權。況我東人自出之。自製之。而自銷用之乎。夫昔者我中國在海外之商。其力頗宏大。而在內地之商。其力轉微弱者。以內地政體不善。壓力多端。污吏奸儈。種種爲商之大蠹故耳。他日變更政體。壓力既去。其固有之力。皆當發現。而泰西人歷年所發明之機器。與其所講求之商業商術。一舉而輸入於中國。中國人受之。以與其善經商之特質相合。則天下之富源。必移而入中國人之手矣。此中國人種之將强。其原因四也。有此四原因。規以地勢。參以氣運。則中國人於來世紀。必爲世界上最有勢力之人種。此非吾誇誕之言也。雖然。此不過其當然之理而已。天下事固不能委心任運。以待當然者之自至也。必加以人力。乃足以促其機。而助其進。所謂人力者何。一曰合大羣。二曰開人智。此二者。我中國人人所當有事也。亦我兄弟之國民所當贊助也。

論支那宗教改革

今日哲學會會合。僕以姊崎正治君之先容。得參末座。與東洋文明國諸賢哲相見。十年想望之懷一旦告慰。何幸如之。既承諸君子之不棄。不可無一言以爲納交之介紹。僕雖謭陋。然竊聞諸吾師南海康有爲先生所言哲學之一斑。願得述之。以就正於諸君。望垂淸聽焉。

南海先生所言哲學有二端。一曰關於支那者。二曰關於世界者是也。關於支那者。以宗敎革命爲第一著手。關於世界者。以宗敎合統爲第一著手。此其大綱也。今先論支那宗敎革命必要之事。

諸君。凡一國之强弱興廢。全係乎國民之智識與能力。而智識能力之進退增減。全係乎國民之思想。思想之高下通塞。全係乎國民之所習慣與所信仰。然則欲國家之獨立。不可不謀增進國民之識力。欲增進國民之識力。不可不謀轉變國民之思想。而欲轉變國民之思想。不可不於其所習慣所信仰者。爲之除其舊而布其新。此天下之公言也。泰西所以有今日之文明者。由於宗敎革命。而古學復興也。蓋宗敎者。鑄造國民腦質之藥料也。我支那當周秦之間。思想勃興。才智雲涌。不讓西方之希臘。而自漢以後。二千餘年。每下愈況。至於今日。而衰萎愈甚。遠出西國之下者。由於誤六經之精意。失孔敎之本旨。賤儒務曲學以阿世。君相託敎旨以愚民。遂使二千年來孔子之眞面目湮而不見。此實東方之厄運也。故今欲振興東方。不可不發明孔子之眞敎旨。而南海先生所發明者。則孔子之敎旨。

進化主義非保守主義

平等主義非專制主義

兼善主義非獨善主義

強立主義非文弱主義

博包主義（亦謂之相容無礙主義）非單狹主義

重魂主義非愛身主義

之六者是也。而欲證明此六主義之所以成立。與彼六反對主義之所以誤傳。則不可不先明孔學之組織。與其傳授轉變之源流。故今先言之。

孔門之爲教。有特別普通之二者。特別者。所謂中人以上可以語上也。普通者。所謂中人以下不可以語上也。普通之教曰詩書禮樂。凡門弟子皆學之焉。論語謂之爲雅言。雅者通常之稱也。特別之教曰易春秋。非高才不能受焉。得春秋之傳者爲孟子。得易之傳者爲莊子。普通之教。謂之小康。特別之教。謂之大同。然天下中才多而高才少。故傳小康者多。而傳大同者少。大同小康。如佛教之大乘小乘。因說法有權實之分。故立義往往相反。耽樂小乘者。聞大乘之義。而卻走。且往往執其偏見以相攻難。疑大乘之非佛說。故佛說華嚴經時。五百聲聞無一聞者。孔教亦然。大同之教。非小康弟子之所得聞。既不聞矣。則因而攻難之。故荀卿言凡學始於誦詩。終於讀禮。不知有春秋焉。孟子全書未嘗言易。殆不知有易焉。蓋根器各不同。而所授亦異。無可如何也。而自秦漢以至今日。儒者所傳。只有小康一派。無怪乎孔子之眞面目。不可得見也。今將孔門二大系統。列其流派如下。

- 大同教派
  - 有子
    - 子游
    - 子夏——田子方——莊子
    - 子張
  - 曾子——子思——子思門人——孟子
- 小康教派——仲弓——荀子

由是觀之則大同教派之大師莊子孟子也小康教派之大師荀子也而自秦漢以後政治學術皆出於荀子故二千年皆行小康之學而大同之統殆絶之所由也今先將荀子全書提其綱領凡有四大端

一尊君權其徒李斯傳其宗旨行之於秦爲定法制自漢以後君相因而損益之二千年所行實秦制也此爲荀子政治之派

二排異說荀子有非十二子篇專以攘斥異說爲事漢初傳經之儒皆出荀子故襲用其法日以門戶水火爲事

三謹禮儀荀子之學不講大義而惟以禮儀爲重束身寡過拘牽小節自宋以後儒者皆蹈襲之

四重考據荀子之學專以名物制度訓詁爲重漢興羣經皆其所傳斷斷考據寖成馬融鄭康成一派至本朝(淸)而大受其毒此三者爲荀子學問之派

由是觀之二千年政治既皆出荀子矣而所謂學術者不外漢學宋學兩大派而實皆出於荀子然則二千年來只能謂爲荀學世界不能謂之爲孔學世界也抑小康之教在詩書禮樂而大同之教在易春秋詩書禮樂孔子纂述之書實則因沿舊教耳非孔子之意也孔子之意則全在易與春秋易爲出世間法之書故今不具論之若春秋者則孔子經世之大法立教之微言皆在焉故孟子述孔子功德以作春秋爲第一大事以之與禹抑洪水周公兼夷狄驅猛獸並稱而太史公之贊孔子亦以作春秋爲一大業然則春秋一書爲當時所最重明矣然以二千年來所謂春秋者言之不過一記事之史與斷爛朝報無以異何足以爲奇書哉而孟子等何故尊之若是此亦言支那哲學者一大問題也殊不知春秋不過記號之書(如算學之代數)其精要全在說口而其說口

之傳授。在於公羊傳。當西漢以前。大同教派未絕。諸儒尙多有能言之者。自東漢以後。公羊傳一書。若存若亡。而春秋無人能解。（朱子亦自言不解春秋）孔子之面目。遂不復可見。可勝慨哉。推原其故。皆由歷代君相。見小康之教有利於己。大同之教不利於己。故揚彼而抑此。而曲學阿世之徒。亦復變其學以媚人主。故自漢以後。謂春秋爲非常異義可怪之論。相率不敢言之。此則大同教派晤昧不傳之大根原也。故今日當知春秋一書爲孔子教派之中堅。乃可以言宗教革命矣。

今敍流派大略旣畢。請將前提六個主義一一論之。

第一、孔教乃進化主義。非保守主義。

春秋之立法也。有三世。一曰據亂世。二曰升平世。三曰太平世。其意言世界初起。必起於據亂。漸進而爲升平。又漸進而爲太平。今勝於古。後勝於今。此西人打撈烏盈士啤生氏等所倡進化之說也。支那向來舊說。皆謂文明世界在於古時。其象爲已過。春秋三世之說。謂文明世界在於他日。其象爲未來。謂文明已過。則保守之心生。謂文明爲未來。則進步之心生。故漢世治春秋學者。以三世之義。爲春秋全書之關鍵。誠哉其爲關鍵也。因三世之遞進。故一切典章制度。皆因時而異。日日變易焉。於據亂世。則當行據亂世適宜之政。於升平世。則當行升平世適宜之政。於太平世。則當行太平世適宜之政。必不能墨守古法。一成不變也。故明三世之義。則必以革新國政爲主義。而保守頑陋之習。必一變。

第二、孔教乃平等主義。非專制主義。

大同小康之異。前旣言之矣。小康派以尊君權爲主義。大同派以尊民權爲主義。大同小康之名。見於小戴記禮運篇。其言曰。大道之行也。天下爲公。選賢與能。人不獨親其親。不獨子其子。使老有所歸。壯有所用。幼有所長。是謂大同。天下爲家。大人世及以爲禮。以正君臣。以篤父子。以睦上下。以和夫婦。是謂小康。故小康者專制之政也。大同者平等之政也。孟子傳大同之學。故其書皆以民權爲主義。如民爲貴社稷次之君爲輕之類是也。（其全書皆言民權。不獨此數語也。）而春秋之法制。皆所以抑制君主之專橫。用意深遠。條理繁密。南海先生嘗著一書名爲孔教民權義。今講演之間。時刻匆促。不能多引也。其餘若井田之制。欲以平貧富之界。親迎之制。欲以平男女之權。其事更不一而足。可見孔子全以平等爲尚。而後世民賊。乃借孔子之名。以行專制之政。則荀子之流毒耳。

第三、孔教乃兼善主義。非獨善主義。

佛爲一大事出世。說法四十九年。皆爲度衆生也。若非爲衆生。則從菩提樹起。卽入涅槃可矣。孔子之立教行道。亦爲救民也。故曰天下有道。丘不與易也。其意正如佛說所謂我不入地獄。誰入地獄之意也。故佛法以慈悲爲第一義。孔教以仁慈爲第一義。孔子曰。苟志於仁矣。無惡也。故孔子爲救民。故乃至日日屈身以干謁當時諸侯卿相。欲藉手以變革弊政。進斯民於文明幸福也。當時厭世主義一派頗盛。如楚狂長沮桀溺荷蕢丈人晨門微生畝之徒。皆攻難孔子。此等皆所謂聲聞外道法也。而孔子則所謂行菩薩行也。然則學孔子者。當學其舍身棄名以救天下明矣。而自宋以後。儒者以束身寡過謹小愼微爲宗旨。遂至流爲鄉愿一派。坐視國家之危亡。生民之疾苦。而不以動其心。見有憂國者。則謂爲好事。謂爲橫議。相與排擠之。此支那千年以來最惡陋之習。此種見識。深入於人人之腦中。遂養成不痛不癢之世界。此支那致亡之由也。若能知孔子之在當時。爲好事之人。爲橫議之人而非謹守繩尺束身寡過之人則全國之風氣必當一變矣。

第四、孔教乃强立主義非文弱主義。

孔子於繫易也曰天行健君子以自强不息曰獨立不懼論語曰吾未見剛者中庸言中立而不倚强哉矯國無道至死不變强哉矯而尙書洪範篇之末敍述六極以弱爲最下以之與凶短折疾貧並稱然則孔子六經重强立而惡文弱甚矣自晉唐以後儒者皆懦弱無氣大反孔子之旨惟明代陽明一派稍復本眞耳而本朝(清)考據學興柔弱益甚遂至聖教掃地國隨而亡皆由壓制服從之念多而平等自立之氣減故今既發明平等主義則强立主義自隨之矣。

第五、孔教乃博包主義(卽相容無礙主義)非單狹主義。

佛之大乘法可以容一切故華嚴法界事事無礙事理無礙孔子之大同教亦可以容一切故中庸謂萬物並育而不相害道並行而不相悖惟其不相悖也故無妨並行如三世之義據亂之與升平升平之與太平其法制多相反背而春秋並容納之不以反背爲傷者蓋世運既有種種之差別則法制各適其宜自當有種種不同也如佛之說法因衆生根器有差別故法亦種種不同而其實法則皆同也苟通乎此義則必無門戶水火之爭必無賤彼貴我之患此大同教之規模所以廣大也當時九流諸子其大師多屬孔門弟子既受孔教退而別樹一幟如吳起學於子夏而爲兵家之宗禽滑釐學於子夏而爲墨家鉅子鄒衍齊魯諸生而爲陰陽家之祖自餘此類其事甚多蓋思想之自由文明發達之根原也聽其諸說雜起互相競爭而世界自進焉中庸道並行而不相悖之義卽本於春秋三世並立之義而孔子之眞相也自漢以後定於一尊黜棄諸子名爲尊孔子而實則背孔子

之意甚矣。遂使二千年來，人人之思想不能自由，有發一奇論者，則羣然以非聖無法目之，此智識所以不能發達也。今當發明並行不悖之義，知諸子之學卽孔子之學，尊諸子卽所以尊孔教，使天下人人破門戶之意見，除保守之藩籬，庶幾周秦古學復興，而人智發達矣。

以上各條，略舉大概，若孔教重魂主義及世界宗教合一之思想，則願俟他日，若諸君子不棄，許其重參他會，當更有所陳述，以乞教焉。

國民十大元氣論

敍論

爰有大物，聽之無聲，視之無形，不可以假借，不可以强取，發榮而滋長之，則可以包羅地球，鼓鑄萬物，摧殘而壓抑之，則忽焉萎縮，蹤影俱絕。其爲物也，時進時退，時榮時枯，時汙時隆，不知其由天歟，由人歟。雖然，人有之則生，無之則死；國有之則存，無之則亡。不寧惟是，苟其有之，則瀕死而必生，已亡而復存；苟其無之，則雖生而猶死，名存而實亡。斯物也，無以名之，名之曰元氣。

今所稱識時務之俊傑，孰不曰泰西者文明之國也，欲進吾國，使與泰西各國相等，必先求進吾國之文明，使與泰西文明相等。此言誠當矣。雖然，文明者，有形質焉，有精神焉，求形質之文明易，求精神之文明難。精神旣具，則形質自生；精神不存，則形質無附。然則眞文明者，只有精神而已。故以先知先覺自任者，於此二者之先後緩急，不可不留意也。

游於上海香港之間，見有目懸金圈之鏡，手持淡巴之捲，晝乘四輪之馬車，夕啜長桌之華宴，如此者可謂之文明乎，決不可。陸有石室，川有鐵橋，海有輪舟，竭國力以購軍艦，朘民財以效洋操，如此者可謂之文明乎，決不可。何也，皆其形質也，非其精神也。求文明而從形質入，如行死港，處處遇窒礙，而更無他路可以別通，其勢必不能達其目的，至盡棄其前功而後已。求文明而從精神入，如導大川，一清其源，則千里直瀉，沛然莫之能禦也。所謂精神者何，即國民之元氣是矣。自衣服飲食器械宮室，乃至政治法律，皆耳目之所得聞見者也，故皆謂之形質。而形質之中，亦有虛實之異焉。如政治法律，雖耳可聞目可見，然以手不可握之，以錢不可購之，故其得之也亦稍難。故衣食器械者，可謂形質之形質，而政治法律者，可謂形質之精神也。若夫國民元氣，則非一朝一夕之所可致，非一人一家之所可成，非政府之力所能強逼，非宗門之教所能勸導。孟子曰，以直養而無害，則塞於天地之間。是之謂精神之精神。求精神之精神者，必以精神感召之，若支支節節，模範其形質，終不能成。語曰，國於天地，必有與立。國所與立者何，曰民而已。民所以立者何，曰氣而已。故吾今者舉國民元氣十大端，次第論之，冀我同胞賜省覽而自興起焉。

獨立論

獨立者何，不藉他力之扶助，而屹然自立於世界者也。人而不能獨立，時曰奴隸，於民法上不認為公民。國而不能獨立，時曰附庸，於公法上不認為公國。嗟乎，獨立之不可以已如是也。易曰，君子以獨立不懼。孟子曰，若夫豪傑之士，雖無文王猶興。又曰，彼丈夫也，我丈夫也，吾何畏彼哉。人苟不自居君子，而自居細人，不自命豪傑，而自命。凡民不自爲丈夫而甘爲妾婦。則亦已矣。苟其不然。則當自養獨立之性始。

人有三等。一曰、困縛於舊風氣之中者。二曰、跳出於舊風氣之外者。三曰。跳出舊風氣而後能造新風氣者。夫世界之所以長不滅而日進化者。賴有造新風氣之人而已。天下事往往有十年以後。舉世之人人人能思之能言之能行之。而在十年以前思之言之行之僅一二人。而舉世目爲狂悖。從而非笑之。夫同一思想言論行事也。而在後則爲同。在前則爲獨。同之與獨。豈有定形哉。既曰公理。則無所不同。而於同之前必有獨之一界。此因果階級之定序。必不可避者也。先於同者則謂之獨。古所稱先知先覺者。皆終其身立於獨之境界者也。惟先覺者出其所獨以公諸天下。不數年而獨者皆爲同矣。使於十年前無此獨立之一二人以倡之。則十年以後之世界。猶前世界也。故獨立性者。孕育世界之原料也。

俗論動曰非古人之法言不敢道。非古人之法行不敢行。此奴隸根性之言也。夫古人自古人。我自我。我有官體。我有腦筋。不自用之。而以古人之官體爲官體。以古人之筋腦爲腦筋。是我不過一有機無靈之土木偶。是不啻世界上無復我之一人也。世界上缺我一人不足惜。然使世界上人人皆如我。人人皆不自有其官體腦筋。而一以附從之於他人。是率全世界之人而爲土木偶。是不啻全世界無復一人也。若是者吾名之曰水母世界。（木玄虛海賦曰水母目蝦謂水母無目以蝦目爲目也）故無獨立性者。毀滅世界之毒藥也。

陽明學之眞髓曰。知行合一。知而不行。等於不知。獨立者實行之謂也。或者曰。我欲行之。惜無同我而助我者。行之無益也。吾以爲此亦奴隸根性之言也。我望助於人。人亦望助於我。我以無助而不行。人亦以無助而不行。是天下事終無行之時也。西諺曰。天常助自助者。又曰。我之身卽我之第一好幫手也。凡事有所待於外者。則其精進之力必減，而其所成就必弱。自助者其責任既專一，其所成就亦因以加厚。故曰天助自助者。孤軍陷重圍，人人處於必死，怯者猶能決一鬭，而此必死之志決鬭之氣，正乃最後之成功也。獨立云者，日日以孤軍衝突於重圍之中者也，故能與舊風氣戰而終勝之。孔子曰：天下有道，丘不與易。孟子曰：當今之世，舍我其誰。獨立之謂也，自助之謂也。

天下不能獨立之人，其別亦有二：一曰望人之助者，二曰仰人之庇者。望人之助者，蓋凡民也，猶可言也。仰人之庇者，眞奴隸也，不可言也。嗚呼，吾一語及此，而不禁太息痛恨於我中國奴隸根性之人何其多也。試一思之，吾中國四萬萬人，其不仰庇於他人者幾何哉？人人皆有其所仰庇者，所仰庇之人，又有其所仰庇者，層積而上之，至於不可紀極，而求其眞能超然獨立與世界直接者，殆幾絕也。公法凡國之仰庇於他國者，則其國應享之權利，盡歸於所仰庇國之內，而世界上不啻無此國。然則人之仰庇於他人者，亦不啻世界上無此人明矣。而今吾中國四萬萬皆仰庇於他人之人，是名雖四萬萬，實則無一人也。以全國之大，而至於無一人，天下可痛之事，孰過此也。

孟德斯鳩曰：凡君主國之人民，每以斤斤之官爵名號爲性命相依之事，往往望貴人之一顰一笑，如天帝如鬼神者。孟氏言之，慨然有餘痛焉，而不知我中國之狀態，更有甚於此百倍者也。今夫畜犬，見其主人，擺頸搖尾，前趨後躡者，爲求食也。今夫游妓，遇其所歡，塗脂抹粉，目挑心招者，爲纏頭也。若夫以有靈覺之人類，以有血性之男子，而其實乃不免爲畜犬游妓之所爲，舉國如是，猶謂之有人焉，不可得也。吾今爲此言，人必坐吾以刻薄之罪。吾亦固不忍言之，雖然，試觀今日所謂士大夫者，其於求富貴利達之事，與彼畜犬游妓之所異者能幾何也。

士大夫一國之代表也。而竟如是。謂國之有人。不可得也。夫彼求富貴利達者。必出於畜犬游妓之行何也。以有所仰庇也。此一種仰庇於人之心習之成性。積數千年銘刻於腦筋而莫或以爲怪。稍有倡異議者。不以爲大逆不道。則以爲喪心病狂也。彼其論殆謂人不可一日不受庇於人者。今日不受庇於甲。明日必當受庇於乙。如彼史家所論。謂不可一日無正統是也。又其人但能庇我。吾則仰之。不論其爲何如人。如彼史家所紀載。今日方目之爲盜賊。明日已稱之爲神聖文武太祖高皇帝是也。故數千年來受庇於大盜之劉邦、朱元璋。受庇於篡賊之曹丕、司馬師、劉裕、趙匡胤。受庇於賤種之劉淵、石勒、耶律、完顏、成吉思。皆靦然不之怪。從其擺頸搖尾塗脂抹粉。以爲分所宜然。但求無一日無庇我之人足矣。嗚呼、吾不知我中國此種畜根奴性。何時始能剗除之而化易之也。今來庇我者。又將易他人矣。不見乎入耶穌教天主教者徧於行省乎。不見乎求入英籍日本籍者接踵而立乎。不見乎上海香港之地皮漲價至百數十倍乎。何也。爲求庇耳。有心者方欲以瓜分革命之慘禍致動衆人。而不知彼畜根奴性之人營狡兔之三窟。固已久矣。此根性不破。雖有國不得謂之有人。雖有人不得謂之有國。哀時客曰。今之論者動曰西人將以我爲牛馬爲奴隸。吾以爲特患同胞之自爲牛馬自爲奴隸而已。苟不爾。則必無人能牛馬之奴隸之者。我國民盍興乎來。

愛國論

泰西人之論中國者。輒曰。彼其人無愛國之性質。故其勢渙散。其心耎懦。無論何國何種之人。皆可以掠其地而奴其民。臨之以勢力。則帖耳相從。啗之以小利。則爭趨若鶩。蓋彼之視我四萬萬人。如無一人焉。惟其然也。故日日議瓜分。逐逐思擇肉。以我人民爲其圉下之隸。以我財產爲其囊中之物。以我土地爲其版内之圖。揚言之於議院。騰説之於報館。視爲固然。無所忌諱。詢其何故。則曰支那人不知愛國故。哀時客曰。嗚呼。我四萬萬同胞之民。其重念此言哉。

哀時客又曰。嗚呼異哉。我同胞之民也。謂其知愛國耶。何以一敗再敗。一割再割。要害盡失。利權盡喪。全國命脈。朝不保夕。而我民猶且以酣以嬉。以歌以舞。以鼾以醉。晏然以爲於己無與。謂其不知愛國耶。顧吾嘗游海外。海外之民以千萬計。類皆激昂奮發。忠肝熱血。談國恥則動色哀歎。聞變法則額手踴躍。睹政變則扼腕流涕。莫或使之若或使之。嗚呼。等是國也。等是民也。而其情實之相反若此。

哀時客請正告全地球之人曰。我支那人非無愛國之性質也。其不知愛國者。由不自知其爲國也。中國自古一統。環列皆小蠻夷。無有文物。無有政體。不成其爲國。吾民亦不以平等之國視之。故吾國數千年來。常處於獨立之勢。吾民之稱禹域也。謂之爲天下。而不謂之爲國。既無國矣。何愛之可云。今夫國也者。以平等而成。愛也者。以對待而起。詩曰。兄弟鬩于牆。外禦其侮。苟無外侮。則雖兄弟之愛。亦幾幾忘之矣。故對於他家。然後知愛吾家。對於他族。然後知愛吾族。游於他省者。遇其同省之人。鄉誼殷殷。油然相愛之心生焉。若在本省。則舉目皆同鄉。泛泛視爲行路人矣。惟國亦然。必對於他國。然後知愛吾國。歐人愛國之心。所以獨盛者。彼其自希臘以來。即已諸國並立。此後雖小有變遷。而諸國之體無大殊。互相雜居。互相往來。互比較而不肯相下。互爭競而各求自存。故其愛國之性。隨處發現。不教而自能。不約而自同。我中國則不然。四萬萬同胞。自數千年來同處於一小天下之中。未嘗與平等之國相遇。蓋視吾國之外無他國焉。故吾曰。其不知愛國者。由不自知其爲國也。故謂其愛國之性質。隱而未發則可。謂其無愛國之性質則不可。

於何證之。甲午以前吾國之士夫憂國難談國事者。幾絕焉。自中東一役。我師敗績。割地償款。創鉅痛深。於是慷慨愛國之士漸起。謀保國之策者。所在多有。非今優於昔也。昔者不自知其爲國。今見敗於他國。乃始自知其爲國也。哀時客粵人也。請言粵事。吾粵爲東西交通第一孔道。澳門一區。自明時已開互市。香港隸英版後。白人足跡益繁。粵人習於此間。多能言外國之故。留心國事。頗有歐風。其貿遷於海外者。則愛國心尤盛。非海外之人優於內地之人也。蟄居內地者。不自知其爲國。今遠游於他國。乃始自知其爲國也。故吾以爲苟自知其爲國。則未有不愛國者也。嗚呼。我內地同胞之民。死徙不出鄉井。目未睹淩虐之狀。耳未聞失權之事。故習焉安焉。以爲國之强弱。於己之榮辱無關。因視國事爲不切身之務云爾。試游外國。觀甲國民在乙國者。所享之權利何如。乙國民在丙國者。所得之保護何如。而我民在於彼國。其權利與保護何如。比較以觀。當未有不痛心疾首。憤發蹈厲。而思一雪之者。彼英國之政體。最稱大公者也。而其在香港。待我華民。束縛馳驟之端。不　而足。視其本國與他國旅居之民。若天淵矣。日本脣齒之邦。以扶植中國爲心者也。然其內地雜居之例。華人不許與諸國均沾利益。其甚者如金山檀香山之待華工。苛設厲禁。嚴爲限制。驅逐迫逼。無如之何。又如古巴及南洋荷蘭屬地諸島販賣猪仔之風。至今未絕。適其地者。所受淩虐。甚於黑奴。殆若牛馬。慘酷之形。耳不忍聞。目不忍睹。夫同是圓顱方趾冠帶之族。而何以受侮若是。則豈非由國之不强之所致耶。孟子曰。人必自侮。然後人侮之。吾甯能怨人哉。但求諸己而已。國苟能强。則已失之權力固可復得。公共之利益固可復沾。彼日本是也。日本自昔無治外之權。自變法自强後。改正條約。而國權遂完全無缺也。故我民苟躬睹此狀。而熟察其所由。則愛國之熱血。當塡塞胸臆。

沛乎莫之能禦也。

夫愛國者欲其國之强也。然國非能自强也。必民智開。然後能强焉。必民力萃。然後能强焉。故由愛國之心而發出之條理。不一其端。要之必以聯合與教育二事爲之起點。一人之愛國心。其力甚微。合衆人之愛國心。則其力甚大。此聯合之所以爲要也。空言愛國。無救於國。若思救之。必藉人才。此教育之所以爲要也。今海外人最知愛國者也。請先言海外。

各埠之有會館也。聯合之意也。橫濱之有大同學校也。各埠之紛紛擬興學校也。教育之意也。皆我海外同胞之民。發於愛國之眞誠所有事也。新加坡一埠。當政變以前。議設學堂。集資已及二十餘萬金。檀香山一埠。通習西文諳圖算之男女學生。已及六七百人。諸君子憂時之遠識。治事之苦心。眞不可及也。然吾猶有所欲言者。則於聯合之中更爲大聯合。於教育之中更爲大教育也。所謂大聯合者何。商會是已。我中國人之善於經商。雖西人亦所深服。然利權所以遠遜於人者。固由國家無保護之政策。亦由吾商民之氣散而不聚。不能互相扶植。互相補救。故一及大局之商務。每不能與西人爭也。卽如海外各埠。吾民成聚之區。以百餘計。而曾無一總滙互通聲氣者。甚且如舊金山一埠。三邑與四邑之人。互相訟鬩。同室操戈。貽笑他人。於此而望其大振商業。收回利權。豈可得哉。殊不知全局之利害。與一人之利害。其相關之處。有至切至近者。互相提攜。則互享其利。互相猜軋。則互受其害。其理甚繁。其事甚多。別篇詳之。故遠識大略者。知經營全局之事。正所以經營一身一家之事。昔英人之拓印度。開廣東。全藉商會之力。及其業已就。而全國之中。商小商。無一不沾其利焉。此其明證也。故今日爲海外商民計。莫如設一大商會。合各埠之人。通爲一氣。共扶商務。共固國體。每一埠有分會。合諸埠有總會。公訂其當辦之事。互謀其相保之法，內之可以張大國權，外之可以擴充商利，此最大之業也。至其條理設施之法，當於別篇詳之，今不及也。

所謂大教育者何，政學是已。香港有英人所設之大學堂，吾海外之民之治西學者，多從此出焉。外此各埠續設之學堂，亦多倣其制。雖然，英人所設之學堂，其意雖養成人才，爲其商務之用耳，非欲用養成人才爲我國家之用也。故其所教偏優於語言文字，而於政學之大端蓋略焉。故自香港學堂出者，雖非無奇特之才，然亦不過其人之天資學力別有所成，而非學堂之能成之也。且我同胞之民所學者何，學以救我中國也。凡每一國，必有其國體之沿革，存於歷史，必有其國俗之習慣，存於人羣，講經國之務者，不可不熟察也。今香港之學堂，絕不教中國之學，甚至堂中生徒，並漢文而不能通焉，此必不可以成就經國之才也。且西國學校所教致用之學，如羣學、國家學、行政學、資生學、財政學、哲學各事，凡有志於政治者，皆不可不從事焉。而香港學堂皆無之，是故不能得非常之才也。今如檀香山之生徒，其通西語解圖算者，既以數百計，其人皆少年蹈厲，熱血愛國，使更深之以漢學，進之以政治，則他日中國旋乾轉坤之業，未始不恃此輩也。爲今之計，宜各埠皆設學校，廣編教科書，中西並習，政學兼進，則數年之後，中國維新之運既至，我海外之忠民，皆得以効力於國家，而國家亦無乏才之患矣。

哀時客曰：嗚呼，國之存亡，種種盛衰，雖曰天命，豈非人事哉。彼東西之國，何以浡然日興，我支那何以薾然日危。彼其國民，以國爲己之國，以國事爲己事，以國權爲己權，以國恥爲己恥，以國榮爲己榮。我之國民，以國爲君相之國，其事其權，其榮其恥，皆視爲度外之事。嗚呼，不有民，何有國，不有國，何有民，民與國，一而二，二而一者也。今我民不以國爲己之國，人人不自有其國，斯國亡矣。國亡而人權亡，而人道之苦，將不可問矣。泰西人曰：支那人無愛國之性質。嗚呼。我四萬萬之同胞之民。其重念此言哉。其一雪此言哉。

愛國心烏乎起。孟子曰。吾弟則愛之。秦人之弟則不愛也。惟國亦然。吾國則愛之。他人之國。則不愛矣。是故人苟以國爲他人之國。則愛之之心必滅。雖欲强飾而不能也。人苟以國爲吾國。則愛之之心必生。雖欲强制而亦不能也。愈隔膜則其愛愈滅。愈親切則其愛愈增。此實天下之公例也。譬之一家然。凡子弟未有不愛其家者。蓋以爲家者吾之家。家事者吾之事也。凡奴隸則罕有眞愛其家者。蓋以爲家者主人之家。家事者主人之事也。故欲觀其國民之有愛國心與否。必當於其民之自居子弟歟自居奴隸歟驗之。

凡國之起。未有不起於家族者。故西人政治家之言曰。國字者家族二字之大書也。（其意謂國即大家族。家族即小國也）君者家長族長也。民者其家族之子弟也。然則當人羣之初立。則民未有不以子弟自居者。民之自居奴隸烏乎起乎。則自後世暴君民賊。私天下爲一己之產業。因奴隸其民。民畏其威。不敢不自屈於奴隸。積之既久。而遂忘其本來也。後世之治國者。其君及其君之一二私人。密勿而議之。專斷而行之。民不得與聞也。有議論朝政者。則指爲莠民。有憂國者。則目爲越職。否則笑其迂也。此無怪其然也。譬之奴隸而干預主人之家事。則主人必怒之。而旁觀人必笑之也。然則雖欲愛之。而有所不敢。有所不能焉。既不敢愛不能愛。則惟有漠然視之。袖手而觀之。家之昌也。主人之榮也。則歡娛焉。醉飽焉。家之敗也。主人之中落也。則褰裳以去。此奴隸之恆性也。故西人以國爲君與民所共有之國。如父兄子弟。通力合作。以治家事。有一民卽有一愛國之人焉。中國則不然。有國者祇一家之人。其餘則皆奴隸也。是故國中雖有四萬萬人。而實不過此數人也。夫以數人之國。與億萬人之國相遇。則安所往而不敗也。

西史所稱愛國之業。如昔者希臘以數千之農民。追百萬游牧之蠻兵。法國距今四百年前。有一牧羊之田婦。獨力一言以攘强敵。使法國脫外國之羈軛。皆彼中所嘖嘖傳爲美談者也。雖然。吾中國昔者非無其例也。以左氏春秋所載。如齊魯長勺之戰。魯曹劌憂國事。有所擘畫。旁人笑之曰。肉食者謀之。又何間焉。而曹劌不顧非笑。卒謁其君而成其功。又如秦將襲鄭。鄭弦高以牛十二犒秦師。而報其謀於本國。卒使有備而退强敵。夫曹劌一布衣耳。弦高一商人耳。非有國家之責。受君相之命也。使其袖手。誰則尤之。然皆發於愛國之誠。以匹夫而關係大局。嗚呼。此非古人獨優於今人也。其所以致此者。蓋有由也。古者視其國民如一家之人焉。徵之左氏。如晉韓起求玉環於鄭。鄭子產告以本國與商人所立之約曰。爾無我詐。我無强買。又如晉文公圍南陽。南陽之民曰。夫誰非王之昏姻。其俘之也。諸如此類。不一而足。蓋當三代以前。君與民之相處。實如家人婦子焉。依於國家。而各有其所得之權利。故亦對於國家。而各有其應盡之義務。人人知此理。人人同此情。此愛國之心所以團結而莫解也。

聖哉我皇上也。光緒二十四年七月二十五日上諭有曰。海內之民。皆上蒼之所畀。祖宗之所遺。非皆使之康樂和親。朕躬未爲盡職。於戲。此言也。我四萬萬同胞之臣民。所當感激起舞。發奮流涕。日夜熟念而不可一日忘者也。夫天子而有職也。有職而自憂其未盡。自責其未盡也。此何等語耶。此蓋自唐虞三代以來。數千年所號稱賢君令辟。未有能知此義。能爲此言者也。皇上之意。蓋曰。我有子弟。我飲食之。我教誨之。吾子弟之學業。吾之責也。吾子弟之生計。吾之謀也。其心發於至愛。其語根於至誠。此非猶夫尋常之詔令而已。其賢父慈母。噢咻其子弟。而卵翼其家人之言也。故吾中國自秦漢以來。數千年之君主。皆以奴隸視其民。民之自居奴隸。固無足怪焉。若眞能以子弟視其民者。則惟我皇上一人而已。我四萬萬同胞之臣民。生此國。遇此時。獲此聖君。依此慈母。若猶是自居於奴隸。而不自居於子弟。視國事如胡越。視君父之難如路人。則眞所謂辜負高厚。全無人心者也。此吾所以仰天泣血。中夜椎心。沈病而不能自制也。

哀時客曰。吾嘗游海外。海外之國。其民自束髮入學校。則誦愛國之詩歌。相語以愛國之故事。及稍長。則講愛國之眞理。父詔其子。兄勉其弟。則相告以愛國之實業。衣襟所佩者。號爲愛國之章。游燕所集者。稱爲愛國之社。所飲之酒。以愛國爲命名。所玩之物。以愛國爲紀念。兵勇朝夕。必遙禮其國王。尋常饔飧。必祈禱其國運。乃至如法國歌伎。不納普人之狎游。謂其世爲國之讎也。日本孩童。不受俄客之贈果。謂其將爲國之患也。其愛國之性。發於良知。不待教而能。本於至情。不待謀而合。嗚呼。何其盛歟。哀時客又曰。吾少而居鄉里。長而游京師。及各省大都會。頗盡識朝野間之人物。問其子弟。有知國家爲何物者乎。無有也。其相語則曰。如何而可以入學。如何而可以中舉也。問其商民。有知國家之危者乎。無有也。其相語則曰。如何而可以謀利。如何而可以驕人也。問其士夫。有以國家爲念者乎。無有也。其相語則曰。如何而可以得官。可以得差。可以得館地也。問其官吏。有以國事爲事者乎。無有也。其相語則曰。某缺肥。某缺瘠。如何而可以逢迎長官。如何而可以盤踞要津也。問其大臣。有知國恥憂國難。思爲國除弊而興利者乎。無有也。但入則坐堂皇。出則鳴八騶。頤指氣使。窮侈極欲也。父詔其子。兄勉其弟。妻勖其夫。友勸其朋。官語其屬。師訓其徒。終日所營營而逐逐者。不過曰身也。家也。利與名也。於廣座之中。若有談國事者。則指而目之曰。是狂人也。是癡人也。其人習而久之。則亦且啞然自笑。爽然自失。自覺其可恥。箝口結舌而已。不恥言利。不恥奔競。不恥媟瀆。不恥愚陋。而惟言國事之爲恥。習以成風。恬不爲怪。遂使四萬萬人之國與無一人等。惟我聖君慈母咨嗟劬勞。憂憤獨立於深宮之中。嗚呼。爲人子弟者。其何心哉。其何心哉。今試執一人而語之曰。汝之性奴隸性也。汝之行奴隸行也。未有不色然而怒者。然以今日吾國民如此之人心。如此之習俗。如此之言論。如此之舉動。不謂之爲奴隸性奴隸行不得也。夫使吾君以奴隸視我。而我以奴隸自居。猶可言也。今吾君以子弟視我。而我仍以奴隸自居。不可言也。泰西人曰。支那人無愛國之性質。我四萬萬同胞之民。其重念此言哉。其一雪此言哉。

國者何。積民而成也。國政者何。民自治其事也。愛國者何。民自愛其身也。故民權興則國權立。民權滅則國權亡。爲君相者而務壓民之權。是之謂自棄其國。爲民者而不務各伸其權。是之謂自棄其身。故言愛國必自興民權始。

今世之言治國者。莫不以練兵理財爲獨一無二之政策。吾固不以練兵理財爲足以盡國家之大事也。然吾不敢謂練兵理財爲非國家之大事也。即以此二者論之。有民權則兵可以練。否則練而無所用也。有民權則財可以理。否則理而無所得也。何以言之。國之有兵。所以保護民之性命財產也。故言國家學者。謂凡國民皆有當兵之義務。蓋人人欲自保其性命財產。則人人不可不自出其力以衞之。名爲衞國。實則自衞也。故謂之人自爲戰。人自爲戰。天下之大勇莫過於是。不觀鄉民之械鬬者乎。豈嘗有人焉爲之督責之勸告之者。而摩頂放踵。一往不顧。比比皆是。豈非人人自衞其身家之所致歟。西國兵家言曰。凡選兵不可招募他國人。蓋他國應募而爲兵者。其戰事於己之財產性命。無有關係。則其愛國之心不發。而戰必不力。夫中國之兵。雖本國人自爲之。而實與他國應募者無以異也。西人以國爲斯民之公產。王侯將相者。通國之公僕隸也。中國以國爲一人之私產。輒曰王者富有四海臣妾億兆臣妾云者猶曰奴虜云耳故彼其民爲公益公利自爲鬬也而中國則奴爲其主鬬也驅奴虜以鬬貴人則安所往而不敗也不觀夫江南自强軍乎每歲糜巨萬之餉以訓練之然逃亡者項背相望往往練之數月甫成步武而褰裳以去故每閱三年則舊兵散者殆盡全軍皆新隊矣未戰時猶且如是況於臨陣哉其餘新練諸軍情形莫不如是能資之於千日而不能得其用於一時彼中東之役其前車矣今試問新練諸軍一旦有事能有以異於中東之役乎吾知其必不能也何也奴爲主鬬未有能致其命者前此有然後此亦莫不然也此吾所謂雖練而無所用也

國之有財政所以爲一國之人辦公事也辦事不可無費用則仍醵資於民以充其費苟醵之於民者悉用之於民所醵雖多未有以爲病者也不觀乎鄉民乎歲時伏臘迎神祭賽戶戶而醵之人人而攤派之莫或以爲厲己也何也吾所出者知其所用在何處則羣焉信之欣然而輸之故西人理財之案必決於下議院有將辦之事議其當辦與否旣人人以爲當辦矣則必其事之有益於公衆也於是合公衆以謀其費之所出以一國之財辦一國之事未有不能濟者也而又於先事有豫算焉於旣事有決算焉（豫算者先大略擬此事費用逐條列出而籌之也決算者徵信錄之意也）一切與民共之民旣知此事之不可以不辦也又知其所出之費確爲辦此事之用也夫誰不樂輸之又不惟辦事而已卽國家有不幸如戰敗賠款之事若法國之於普國賠至五千兆佛郎之多亦一呼而集之何也當其開戰之始旣經國民之公議以爲不可不戰人人爲其公事而戰戰之勝敗全國之民固自願受其利害矣其賠款也亦由國民知其不可以已公議而許之雖多其奚怨也若夫當戰與否未嘗商之於民焉戰之方略如何未嘗商之於民焉休戰與否未嘗商之於民焉賠款之可許與否未嘗商之於民焉一二庸臣冒昧而行之祕密而議之私相

授受而許之一旦舉其所費而盡委負擔於吾民其誰任之夫我朝之於租稅可謂極薄矣而民顧不以爲德者凡人之情出其財而知其所用雖鉅萬而不辭出其財而不知其所用雖一文而必吝故民政之國其民爲國家擔任經費灑血汗以報國曾無怨詞雖有重費之事苟屬當辦者無不舉焉中國則司農仰屋於廟堂哀鴻號嗷於中澤上下交病而百事不舉此其故可深長思也今之言理財者非事搜括則事節省浸假而官吏之俸扣之又扣兵士之餉減之又減而民之受病也如故民債之借酷於催科昭信之票等於胠篋而國帑之匱乏也如故豈中國之果無財哉豈中國之民之吝財大異於西國哉無亦未嘗以民財治民事之所致也此吾所謂雖理而無所得者也

吾聞之西人之言曰使中國而能自强養二百萬常備兵號令宇內雖合歐洲諸國之力未足以當其鋒也又曰以中國之人之地所產出之財力可以供全歐洲列國每歲國費兩倍有餘嗟乎憑藉如此之國勢而積弱至此患貧至此其醉生夢死者莫或知之莫或憂之其稍有智識者雖曰知之雖曰憂之而不知所以救之補苴罅漏摭拾皮毛日夜孳孳而曾無絲毫之補救徒豔羨西人之富强以爲終不可幾而已而豈知彼所謂英法德美諸邦其進於今日之治者不過百年數十年間事耳而其所以能進者非有他善巧不過以一國之人辦一國之事不以國爲君相之私產而以爲國民之公器如斯而已故不能以一二人獨居其功亦非由一二人獨任其勞而日就月將緝熙光明不數十年而彼之國民遂駸駸然將舉全地球而掩襲之民權之效一至於此嗚呼吾國獨非國歟吾民獨非民歟而何以如是問者曰民權之善美既聞命矣然朝廷壓制不許民伸其權獨奈之何子之言但向政府之强有力者陳之斯可耳喋喋於我輩之前胡爲也答之曰不然政府壓制民權政府之罪也民不

求自伸其權。亦民之罪也。西儒之言曰。侵犯人自由權利者。爲萬惡之最。而自棄其自由權利者。惡亦如之。蓋其損害天賦之人道一也。夫歐洲各國今日之民權。豈生而已然哉。亦豈皆其君相晏然辟咡而授之哉。其始由一二大儒著書立說而倡之。集會結社而講之。浸假而其眞理灌輸於國民之腦中。其利害明揭於國民之目中。人人識其可貴。知其不可以已。則赴湯蹈火以求之。斷頸絕脰以易之。西儒之言曰。文明者購之以血者也。又曰國政者。國民之智識力量的回光也。故未有民不求自伸其權。而能成就民權之政者。我國蚩蚩四億之衆。數千年受治於民賊政體之下。如盲魚生長黑壑。出諸海而猶不能視。婦人纏足十載。解其縛而猶不能行。故步自封。少見多怪。曾不知天地間有所謂民權二字。有語之曰。爾固有爾所自有之權。則且瞿然若驚。蹴然不安。掩耳而卻走。是直吾向者所謂有奴隸性有奴隸行者。又不惟自居奴隸而已。見他人之不奴隸者。反從而非笑之。嗚呼。以如此之民。而與歐西人種並立於生存競爭優勝劣敗之世界。寧有幸耶。寧有幸耶。此吾所以後顧茫茫而不知稅駕於何所也。

問者曰。子不以尊皇爲宗旨乎。今以民權號召天下。將置皇上於何地矣。答之曰。子言何其狂悖之甚。子未嘗一讀西國之書。一審西國之事。並名義而不知之。盍速緘爾口矣。夫民權與民主二者。其訓詁絕異。英國者。民權發達最早。而民政體段最完備者也。歐美諸國皆師而效之。而其今女皇安富尊榮。爲天下第一有福人。其登極五十年也。英人祝賀之盛。六洲五洋。礮聲相聞。旗影相望。日本東方民權之先進國也。國會開設以來。鞏自治之基。厲政黨之風。進步改良。躡迹歐美。而國民於其天皇。戴之如天。奉之如神。憲法中定爲神聖不可犯之條。傳於無窮。然則與民權爲君主之利乎。爲君主之害乎。法王路易務防其民。自尊無限。卒激成革命戰栗時代。去衰冕之位。伏尸市曹。法民莫憐。俄皇亞歷山尼古剌。堅持專制政體。不許開設議院。卒至父子相繼。陷於匕首。或憂忡以至死亡。然則壓制民權。又爲君主之利乎。爲君主之害乎。彼英國當一千八百十六七年之際。民間議論喧豗。舉動踔厲。革命大禍。懸於眉睫。日本當明治七八年乃至十四五年之間。共和政體之論。徧滿於國中。氣燄熏天。殆將爆裂。向使彼兩國者。非深觀大勢。開放民權。持之稍蹙。吾恐法國一千七百八十九年之慘劇。將再演於海東西之兩島國矣。今惟以民權之故。而國基之鞏固。君位之尊榮。視前此加數倍焉。然則保國尊皇之政策。豈有急於興民權者哉。而彼愚而自用之輩。混民權與民主爲一途。因視之爲蜂蠆爲毒蛇。以熒惑君相之聽。以窒天賦人權之利益。而斲喪國家之元氣。使不可復救。吾不能不切齒痛恨於胡廣馮道之流。不知西法而自命維新者也。

聖哉我皇上也。光緒二十四年七月二十七日上諭云。國家振興庶政。兼采西法。誠以爲民主政。中西所同。而西人考究較勤。故可以補我所未及。西國政治之學。千端萬緒。主於爲民開其智慧。裕其身家。其精者乃能美人性質。延人壽命。凡生人應得之利益。務令其推廣無遺。朕夙夜孜孜。改圖百度。豈爲崇尚新奇。乃眷懷赤子。皆上天之所畀。祖宗之所遺。非悉使之康樂和親。朕躬未爲盡職。今將變法之意。布告天下。使百姓咸喻朕心。共知其君之可恃。上下同心。以成新政。以强中國。朕不勝厚望於戲。臣每一讀此諭。未嘗不舞蹈感泣。歔咽而不能自勝也。西國之暴君。忌民之自有其權。而務壓之。我國之聖主。憂民之不自有其權。而務導之。有君如此。其國之休歟。其民之福歟。而乃房州黟黯。吊形影於瀛臺。髀肉蹉跎。寄牧芻於籠鴿。田橫安在。海外庶識尊親。翟義不生。天下甯無男子。歐人曰。支那人無愛國之性質。我四萬萬同胞之民。其重念此言哉。其一雪此言哉。

飲冰室文集之四

商會議

商會者何欲採泰西地方自治之政體以行於海外各埠也西人論國之政體有二端一曰中央集權二曰地方自治中央集權者一國之有政府綜攬國之大事整齊而畫一之是也地方自治者每府每州每縣每鄉每埠各合其力以辦其本府本州本縣本鄉本埠所應辦之事是也西人亦目之爲國內小國集權與自治二者相依相輔相維相繫然後一國之體乃完如車之兩輪鳥之雙翼缺一不可就天下萬國比較之大抵其地方自治之力愈厚者則其國基愈鞏固而國民愈文明何以故蓋國也者積民而成者也積府州縣鄉埠而成者也如人身合五官百骸而成官骸各盡其職效其力則膚革充盈人道乃備有一痹廢若失職者則體必不立惟國亦然欲國之强必自全國之民各合其力以辦其所當辦之事始地方自治者民生自然之理也不獨西國有之卽中國亦固有之今且勿論他省卽以廣東言之每一鄉必有鄉社有事集紳耆而議之一地方之議會也議定則交里長而行之一地方自置之行政官也鄉間有訟獄非大事則不入公堂惟控訴於紳耆而決之一地方之裁判也鄉中應辦之事需財力者則集鄉人而共科課之一地方之租稅也有警則各鄉自辦團練一地方之兵制也其市集之地每一街有一街之坊約焉卽一街之自治也每一行有一行之會館焉卽一行之自治也然則吾中國於地方自治之制實已與西國暗合具體而微行之不知習矣不察故吾所謂設商會以行自治者非創舉也不過

因所固有而更圖擴充云爾雖然所以不可不擴充者其原因有三端焉

一曰世界之文明日進則民生所應辦之事日增不可不擴充其條理也

二曰各地雖能自治而散處遼遠不相聞問不相友助不可不擴充其聯絡之法也

三曰中國之積弱日益甚而外國之逼迫日益急非合羣力不能自保不可不擴充其力量也

此三者無論內地與海外之民皆不可不致意焉今且先就海外之事一一論之所謂擴充其力量者何也今中國之弱外患之亟夫人而知之矣苟及今不能自强則瓜分之事無可倖免夫吾民之所以能立於海外各埠者何以其爲有國之民也國家之職務在保護國民權利往者我國政府於保民之事既失其職故我國民在海外者其所得權利已遠遜於他國之人矣然尙賴有國之虛名以維持之也一旦瓜分則進之旣無所立退之復無所歸斥之逐之圉之僕之刀之俎之魚之肉之將一任人之所爲寃慘誰訴呼號誰問切身之禍已來噬臍之悔何及不見猶太之人乎其富商之多甲於諸國然無國可歸其人在歐洲中原者中原諸國逐之在俄羅斯者俄人逐之流蕩奔波幾不能自存於天壤我海外之民一念及此當如何痛心疾首日夜奮發以求一自保之策乎夫所謂自保之策者何曰合羣而已牛馬駝象雖龐大人能役之以其不能羣也蜂蟻雖眇小人有時畏之以其能羣也一絲易斷也合千萬縷以成巨綆無有能斷之者一矢易折束百十矢于將之鋒爲頓焉今我海外之民以數百萬計苟能聯爲一氣合力以辦其所應辦之事雖一小國不是過也西人以通商爲主義其事之有藉於我中國人者亦不一而足彼見我可侮則侮之耳若見其不可侮寧不稍降心以相從哉至於可侮不可侮之分則全視乎能羣與不能羣苟能聯爲商會有應爭之權利則合全會之力以爭之有受侮之事則合全會之力以

禦之。未有不能爭不能禦者也。誠能如是。則他日朝廷苟能自强。進之可以助國家之外政。不幸而竟被分割。退之亦可保身家之安全。此擴充力量之說也。所謂擴充聯絡之法者何也。地方自治之制吾中國本所固有。前既言之矣。然其所異於西國者西人各鄉各埠之自治其規制皆畫一有定常能與他鄉他埠聯爲一氣。脈絡貫注。散之則爲百體。合之則爲全身中國則不然。規制各不相謀。利害各不相共。故其勢分其情渙。其力薄。以此而謀自保。則其費力甚多而其收效甚少譬之尋常人家。欲警衛己宅。不得不傭一擊柝者。其所傭之費每月最少亦需六七金以上。有百家於此。使其不相聯絡而每家各傭一人。則一月之總費。共需六七百金而每家僅有擊柝者一人耳。使其聯絡則提其總費十分之一。足以傭十人每家各有擊柝者十人矣。而更可移其所餘十分之九以辦他事。此雖最淺之理。而政體之所以成立者。不外是矣。夫擊柝者之警衛一宅。與軍隊兵船之警衛一國大小雖懸殊。而其爲自保則一耳。無擊柝者。一旦宅被盜。將失其財產生命。無軍隊兵船。一旦國被滅。亦將失其財產生命。其利害之切近於吾身等也。以此言之。則每一人當各自置軍隊若干兵船若干。然後僅僅足以自保。試問一人之力能辦此乎。既萬不能辦。則自保之法。豈不萬無完足之時乎。而民之受治於國政下者。每歲不過納租稅數銖。而即有若干之軍隊兵船以爲保我生命財產之用。知聯絡之爲力大也。以海外商務論之。假如有一商店於香港。見侮於港之官吏。使據商律以訴之於英廷。必可得直。於是此商主者。航倫敦聘律師。必往返數月。費金數千矣。若有商會則吾店所納於會者。不過區區數金。而遇此等事。會中必爲吾經理之。其所享之利益。不啻以數銖之租稅。而獲若干之軍隊兵艦也。夫所以自保之法。千端萬緒。其事既繁。則其費亦鉅。而所需任事之人亦多。以一人一店之力。固不足以舉之。即以一埠數埠之力。仍不足以舉之。其勢固非盡聯絡各埠之人。不能盡辦應辦之事。所聯之人愈多。則其所辦之事愈多。而所以自保者愈完備。此擴充聯絡之說也。所謂擴充其條理者何也。凡人之生於世間也。所需之事。不一而足。貧也而富之。愚也而教之。散也而聚之。塞也而通之。利益也而保之。患難也而救之。皆盡人所當有事焉。雖然。此等諸事。非合衆人之力不足以見大效。古者專制之世。惟獨夫民賊有合衆之權力。故此等之事。必待命於國家。今歐洲諸國。民權大伸。故此等之事。民間自合衆而自舉之。西國治化之進。蓋以此也。今我政府於民政失職既久矣。內地且然。況海外各埠鞭長莫及。爲朝廷教養之所不逮。不及今自合衆而自舉之。將待之何時。待之何人哉。故苟能聯合商會。則其條理之可以擴充者。蓋有數端焉。

一曰廣興教學。中國之大患在於乏才。夫人而知之矣。去年皇上變法之際。曾詔海外普興學校。顧政變以來。內地之學堂。悉就廢棄。奚論海外。然今日我國不欲自立則已。苟欲自立。其勢非令國民增長智慧不可。內地教學之事既廢。則此事殆爲海外之專任。而責無旁貸矣。且教學者又非但爲救天下扶大局計所必需而已。卽以商務論之。我華人經商於外者。勤儉明察。爲萬國所推。然商務不能與人爭勝者。學不足也。西人之教商也。先授之以普通諸學。而後進之以商業之專門。故有商業理學。商業史學。商業地學。商業法學。其大者網羅貫通。盈虛消息。以察商界之轉變。其小者纖悉周密。委曲詳盡。以求商情之入微。故西人以商務控制五洲。誠有由也。今且勿論大局。卽爲一身一家之計。亦當以教育子弟爲最急之務。以我華民之聰明才力。而加之學。則海外之商權。未必讓白種之獨步也。或曰。海外各埠。多有外國人所設之學校。苟子弟之有志者。皆可就近從學。何必汲汲於自立。是不然。凡教育之事。必以本國人教本國子弟。然後能發其愛國之心。而生其聯合之力。專指倡立學校之宗旨非指教師也彼西人之設學以教我者。其宗旨不過欲便己之用耳。故其所教之功課。僅求足供彼用而止。不能成特達之才也。故爲今日計。宜海外各埠。各因人之多少。設普通學校若干所。而總會別設高等學校。擇東西適中文明之都會而建之。子弟之秀者。以次而升。期於大成。更廣譯諸書。廣興諸報。諸埠一氣。脈絡貫注。非商會其孰能與於斯。

二曰、革除惡俗。我華民所至各國。動見驅逐。不以平等之人類相待。雖各國私意苛政。深可憤恨。然亦我民有以自取焉。彼其言曰。支那人貪鄙齷齪。風俗敗壞。倘來者日多。則其惡俗將如傳染之病。徧於國中。悉成穢土。彼之厄我。蓋有詞矣。故我民欲自立於各國。必革除陋習。人人自愛。使彼無所藉口而後可。故戒鴉片之會。不可不設。賭博之業。不可不禁。械鬭之風。不可不息。娼妓出洋之路。不可不杜絕。然欲行此等之事。必須每埠有中央集權之所。有任事提倡之人。有檢查杜絕之法。有安插游民之方。然後可以有效。非商會其孰能與於斯。

三曰、恤救患難。冒危險。淩苦辛。別鄉井。適異域。其志固可敬。其情時亦可憐。或疾病死喪。或失業窮餓。天涯慘戚。有甚於尋常數倍者。然此猶屬少數之患難。非多數之患難也。若夫鬻身炎域。傭奴荒陬。入豚笠以長辭。哀鳥鳴其誰訴。山芋幾片。苦莽一盎。恆飢之色淒涼。戴星刈草。帶月犂萊。血肉之軀能幾。猶復鞭箠交加。販賣展轉。寄身世於地獄。永無出期。等生命於草菅。未知死所。嗚呼。人生慘酷之境。豈有過此者乎。其經商之家。雖免此慘。然以愛力不堅。國力不及。往往受他人淩侮。而致歇閉虧累。牽動多人之事。又如各國或有兵事。而我之公使領事。不能自護其民。有若前年去年古巴檀香山之役。則吾人受累。不知凡幾。故爲今之計。當有檢查豬仔之局。設法杜絕新販。收贖舊傭。又當互相聯絡。互相扶掖。以防倒閉。又當自養國兵。遇他國有戰事。則前往彼埠保護吾民。凡此諸端。皆爲恤救患難之要着。雖然。非商會其孰能與於斯。

四曰、利便交通。吾民旅海外者。以數百萬計。每年舟車往返。貨物運載。銀兩匯兌。所費無慮萬萬。若能自通之而自運之。則皆我之利權也。然此之爲利。人人能知之。而莫或行之者何也。蓋此等之事。與西人爭利。西人挾其大力以壓我。我非有相等之大力。則不能以抵拒之。誠能聯各埠爲一氣。合萬衆爲一心。則可以自興輪船公司。自立銀行。我海外數百萬人。人人皆股東。人人皆貨客。交易旣增。便易利益。復不外流。則不待數年。而西人所得之利權。奪回八九矣。夫彼之得以制我者。以我之散而無力耳。潮州幫者。商人之最能團結者也。西人畏之特甚。故潮幫之商務亦最大。一潮幫猶且畏之。況吾聯合各埠。悉如潮幫。而更加團結乎。以此相競。而不能自存。未之聞也。非商會其孰能與於斯。

要而論之。一埠有一埠之會館。商會者。卽合各埠之大會館也。一行有一行之行規。商會者。卽合各行之大行規也。一幫有一幫之公所。商會者。卽合各幫之大公所也。苟能行之。則其利益之可見者。蓋有三大端焉。一曰每埠人人自得之利益也。二曰各埠公同均霑之利益也。三曰協助內地保全宗國之利益也。我數百萬同胞之國民。不可不深察也。

或者曰。商會之舉。善則善矣。然得無侵國家之權。非我輩分內事乎。答之曰。是不然。凡人生於天壤。皆各有所應得之權利。與所應盡之職分。權利者何。人人自保其安全是也。職分者何。人人自謀其安全是也。夫推原國家之所以立。亦不外爲人民保安全謀安全耳。其意蓋謂一人之力不能自保者。則國家爲保之。一人之智不能自謀者。則國家爲謀之。此國家之義務也。國家不爲民保。不爲民謀。是之謂失國家之義務。國民不自保不自謀。而必待命於國家。是之謂失國民之義務。譬諸人然。當其孩提也。起居飲食衣服皆仰賴於父母。及其長也。則當自立。若一切惟父母是仰以終其身。非惟不孝。抑亦不人矣。且使一旦遠離父母。將若之何。更使一旦父母大故。又將若之何。今我海外之民。離宗國數千萬里。朝廷雖或愛之。而政令有所不能及。此所謂遠離膝下之時也。而外患之迫。然眉之禍。有目共見。父母之邦。殆如風燭。一旦大故。寧可爲諱。及今猶瞻徇顧忌。以不侵國權爲辭。此何異天涯游子。待顧復而始行。强仕壯年。仰乳哺而後食哉。且慈親之愛子也。未有不望其自成自立者。子能自成自立。則父母賴以養。民能自謀自保。則國家賴以强。反是。則家必落。國必亡矣。爲人子爲國民者。當何擇焉。

昔英人之得志於印度也。以七萬鎊金之商會。十數年間。規撫全印。指揮若定。籌餉練兵。設官開港。皆商會任之。國家一切不過問。凡數十年。治定功成。乃舉而還諸其國。至今英王帝五印焉。廣州之役。一切兵事。皆十三行商會主持之。卒乃割香港。開五口。使英人之權。擴張於東方。香港所鑄銅像。目眈眈視廣州者。卽商會首領義律其人也。今英旗所翻。徧大地之海岸。威權炎炎。炙手可熱。游於海外者。莫不豔之。豈知其所以致今日者。商會之功十居八九哉。夫揚名於後世。以顯父母。此人子之職也。盡瘁於海外。以張國權。此國民之職也。我數百萬之同胞。何多讓焉。何多讓焉。

論商業會議所之益

商業會議所之設。起於英國。自西曆一千七百七十三年。在俄拉士俄埠始行設立。未及三十年。遂徧全國。其後歐洲諸國繼之。不及百年。徧於全洲。日本自維新以來。倣效西法。擴充商務。首採此制。著爲律令。創自東京。而大阪橫濱等相繼應之。至今全國共有五十餘所。於明治三十二年九月。以勅書頒行商業會議所章程二十三則。勸導國民。使興斯舉。然則會議所一事。東西各國皆重視之如此。此其故何歟。凡人生欲自保其權利。自增其幸福。天性然也。然權利與幸福。非可僥倖而得也。彼夫三家之村。十室之市。資本有限。交通甚微。則雖孤立獨行。未嘗不可以自守。若夫大埠巨鎮。商業稍廣。則必有同行之會館。有街坊之公所。相爲約束。共圖公利。蓋將有所爭競於外。必先有所聯結於內。此亦事理之自然。而不可易也。其爭競之界愈廣。則其團結之力必當愈大。然後可以應之。結力既大。而商之學識增焉。商之方法熟焉。商之交通廣焉。商之成立固焉。百餘年來。歐洲諸邦。競其工商業以壟斷全地球之權利。皆賴此也。我中國工商業之位置。冠絕全球。我商民之善於經營。亦爲西人所推服。雖然、閱歷有餘。學識不足。計畫甚巧。而團結稍輸。因此之故。遂不能與歐洲各國相競於世界之大市場。而日朘月削。他日之變遷。恐更有不可問者矣。語曰。人苦不自知。既知己之所長。又知己之所短。用其長而補其短。天下之道術盡於是矣。今擬採東西各國之法。開設商業會議所。先從日本橫濱神戶辦起。以爲各埠之先聲。謹先將會議所必當設立之理由。撮其大端。以告我同胞焉。

一曰、日本商學商法之書。不可不研究也。日本商法。採自泰西。集諸邦之長。定一成之律。誠保商之甲冑。抑亦經商之圭臬也。自今年西八月新條約實施以後。一切外國人皆受治於日本法律之下。入國問禁。理所當然。苟不諳其法制。連商法民法皆在內動多觸犯。以小故而生虧累。殊屬不值。故歐洲人居此地者。當數年以前。卽各設研究會。預備雜居以後各事。將日本商法民法譯成西文。加以解說。合衆人以講求之。我商民既居是邦。而於此等事。未嘗留意。他日遇事。動生窒礙。既已自失權利。亦復爲人所輕。豈可不慮耶。豈可不慮耶。抑又有進於此者。日本商法。

爲保護奬勵本國之商民而設也。其利益於商民之處滋多。條約實施以後。外國與本國人一律看待。則其商法中之利益。日本人所能享者。外國人亦多能享之。我若不知之。則坐失應享之利益者多多矣。然則商法之必當研究如此其急也。若夫商學商術等書。日本所著譯者不下數百種。學理方法。粲然具備。其所論述。多有我中國人所未曾問津者。若從而討論之。研究之。增廣見聞。敎誨子弟。以爲擴充商務。與歐人競爭自立之地。皆今日之急務也。非商業會議所。孰能與於斯。

二曰、居留商民不可不自相約束也。我中國人所至各地。如美洲、澳洲。動見驅逐。固由國勢之不振。與彼族之驕橫。雖然、我民亦不能辭其咎也。彼之驅逐我也。每曰支那人風氣最壞。或賭博吸鴉片械鬬。乃至拐帶偷竊。時有所聞。非驅逐之。其惡風將連累我國云云。此雖彼族强飾之詞。然使我民果人人自愛。不授彼以口實。則據理以爭。猶復易易。而無如我民不能人人如是也。今者內地雜居一事。亦據此以爲詞。致生阻力。然則我同胞欲自立於海外。不可不掃除積弊。而使人有隙可乘。故相爲約束。設法勸懲。大之顧一國之聲名。小之保一埠之權利。非商業會議所。孰能與於斯。

三曰、和衷共濟。擴充商業。謀公共之利益也。合羣之爲要務。與商業之當擴充。人人能言之矣。夫商業之大勢。不進則退。萬無中立之理。今者日本內地雜居以後。情形與前大殊。西人捷足先登。爭踞要路。日人亦冒險勇進。欲向我華商收回利權。我輩若稍不自持。被他人蹴踏過來。眞有一落千丈之懼。他人合一國之力以與我爭。我輩非合衆力。固不足以敵之。內之則各泯意見。勿爭小利。外之則考查全國商務大勢。因此察彼推往知來。必合衆人之才力聰明。定議事之章程。定辦事之權限。則意見自消。成事自易。乃可以有裨全局。全局進則人人受其益。

全局壞則人人受其害故和衷共商勿授人以罅漏之可乘合力前進使各事借衆擎而易舉非商業會議所孰能與於斯

四曰、與日本通人志士聯絡以保東方大局也日本人知東方之危故與中國提攜之心甚盛朝野上下多持此論而於商務尤拳拳留意焉我輩若與彼等開心見誠來往浹洽一則可以訪問事情增廣識見二則可以益相親密悉泯猜嫌三則可以有事交涉互相應援四則可以水乳交融共興實業其爲利益種種難盡然昔者苦無會集之地故欲交通而不能若設會議所旣聘日本通人爲顧問員以資商榷復可與京外鉅公名士豪商時時合集情意日親於東亞大局所補不少非商業會議所其孰能與於斯

西方天演家之言曰世界以競爭而進化競爭之極優者必勝劣者必敗久而久之其所謂優者遂盡占世界之利權其所謂劣者遂不能自存於天壤此天演之公例也雖然、優之與劣果何自分乎智而强者常趨而進於優愚而弱者常退而卽於劣故自存者必以求智求强爲第一義等是人也何以此智而彼愚此强而彼弱合衆人之識見以爲識見則必智反是則愚合衆人之力量以爲力量則必强反是則弱故合羣者戰勝之左劵也兵戰有之商戰亦然在昔交通未廣競爭之區域尚狹其不能合羣者與能合小羣者爭則小羣必勝矣厥後交通愈繁其僅合小羣者與能合大羣者爭則小羣恆敗矣譬之一族於此甲房與乙房相爭甲房之人心一乙房之人心不一則甲勝而乙敗有固然矣苟一旦而移與他族相爭而兩房之人猶復互相嫉妒各顧私利其勢必至爲他族所翦滅而甲乙同歸於盡故當是時也必和其小羣乃能成大羣必棄其小爭乃能敵大爭惟商亦然昔之商務其交通僅在一國之內故各幫各埠各行自謀其利害而恆可以自立而今也不然東西各國皆合其一國

之力以與我相競。我亦必合一國之力。然後足以抵制之。大局昌。則人人受其利。大局損。則人人受其害。苟不察時變。猶守其前此小羣小爭之故技。務各營其私利。卒之其所謂利者。不過同國之人自相戕賊。此伐彼之毛。彼嚙此之血。所得者至微至細。而一髮牽則全身動。一葉落則天下秋。乘隙而摧陷之。大局旣壞。無一能自立者。於是向者所得至細至微之私利。亦消歸於無何有矣。嗚呼。前車覆。後車戒。履薄霜。知堅冰。吾每取中國十年以來之商務。比較前後而觀之。未嘗不驚心動魄。而不知後此之伊於胡底也。考東西各國。其每埠必有一商業會議所。合同人之聰明才力。以講求抵制外人保護公益之法。本國有可爭之利。則合同人之力以擴充之。外人有相侵之事。則合同人之力以抗拒之。雖一家蒙其小害不顧也。雖一家可營私利不爲也。一經衆議。萬戶一心。不與同胞兄弟競錙銖。而於地球市場決勝負。惟有高掌遠蹠之氣識。故有席捲囊括之效能。此其商之所以强。而其國之所以與也。今我商民處於羣雄之間。勢無中立之理。不進則退。不立則仆。於此而不亟思自聯。亟思自保。他日噬臍。其能及乎。是用會集同人。效彼良法。創設商業會議所。以聯聲氣。以一衆心。以保利權。以抵外力。一埠雖小。實力行之。各埠應之。他日全國總會議所之設立。必當不遠。以中國人之聰明才力。加以團結合爲大羣。又豈惟商務而已。二萬萬里之地。四萬萬之民。皆將賴之。

論內地雜居與商務關係

諸君。小弟日前到神戶。承諸君過愛。款待優隆。小弟感激無已。前者數次演說。諸君不棄。屢屢擇其言。弟心竊自欣幸。臨行時曾祝諸君。每月會集數次。講求商務及愛國之義。諸君亦命弟時時將其所見寫出寄來共商。今弟竊於中日商務關係事件。有所欲演說者。謹書以奉告。伏望垂聽。今日本內地雜居之事。爲期已迫。我中國因國勢積弱。不得與各國均沾權利。此最可憤可痛之事也。諸君。我中國人少講商學少講外交。故於實際之利害每每不能深知其根源。卽如雜居一事。吾人雖知其喫虧。猶以爲不過體面上不好看而已。殊不知其切身之利害。有甚重甚大者。弟望諸君勿等閒看過也。尋常人之言每曰卽使華人得一律雜居。我輩亦未必入彼內地。卽有之。亦不過做小賣買而已。於商務大局無足輕重。故得雜居固是好事。卽不得亦無甚關礙云云。弟以爲此言大誤也。夫今日我國商務之在日本所以能與西國並駕齊驅者。以同在居留地故也。西人商學雖精資本雖厚。然中國之人勤而且儉。一人可兼數人之業。行號內盤費之廉。數倍於彼。而中日兩國鄰近。彼此需用之物甚多。我邦賬務通融。生意易做。但使在日本之商場。彼此同一地利。則他國常不能與我爲敵。此前者數十年來之情形也。若雜居以後則不然。他國人隨意可入內地貿易。而我商僅株守居留地之一隅。昔者全國之出入口商務。皆聚於居留地。日本人之欲與外國交易者。不得不來而就我。故我可坐以待之。且有所挾而制之。及內地雜居以後。情形頓殊。其出口各貨。西人在內地就其所出之處而購之。截其上流。豈復有遠運至居留地以求售於我者乎。入口各貨。西人皆運至內地。就其銷流最旺之處而售之。我之貨物。株守口岸。過問者少。又不能運售他處。必至積壓不銷。要而論之。出口貨則他人買剩者。然後輪到我華人得買。入口貨則他人賣剩者。然後輪到我華人得賣。事事落人之後。拾人唾餘。後此情形。何堪設想。雖云盤費較廉省。賬務易通融。豈足以抵當此虧累耶。何況稅務又重於他國。成本自增於舊時。欲其站得住。不亦難哉。小弟每念及此。未嘗不瞿然以驚。愀然以悲也。

諸君諸君。小弟閱歷甚淺。見識甚隘。於商務事情。更屬毫無所知。不能道其詳細。恐其利害所關。必尚有不止於此者。諸君細細研究。情節更當了然。夫昔者風平浪靜之時。各家各自爲謀。可以得利。今則情形大變。外面爭競之力甚大。相迫相奪。我輩當此之時。必合力將大局之事扶起。大局站得住。則各家皆站得住。大局一縮。則各家隨之而縮矣。今我同國之人在海外者。猶如同胞兄弟一般。如泛舟中流。遇著大風。須合心齊力以保一舟之安全。此淺而易見之理也。條約之事由國家所定。今國既積弱。而我之外交官吏。復不以此等事爲念。彼日本之改正條約。費十數年之力。艱難曲折。而後得與西人立於平等地位。今我國民欲安坐而獲均沾之權利。此必不可期者也。然猶幸日本近年有深結中國之心。而我海外同胞。亦有合羣自强之力。故官吏雖不能爲我代謀。而我同胞兄弟相約而自謀之。聯絡日本有力之人。說之以利害。折之以情理。雖能補救與否。未可斷言。然十分之中必當挽回二三。即不能擴充新益。亦可以保全舊業。即不能收其效於今日。亦可以防其害於將來。弟甚望諸君爲大局計。勿爲一己計。爲長遠計。勿爲目前計。急急謀所以合力補救之法也。

諸君。日本人於內地雜居一事。人人認爲關係最重之舉。全國之人合而講求其利害。辨難其是非。謀所以預備雜居之法。報紙之中。日日言之。著書論此事者。凡百數十種。彼其視之如此其重也。泰西各國居留之人。因爲此事。亦各各開一商業研究會。講論雜居後所當行之事。所當擴之利。西國商人來游東京。交結其士夫商略此事者。無時無之。彼西人之視此事亦如此其重也。而我國人數年以來。熟視無睹。以此爲不甚輕重於己無關之事。此弟所爲深憂也。雜居以後。日本政府收回治外法權。一切外國人皆受治於日本法律之下。彼日本之法律。多採自西人。故西人習知之。而易守之。我民素不講法學。一旦彼施治於我。他日必將有窒礙百出。而喫虧不少者。故我輩在今日。不可不取日本民法商法之書。譯而共閱之。使人人洞悉情形。知所趨避。尤不可不設一會議所。

常集衆人講論其間。講求各國商務盛衰之所以然。而研究其學理。練習其方法。處處按諸中國情勢。以圖擴充抵制之術。此尤今日萬不可緩者也。諸君諸君。天下之理。不進則退。不伸則縮。萬無中立之勢。諸君必日日圖進取。僅乃足以保持今日之權利而已。愼無苟安目前。各懷顧忌。以貽後日之悔也。小弟見識淺陋。惟承諸君過愛。苟有所見。不敢不直言之。望諸君采擇焉。

今者大日本國新條約實施之期。在於旦夕。我支那因國權不振。政府所訂條約。未能援最惠之例。（即條約中所云照最優之國相待）故聞關於內地雜居之事。有排斥支那人之議。我支那在留紳商等。於大日本之行政。雖不應置喙。然其事有關於兩國之利害。及東洋之情勢者。亦不敢默然。故準公理。竭私情。欲有所請求。謹述其理由。以質於大日本之政家之關心東方大局者。伏望垂聽焉。竊思日本政府執排斥支那之議。必非漫然爲無理之排棄。或者於他國之交涉上。與日本之內治上。有他種之窒礙。不得已而始然。其所執之理由。必非無據。今我等且置之緩論。請先述我等所見。關於支那雜居所影響之利害。而加一言。

第一、排斥支那人。卽窒日本東洋商務擴充之機也。

我支那人在日本之商務。輸出輸入統計。當不落他國之後。此誠可爲兩國賀。然亦由地勢緊接。風俗相同。所以有此。此實東方商業發達之樞紐也。他日雜居以後。支那與歐米人所占地位。大相懸殊。支那之受失敗。自不必論。然爲日本計。欲增進國力。必以擴充商業爲第一義。雖然、欲求市場於世界。除支那之外。無更佳者。此一般人之所公認也。然白種人競爭之力。轉戰已及於東方。東方地主。漸有不保其權利之勢。日本人之資本權術。固自未足與白種人相角於戰場。所持以制勝者。地勢之相近。風俗之相習。人種之相同。故着着可占機先。而此最良好之市場。爲日本前途最有望之地。雖然、日本欲得志於大陸。非與我支那人聯合營業。其勢有所不能。如商業上之習慣。如貨幣之複雜。如交通之不便。如傭雇人之可信與否。如工人之用命。皆必待我支那人協同辦理。始能就緒。否則適招損失而已。日本新開蘇杭二埠。於今五年。分毫未能擴充。媾和條約許設製造會社於我內地。而至今無一焉。其故皆坐不能與支那人結組合也。故日本人苟不注意於此。則所謂在大陸市場占優先權者。終屬空言。數年以後。一切權利。將爲歐米所占盡。日本人雖抱遠志懷大略。將何所憑藉以展布之。故我等望日本之有識者定一主義。曰、與支那商人爲切實親密之聯絡是也。然欲實行此主義。則以內地雜居爲之媒介。實最便利之事也。雜居以後。支那人之在日本者。不能不與日本人爲切實之關係。關係既習熟。因移之以共營支那內地之業。則其事自甚順。今日本之識者。非不知彼我聯絡之爲要也。然我支那人常有所徘徊審顧。蓋利害之關係少。而情意未親洽故也。倘一旦排斥雜居。我支那居留商。驟受損失。則現在者漸覺無味。未來者裹足不前。懲前毖後。聞風相戒。恐彼我商人之親交。永無復合之望。我支那人之損失固屬不少。而日本經營大陸之前途。毋乃自塞其源。坐失事機乎。我等願日本之有志者深思百年之長計也。

第二、歡迎支那人。可利用我支那之資本力。以助日本工商業之發達也。

日本人之才力與慧術。皆不讓歐人。而商務未能敵之者。全國之資本力遠出彼下也。我支那擁厚資。善經商。欲起會社營大業者。固不乏人。然本國商法不立。官吏干涉會社之業。易陷危險。故營之者少焉。故支那人每患有資本而無投之之地。若日本許一律雜居。以日本法律之嚴明。能使營業者安心從事。而兩國地勢密邇。

種俗相親。我支那資本之家。自必樂爲趨就工場之設愈多。則日本之勞働者愈受其利。支那富於天產。爲今世界原料品之淵海。支那人自購求之便利必多。利用支那人之資本工業於日本商界與勞働社會。殆非無益也。且支那人營業於日本內地。不能不借日本人之力。與日本人營業於支那內地。不能不借支那人之力。其情勢正相同。譬我輩欲在日本內地設一會社。與一工場。其株式及役務。不能不與日本人共之。是日本人得兼享有支那人自享之利益者蓋不少也。況因是聯絡。漸使彼我商家有異邦同體之親。其於東方商權之發達。豈有量耶。然則支那人雜居。但見其利。未睹其害也。

第三、排斥支那人害彼此之感情也。

我支那人在日本三港者。每歲貿易輸出入總額自八千萬元乃至一萬萬元。其中輸出之部。比較他國。常占高度。祇海產一科。爲海國之特別利益。其發達全賴我支那人之手。工作之物銷費者亦多。其餘日本產物經我支那人之手而運售於南洋米洲者。不知凡幾。或遇歉歲。則運米以濟之。我支那人於日本商界。不爲無微功矣。今一旦因雜居之事。使支那人瞠然立於歐米之後。以致失敗。使支那人不能自立於日本。日本寧有利乎。且即使日本之商界不因此而生冷淡。然野兎始獲。走狗已烹。飛鳥未盡。良弓遂藏。揆之人情。豈能無以怨報德之感乎。在我等因國權衰弱。政府與外交官吏不能力爭。故遭此虧累。豈能致憾於日本。祇自痛恨耳。然以堂堂東洋文明之國。不念舊誼。而使兄弟不得與外人立於同等地位。得毋於大國之器量。稍有所損耶。竊意深情好義之君子。必有以處此也。

第四、排斥支那人。即損黃種之資望。促東洋之危機也。

今日本之以排斥支那人爲主義者。每曰雜居者對等國之權利也。而支那非對等國際國也。與之以此等權利。是損優等國之權也。我等以爲此言也。出於白種人之口。吾無責焉。彼其促狹之惡性。向來不以平等待我黄人也。若出於黄人之口。則竊以爲不可也。夫支那今日誠微弱矣。然與日本固兄弟也。當日本國權未復以前。豈曾無受侮他國之事。今前事之影。猶未脱於腦裏。而忍以此施於他人乎。譬之兄弟二人同於陷井。敵人坐視而笑之。下石而擠之。今其一人幸脱於井上矣。則當設法援手以救井中之人。今不惟不救。又隨敵人而下石焉。夫寧忘前此之同病矣乎。且古語不云乎。兔死狐悲。惡傷其類。支那人者。黄種之最大部分也。支那人不得與他國立於同等地位。即黄種人不得與他種立於同等地位之先聲也。方今北米布哇諸地。日本人之被排斥。尚與我支那同病相憐。假使我支那終不能與歐米諸國立於對等。則日本者爲有利乎。爲有害乎。若慮以我支那之故。而褻歐米諸彊國。則白種人崇拜之念盛。即黄種人獨立之氣衰。我等不爲支那一國悲。直爲亞細亞全局悲也。我支那在海外者千數百萬人。所至多受窘辱。然顧念黄種之光榮。保守亞細亞之體面。跛不忘履。人有同情。今日雖在厄運。他日未必無自立之時。若兄弟之國。因勢而利導之。不費之惠。於日本何損焉。苟不念此。使我支那本有之利權。亦歸挫敗。而支那所失者。未必日本能得之。徒落白種人之手。坐令歐人東方之勢力。日進一日。覆水難收。往者不復。他日欲補救。已無及矣。夫我黄種之互相輕侮。互相抵排。正白種人所禱祝以求也。今歐人之勢力。既披靡於全球。殘留之地。僅區區之亞洲。合力以抵之。猶懼不濟。今更摧壓支那。以爲歐人驅除。吾恐東洋之實力。奔復傾陷。依於優勝劣敗之公理。我同種之人。不知何以自立於天地也。諸君之洞察時機。扶持大局。不知何以待之。

依此諸理由許支那人雜居。其利如此。不許則其害如彼。此我等所以外審公理。內竭私情。而不容已於請求也。雖然。尋常人所持理說。有謂支那雜居。有妨害於日本者。今得述其說而一二解釋之。

一曰、支那下等社會之人。多未經教育。若行雜居。恐害於日本之風俗及衞生也。

二曰、支那人以尙儉爲主。不與在留之國同化。惟務積儲。持歸故國。若許雜居。恐有妨於日本之經濟也。

三曰、支那人工價低廉。若許雜居。恐有妨於日本勞働社會也。

以上所據。雖非無一理。然大抵有此諸弊者。惟勞働工人爲然耳。若商業之人。其實情與此相反。今我支那人在日本者。多屬商人。而勞働者僅一二耳。故持此論者。在米國布哇等地。猶當於情實。若在日本。則未爲知言也。今我國人在日本三埠者。守日本之法律。號稱馴良。近年以來。一切惡風。悉歸消滅。此固日本人所同知也。且卽使間有惡習。然以日本法律之嚴明。警察之整肅。以法治之。何難之有。此第一端不足慮也。我支那人在日本者。雖不同化於日本。然尙儉之風。猶不爲甚。所至市場。增進其地之繁榮者。亦不少矣。此第二端不足慮也。至於日本勞働賃銀。比之支那所昂無幾。與米洲及英領各地情形大殊。支那工人涉異國以與貴邦人競爭。其勢必不敵。如此則勞働人來者必少。此第三端不足慮者也。故自我等觀之。日本人所持以排斥支那人之理由。皆不當於事實。是習於米人英人之僻論。而未細察日本居留之支那人之地位而已。故願貴邦仁人君子。擴大公之心。念同種之義。一視同仁。普爲開通。如此則無損貴邦之商界。無害兩國之感情。無損大國國民之器量。無壞黃種全部之資格。近之可以維持貴邦現時之商勢。遠之可以優占大陸市場之特權。日本帝國幸甚。支那商民幸甚。僕見識淺陋。言詞拙劣。惟代我國商民述其意見。伏望諸君垂聽。

瓜分危言

西人之議瓜分中國也。數十年於茲矣。中國有識者。知瓜分而自憂之也。十年於茲矣。顧此一二有識者。且汗且喘走天下。疾呼長號。以徇於路。而彼蚩蚩鼾睡者。褎然充耳而無所聞。聞矣而一笑置之。不少介意。而彼西人者。亦復深沈審慎。處心積慮。不輕於一發。雖有封割。亦不過境外之屬土。於堂堂大國。曾不足以損其毫末。於是此鼾睡者。益復囂然自安自大。謂西人曷嘗有此心。有此事。不過莠言亂政之徒。爲危詞以聳聽耳。嗚呼痛哉。此一二有識者。唇舌俱敝。血淚俱盡。曾不足以醒其夢於萬一。久之久之。亦漸覺其言爲老生常談。司空見慣。不欲復以置於齒頰間矣。乃曾幾何時。而有膠州之事。有旅順大連灣威海衛廣州灣之事。一年之內。要害盡失。而鐵路礦務內治種種之權利。盡歸他國之手。曾幾何時。而意大利區區之國。且有三門灣之請。奧大利比利時丹麥彈丸黑子。皆思染指。眈眈逐逐。岌岌泯泯。以至於今日。驚魂未定。又有天外飛來英俄協商之警報。而彼蚩蚩鼾睡者。猶恬然不以爲意。以爲若此之事。既數見不鮮矣。日日言瓜分。而十餘年不覩瓜分之實事。今日瓜分之言。猶昔日之言也。吾始終不信有是事。則彼莠言亂政者。無所行其計也。嗚呼痛哉。驪山烽燧。習見之而不信之。其究也。赫赫宗周。鞠爲茂草。殆今日之謂矣。吾雖欲無言。又烏得而無言哉。作瓜分危言。

第一章　論中東戰事以前各國經營東方情形

瓜分之事。西人言之既數十年。而至今未見實行。守舊之徒。因不復信有是事。遂頑睡不醒。以至於今日。其勢殆非刀鋸加頸。鼎鑊炙膚。而不悟也。雖然。吾無怪其然。夫以泰西各國之力。加於中國。如以千鈞之弩潰癰。苟其欲之。則何求而不得。而必蹉跎蹉跎。令中國保此殘喘越數十載。不可謂非世界上之一大疑案也。欲解此疑案。所必當考察者有三事。

一曰、各國之內情如何。
二曰、各國之視中國如何。
三曰、各國交涉之利害如何。
察此三事。則知瓜分之事。所以遲遲至今者。蓋別有所爲。而非中國有可以抵拒瓜分之力。又非列國之無瓜分之志也。今得一一縷述之。

第一節　俄國於東方勢力未充

今日地球之兩雄國。曰英曰俄。英俄之一舉一動。全球安危治亂繫焉。此五尺童子所共知。無待余言也。以故中國命脈。其十分之九。繫於兩雄之手。易曰。我仇有疾。不我能卽吉。俄人之勢力未充。此我中國發奮自存之一線生路也。俄人受前皇大彼得之遺命。君臣上下。皆以席卷宇內囊括四海爲心。雖然。門戶未開。羽翼未成。將西而出波羅的海。則德國之海軍隊厄之。入北海。則與英國海峽之堅强無敵之艦隊相接。雖欲縱橫。有所不能焉。將南而出黑海。則打打尼兒之海峽。出入不能自由。欲自中亞細亞。經阿富汗帕米爾而越印度出大洋。今雖經營之。其成就尚遠在數十年以後也。故俄羅斯者。戰國之秦也。晉國扼崤函之天險。秦人以數世之經略。不能得志於中原。俄之所以垂涎於中國百數十年而必遲之又久以待今日者。蓋有故也。海道既不得志。不得不從事於陸運。乃不惜朘全國之膏血。以經營萬里不毛之西伯利亞鐵路。蓋有所不得已也。故西伯利亞鐵路一成。則中國之亡隨之。此天下之公言也。雖然。鐵路東方之車站。在海參威。海參威雖爲一佳港。然每年冰凍不開者五月。雖船舶可以出入。與鐵路相連屬。然一旦有事。日本握對馬津輕兩海峽。俄人於海上權勢。終不能越雷池一步也。況於鐵路竣工又尚須時日乎。此俄人東方勢力未充之實情也。及得滿洲全境鐵路權後。而局面一大變。旅順大連灣既割後。而局面更一大變。

第二節　英國未能深知中國之內情

英人之外交。以雄略著名於地球久矣。其於中國。所重者在商務。故常欲我自存自保。非甚不得已。不欲共攫而裂之也。雖然彼英人固非有所愛於中國也。中國之商權既已全歸其手。與其瓜分後而爭之於强國之市場。何如不瓜分而以孱國爲外府乎。此英之宿志也。故其待中國也。初則以威迫之。繼則以恩市之。彼夢夢者以爲英實德我。（指中日以前言之）而不知皆爲彼之私利也。故保全有利於彼則保全之。瓜分有利於彼則瓜分之。其政策因時而轉移。不待言也。故欲知英人久不瓜分之故。當合英人前後之政策而通觀之。

英人數十年來所行東方政策。一遵前相巴麻士當之成法。巴氏於六十五年前以外務大臣開五口。割香港。攻廣州。皆其所主畫。及咸豐十年之役。巴氏方爲首相。一面與法國興同盟軍燒圓明園。一面派全權大臣授以市恩之密計。故當時爲城下盟。非惟不墟其國。且索償之款爲數極微。而又助以兵力爲之平內亂。其後又爲借赫德以代理稅務。爲借琅威理以練海軍。蓋其手段之敏捷。轉圜之奇妙。有非尋常人所能測者。（當時有人在議院倡論攻擊其待中國之策前後矛盾巴氏冷笑曰右手攫之左手撫之天下事孰有妙於此者哉闔院皆大笑）蓋欲恩威並濟。買中國之歡心。使吾信之而不疑。愛之而不厭。因得以獨力全握東方之商利。故數十年來英人在中國商務。合歐洲列國僅能當其三分之二。皆賴此也。而其所以布此政策者。冀中國之可以成立。可以自存也。冀中國軍事之稍振。可協力以抵俄人之南下也。其故皆坐未深知中國腐敗之內情。以爲此龐大之睡獅。終有蹶起之一日也。而不知其一挫再挫。以至於今日。維新之望幾

絕。魚爛之形久成。朽木糞牆。終難扶掖。故自中日戰後。而局面一大變。自去年政變後。而局面更一大變

第三節　各國互相猜忌憚於開戰

邇來軍備日精。而戰事愈愼。保持平和爲泰西公共主義。以是之故。外交上之關涉。亦加愼焉。昔非洲磽瘠之地。歐人剖而食之。然因界務之故。幾生爭端。況中國二萬里膏腴之地。將爲全地球之一大市場。得之則强。失之則弱。使俄人由中亞細亞南下東侵。則英人已得之利益將復失。法人於南方日闢疆土。則英之印度將危。英人屬地擴充。則俄法咸所憂患。德人日日謀伸商權於中國。英之所大忌。英人日益跋扈壟斷。亦德所深憂。譬如羣虎同搏一羊。未及朵頤。而必有先受其斃者。且爭端一起。內亂乘之。全局沸騰。商務必大受其虧害。所得未可知。而所失已不貲。此西人所熟計也。故相持不下。持均勢之策。相與暗中抵拒。彼荷蘭比利時丁抹瑞士土耳其等弱小之國。得以自存於歐洲者。皆是賴也。故中國得偃然鼾臥於其間。歷有年所。以至於今日也。及至英俄協商之議定。而局面又一大變。

第二章　中東戰後至今日列國經營東方情形

中東戰事以後。中國之內情。一旦敗露。西人昔雖呼中國爲病夫。而不知其病入膏肓至於此極也。自遼臺既割。二萬萬償款既納。而歐洲輿論大變。各側目重足。以經略東方之事。遂有河出孟津。一瀉千里之勢。故四年以來。事故之多。視前此四十年間過之數倍。馴致列强之勢力全集於東方。歐洲之戰場。忽移於亞境。敘其事實。乃至更僕而不能終。語其來由。幾於揮淚而不忍道。雖然。此等之事。東西各國報章。日日以爲談叢。而我四萬萬同胞

之國民。尚多有茫然不之知者。故今略述其梗概。與我愛國之同胞。泣血讀之。

第一節　中俄密約

速瓜分之禍者。中俄密約爲之也。初中日和議定。割臺灣及遼南以講。既而俄法德三國。有迫還遼南之事。彼三國非有愛於我也。其瓜分中國之志久定。欲挫遏黄種之權。誓不使日本人於亞洲大陸得尺寸之地。故使我以三千萬復取之於日本。而俄人以此市恩。遂有光緒二十二年中俄密約之事。李鴻章於賀俄加冕時。受西太后之命。載此約密訂於俄都聖彼得堡。凡十一條。今撮其大意於下。

一、俄國西伯利亞鐵路。得由海參威達琿春。由琿春達吉林。又由西伯利亞都府。經黑龍江愛琿齊齊哈爾伯都訥。而達吉林。

二、吉林黑龍江所築鐵路。皆歸俄人之手。其路一依俄式。中國政府毫不得干涉。

三、俄人代築山海關鐵路。經奉天以接吉林。

四、中國將欲開鐵道。由山海關至牛莊、蓋平、金州、旅順口、大連灣、各處。當一依俄式。

五、鐵路附近一帶。置俄兵以資守衛。

六、運送貨物等。一切免關稅。

七、黑龍江、吉林、諸省。及長白山等一切礦產。皆歸俄人開採。

八、直隸東三省。一切洋操兵隊。皆歸俄人訓練。

九、將膠州灣借租與俄國。以十五年爲期。

十、旅順口、大連灣、及附近各地。不得讓與別國。遇有軍事。許俄國海陸軍駐集兩港。（第十一條於大局所關稍輕略不載）

嗚呼自此約一成。而東三省全境所謂發祥之地陵寢之區者已非復我有矣夫自愛琿至吉林自吉林至海參威。其鐵路權既全歸俄手。而山海關吉林之路。名爲代築實亦自取山海關、牛莊、旅順、之路。皆依俄式。此亦如晉人使齊之封內盡東其畝。惟彼戎車是利而已。而開礦之權。練兵之權。一舉而畀之脈絡肌肉手足盡屬他人謂爲不亡。不可得也。（鐵路礦務練兵爲亡國之實下篇詳言之）然此猶爲俄人一國所得之利益言之也而因此密約。遂牽動全局使歐洲列國突然各飛其遠蹠。伸其長臂以至有今日之局則主持密約之人眞罪通於天萬死不足以蔽其辜也。

第二節　德人據膠州及山東鐵路礦務權

德之今皇。以壯年卽大位其梟雄之才爲一世所驚。以故相俾士麥公手定大業。爲國元勳。而皇屈伸操縱之。如小兒焉。歐人以比之俄前皇大彼得殆非虛也。而彼德國者在歐洲以第一强國自命。而東方無尺寸之屬土毫釐之權利他日二十世紀地球戰爭之場移於亞洲則德之勢將瞠乎出人後矣此德人所日夜不忘者也夫以德國之勢既若此德皇之爲人亦若彼雖無藉口猶且將突飛搏擊焉乃有三國干涉還遼之事俄人既受密約非常之利益法人亦得西南甌脫之廣土而德乃向隅其必不肯干休有斷然矣故德人之占膠州者因中俄密約第九條有俄人借租膠州之議德人不得不先發而制之也而此案之結局猶不止此自膠州至濟南府之鐵路權鐵路附近之礦務權皆歸之焉猶不止此寖假而容閎承辦津鎮鐵路以道經山東德人從而阻撓之是山東全省爲德屬也容閎之路改道河南德人猶復阻撓之（後以英國之干預其阻撓遂止）是又將以河南全省爲德屬也然猶不止此李秉衡爲山東巡撫德人欲黜則黜之□□□爲兗沂濟道德人欲易則易之今者又練兵於膠州矣無端又以兵入沂州矣。毓賢簡任新撫。拒不納矣。又請置顧問官以監視山東巡撫矣。於此而猶謂山東爲吾所有。雖有蘇張之舌。不能辯也。而况乎此跋扈之國。梟雄之皇。其突飛之進取。正未有艾也。

第三節　俄人據大連旅順及擴充東北鐵路法人據廣州灣及南部鐵路英人據威海衛九龍及種種利益

嗚呼。吾東北各軍港要地。展轉出沒於他人之手。豈不傷哉。旅順大連灣既爲日本所得。俄人强紾其臂而奪之。膠州既爲俄人所得。德人出其不意而奪之。威海衛亦幾爲日本所得。英人乘諸國之後。晏然無事而奪之。倏忽變幻。不可思議。其究竟也。無論屬於誰氏。而必非主人所得容喙而已。今將膠州既割以後各國得權利於中國之事。一一論列之。

一、俄人索旅順口、大連灣、兩處。及鄰近相連之海面。爲俄租地。以二十五年爲期。

二、俄人西伯利亞。接吉林鐵路。即行開辦。一切情形。照依中國滿洲鐵路章程。又添造支路。從營口鴨綠江中間接至濱海方便之處。

三、俄人派人訓練武毅軍。

四、英國定約揚子江一帶地方。不准讓與他人。

五、中國內地江湖河川。准許英國小輪船行駛。

六、英人緬甸之鐵路。得延長擴充達於雲南府。

七、英國於湖南開通商口岸。

八、英國因借國債及擔保國債。故沿江諸省及浙江省收釐金之權。歸於英人所派之稅務司赫德之手。
九、英人索威海衞與俄國相抵制。
十、與日本定約。福建全省不許讓與他國。
十一、與法國定約。兩廣雲南不許讓與他國。
十二、法國索廣州灣定租借之約。以九十九年爲期。
十三、法國自九龍至雲南得有開設鐵路權。
十四、英國索九龍與法國相抵制。定租借之約。以九十九年爲期。
十五、與英國定約。若中國再興海陸軍。請英國人爲之訓練。

以上各端。舉其犖犖大者。其餘我邦損失權利之事。不可殫述。而就中所得以英國爲最多焉。各國藉口要挾種種原因不一。其詞今不具列。而要之其各營私利。無一國有扶掖中國之心者。可斷言也。而英國者日日以扶助中國爲言。是猶襲前相巴厤士當之慣技。欲市恩而使我不疑也。而彼著著爭先。多收十斛。使吾中國長江一帶之地。全然入其域內。他日瓜分議決。遂晏然而得三分有二之利益。而莫之能奪。此實外交家之第一手段也。

第四節　意大利索三門灣及英俄協商

膠州旅順廣灣威海既失後。東洋之局殆將爆裂。於是我皇上毅然發憤。改革庶政。與天下更始。各國側視。暫戢隱謀。自四月至八月。警報無一聞焉。聖主既廢。維新絕望。於是各國議論又一變。知中國之終不可保。其慘亂終不可免。乃決意定行瓜分之事。而防各國之自相衝突。於是平和瓜分之會議起。英國某報載有擬立瓜分中國平和會其條款略云。

一、此會名平和瓜分支那公會。每國派會員兩三名。假以全權會議定奪會事。

二、此會有全權主斷支那之事。凡一切會議無容請示本國政府。

三、各國占領之地歸各國管轄。應照現時該國商務所銷之多寡及該國權所關係者。按圖畫分界限。

四、會員互相爭論則另派別會人員秉公定奪。此別會人員以抽籤公舉而得之。

五、某國會員或有抗違衆論不遵會中定奪則此國不准入公會之內且合各國會員責罰其背約抗衆之罪。

六、會中所得新地各國畫界占領。彼國會員不得故意議立條約以壓制此國之商務至礙該國利權。所有支那土地既爲萬國管轄。任由萬國通商倘或他日有一國阻礙通商各國會同責罰之將其應占之地充之公衆俾各國均沾其利益。

七、或有別國欲隨後入會者該國雖無商務權力在支那之地。然肯幫助同心。瓜分支那。亦可畀以土地使其占領。

八、各國派往支那駐紮之兵不准多派。只准僅足守禦該國土地而止。

九、會中章程。永遠不准支那人製造兵器。

以上所記載雖出於報章一人之私言然亦可以觀歐洲輿論之一斑矣。英國某大臣嘗昌言於議院曰。我歐洲諸國對於東方之事常互相猜忌。如此則徒躭誤時日坐失時機。鷸蚌相持漁人獲其利耳爲今日之計。必歐洲人各泯猜嫌。各商善法。然後亞洲乃可以落吾手也。故平和協商之議。其所由來者亦久矣。乃者意大利有强索三門灣之舉。當其事之驟發。無識者羣焉訝之。而不知英人實暗主持於其後也。奥大利之微弱。亦遣一戰艦游弋東洋。比利時、荷蘭、丁抹、諸國。紛紛將有所請。皆列强將從事瓜分。借此小國爲甌脫之地。以保持均勢之安甯。其視中國之土地。猶歐洲也。若此者皆英俄協商之先聲也。至西四月二十九日。而英俄協商之約。遂畫押定議。全球觀聽。爲之聳動。各國報紙議論沸騰。雖其事之詳細底蘊。未知如何。而要之數十年來。互相牽掣。互相衝突者。一旦改觀。而我中國所藉以苟延殘喘者。殆將絕望。此萬國之公言也。

或問曰。英俄之相嫉視也。積數十世矣。其於利害之關係。亦分毫不相容矣。今之協商。烏在其能久也。曰。斯固然也。其交雖必不終。然但求足以瓜分中國而已。豈在久耶。數年以後。英俄雖有衝突。恐全世界中。已無復吾中國之一國。其交之終不終。於我何與哉。昔三國協商而波蘭滅。裂六國協商。而土耳其失政府。五國協商。而埃及爲墟。事過之後。其諸國之交。未始不散也。所最難堪者。當其衝而攖其禍者耳。諸國何有焉。

第五節　比較各國前後情形以斷瓜分之案

各國於瓜分之舉。所以遲遲不發之故。其大原因有三端。既於第一章詳論之。而此三原因者。至近年以來。一切消釋。如本章所載之近事。斯其證矣。今試更細論之。

第一、俄國勢力所以未充者。一由於西伯利亞之鐵路。工程浩大。久而難成。二由於東方未得不冰口岸。苟得此二者。則俄之力已將奮飛矣。自密約既訂。其鐵路經過滿洲。以連東方。縮短幾道。且工程平易。避盡險難。其竣工之速。遠過往昔。而旅順大連灣天險之軍港。歸於彼手。名雖以二十五年租借。實則二十五年以後之事。誰能料之。是俄人一旦以折衝樽俎之力。而得償其數十年來難償之夙望。俄人至此羽翼已成矣。今者一意經營旅順貯煤十數萬噸。借保護鐵路爲名。調其可薩克馬兵雲集於東方。計旅順口二萬、大連灣三千、金州二千、瓦旁店二千、牛莊二百、海城二百、遼陽二百、吉林二百、吉林以之哈爾賓二百。俄人在東方之勢力全世界既莫與之京。然此猶其顯然者。若其暗力則猶不止此。若華俄銀行之全握財政權。北方陸軍悉由俄人訓練。盧漢鐵路之債主名雖比國。實則俄國。皆其勢力之龐大而可驚者。嗟夫。俄固虎狠也。昔困於柙。猶有磨牙吮血之思。今傅以翼。將行入邑擇肉之實。此瓜分之事。所以昔緩而今急者。其原因一也。

第二、英國昔以市恩爲主義。今以進取爲主義。其轉機全在中日之戰。當戰爭之初起也。英之報館皆袒中而抑日。及其既也。乃袒日而抑中。蓋茲之意。欲在東方結一與國。以增進商務。然必其國能立。然後可爲與國。否則如與病夫泅海。未有不與之俱溺者。此不待識者而能知之也。英人既斷定中國不足圖存。故輿論驟變。此後如德國之占膠州。泰晤士報乃大贊之。謂英國當效其政策。意大利之要索。英人亦左右焉。可見其外交方略之大異疇昔矣。此瓜分之事。所以昔緩而今急。其原因二也。

第三、借列國衝突猜忌。憚於開戰。而希以自存。彼土耳其所以以瀕殆之病夫。而至今猶延殘喘者。皆賴此也。顧中國內情。與土耳其絕不相侔。而其與歐洲列邦關係之端。亦復大異。土耳其之兵力。猶足以抵俄羅斯。故英人樂得而爲甌脫焉。而土之與英。其利害有固結不解之處。逼近歐洲。尺土寸地。皆牽動歐洲全局。故各國不得不以兵力爭之。若今日中國。則內之滿洲政府。既無可以自保之理。外之於歐洲各國。雖有關係。而壞非交錯。必可無以兵戎相見。而安然定於指揮之下。觀膠威旅大之役。各國未嘗因此而自滋爭議。然則以後之事。亦若是。則已耳。此德國所以敢於行獅犬之政策。美國所以駸駸然踰古巴布哇菲律賓以窺東洋。意與比丹所以磨牙思分其餘。而英俄協商所以終有成議也。此瓜分之事。所以昔緩而今急。其原因三也。

合此三端。觀其前後轉變之由。則知前此瓜分之事未見實行。非歐人無瓜分之心。亦非中國人有抗拒瓜分之力。而此後之局。決非數十年以前之可以優游幸度者。我四萬萬同胞之國民。不知何以待之也。

第三章　論無形之瓜分

有有形之瓜分。俄普奧之於波蘭是也。有無形之瓜分。英法之於埃及是也。吾所言中國瓜分之禍在將來者。指有形之瓜分言之耳。若夫無形之瓜分。則歐人實行之於中國。蓋已久矣。凡國之所以成立者。國權爲上。而國土次之。有土而無權。國非其國也。野蠻國之滅人國也。奪其土。然後奪其權焉。文明國之滅人國也。奪其權。不必奪其土焉。奪其實。不必奪其名焉。故野蠻國之滅人國也。如虎皮肉筋骨。呑噬無餘。人咸畏之。文明國之滅人國也如狐媚之蠱之。吸其精血。以瘵以死。人猶昵之。今歐洲各國之政策。皆狐行也。非虎行也。故中國之精血。瓜分已盡。而我國朝野上下。猶且囂囂然曰。西人無瓜分之事。無瓜分之志。嗚呼。是果狐術之足用也。今將各國無形之瓜分條列於下。以備警覽焉。

第一節　鐵路權　附內河小輪權

一、東三省鐵路　　俄國

二、蘆漢鐵路　　俄國

三、山海關牛莊鐵路　　英國

四、津鎮鐵路　英國　德國
五、山東鐵路　德國
六、山西鐵路　俄國
七、粵漢鐵路　美國（又未定）
八、滇緬鐵路　英國
九、龍州雲南鐵路　法國
十、北海南甯鐵路　法國
附內河行駛小輪船　英國

由是觀之，中國境內新設之大鐵路凡十條，已無一爲中國所自有。東三省不必論矣。蘆漢之路，久議不成，俄人乃假比利時爲名，用以借款，以免他國之忌，而其實則自華俄銀行主之。其所定合同，路權全歸俄手。於是俄人得以此路與其西伯利亞路之最終點相聯絡，而俄人之勢力，遂由聖彼得堡一呵而達中國之中心。（即漢口）又加以山西一路，測量布設及金銀出納，皆歸俄國總辦之手。大江以北，皆非復吾有矣。英人聞之，大驚失色，乃爭山海關牛莊之路，欲以橫衝而中斷之，所以抵制俄人於北方也。山東一省，全屬德之範圍。其獨占鐵路權，固不待問。而容閎繞道出河南，猶思沮之。以英人抗議，乃免。而其權亦卒歸英德二國焉。英人開通滇緬鐵路，不辭勞費，不憚險難以圖之。其宗旨蓋有二：一由雲南經楚雄甯遠以通四川，控中部之上流；一由雲南出臨安達廣東，通香港，於南部阻法人之開拓。法人南甯北海之路，將延長而經桂林永州長沙以達於漢口，接蘆漢鐵路，坐享其利。握南部之全權。其龍州雲南路。亦所以固其雲南兩廣勢力之範圍。此各國爭取鐵路權之情形也。此外惟粵漢鐵路尙未定所屬其餘已造成之京津津沽津榆等鐵路皆抵當於匯豐銀行蘇杭淞滬等小鐵路亦歸於匯豐銀行及怡和洋行之手九龍鐵路近亦歸怡和洋行承辦要之歐人於中國認定一語爲宗旨。曰鐵路之所及。卽權限之所及。故爭之不遺餘力焉。就中國而言則鐵路所及之地。卽爲主權已失之地。故質言之則鐵路卽割地之快刀也。英俄協商亦以鐵路權爲題目蓋名爲占認鐵路實則瓜分土地也今我輩試披圖一觀各國鐵路所不及之省分。尙餘幾何。安得不瞿然以驚也。

第二節　財權

一、全國海關稅權		英國
二、沿江諸省及浙江（凡六省）	釐金局	英國
三、華俄銀行		俄國
四、德華銀行		德國
五、黑龍江吉林及長白山等處礦務權		俄國
六、山東全省礦務權		德國

全國海關稅權。向握於英人赫德之手。夫人而知之矣。而我當局者。顧甚德之。若以爲赫德實忠於中國者。夫赫德之果忠於中國與否。吾姑勿論焉。但其握海關權。必爲英國之大利。則可斷言也。故去年俄德法三國。曾有暗傾赫德之舉。而英公使遽與總署訂約。雖赫德死後。總稅務司之職。仍歸英人之手云云。蓋英人所以壟斷中國之財政者。其用心早伏於數十年以前。其因借債以攬六省之釐金歸於稅務司。猶前志也。他日中國若有免釐

金而加海關稅之事則全國歲入之數經英人手者殆過其半夫歲入之數過半經他國手而猶謂其爲自主之國吾不信也

華俄銀行之設其情形與尋常銀行大有所異其條約第十四款曰此銀行得管理中國收納租課之事營關涉國庫之業並經中國政府之許可得鑄造貨幣償還中國民債利息云云推其用意直欲取戶部三庫之權而代之考此銀行倡辦之人爲侯爵烏瑞士奇乃俄皇之親屬也其資本主則俄國政府也歐人有言今之華俄道勝銀行昔之東洋印度公司（亡印度者全屬此公司之力此公司掌握印度兵權財權殆百年）殆非過言也而我中國人固泛泛然視之若無睹也德華銀行亦欲效尤雖落俄後然其用心固自不在小也中國礦務久爲歐人所垂涎專攬礦權則始自俄人之於東三省而德人於山東繼之近今紛紛經營謀攫各省之礦者所在皆是不及三年則各省礦利一如鐵路之分贍列國可斷言矣

第三節　練兵權

一、江南洋操	德國
二、湖北洋操	德國
三、東三省洋操	俄國
四、直隸洋操	俄國
五、各省海陸軍	英國
六、福建船政局	法國

七、膠州練士軍　德國
八、威海練士軍　英國

當德人之未得膠州也，於東方權力，遠出英俄法之後，而無所爲計，乃注意欲代中國練兵，而握其兵權。兩湖總督張之洞所聘之德弁二人，因爭權限，饒舌於總署，卒求伸其權而後已，其意蓋別有所在也。後中俄密約第八款，有諭俄人訓練華兵之事，嗣訂細約有云，倘日後中國欲將各省練軍，全行改仿西法，准向俄國借請熟悉武營之員，來中國整頓一切，其章程則與兩江所請德國武員章程辦理無異云云。蓋俄德同一心事也。其後俄國派其副將某往聶士成之武毅軍爲顧問，而訂明欲更易此員，必須得俄國皇帝之命，是其目中非獨無聶統領，抑且無中國皇上矣。寖假而全軍之權，握於其手，中國多練一軍，則歐人多得一軍之用，可斷言也。英伯爵白𠼮斯福去年游歷中國，亦諄諄以代中國練兵爲言，而威海衞租借約內，亦聲明他日中國若再興海軍，改革陸軍，皆許借英國武弁代爲訓練，而日本近亦斷斷焉爭此事焉。人果何愛於我，而相爭爲之効力乎，其故可思矣。英人之滅印度也，訓練土兵，以伐土人，借其財力，借其人力，於本土晏然而得百八十萬英方里之地，拿破侖征服四方，亦皆用此策，今歐洲諸國，殆將以施於我支那矣。英人之於威海衞，德人之於膠州，各招土人練兵二千，是實他日以支那人伐支那人之嚆矢者，我同胞恬然不以爲意，盍亦視印度及諸亡朝之覆轍乎。

第四節　用人權

英法於川督劉秉璋一案，實爲干預用人權之濫觴，而德國於東撫李秉衡繼之，寖假而兗沂濟道姚協贊，拒不納矣，寖假而新撫毓賢，拒不納矣，馴至今日，遂有山東巡撫設德人爲顧問官之議，此議也今日雖爲創舉，而他日必徧行於十八省無疑也。何也。彼之所爭者實也。非名也。故既得其實。則仍以虛名還之於舊邦。蓋易其名則民易駭。仍其名則事甚順也。彼法人之於暹羅。英法之於埃及。皆是類矣。彼歐人深知吾民之易欺也。又知吾民拘牽於名義。屈服於君權也。使一旦易新主以撫馭之。亂將蠭起。故莫如使役滿洲政府之力。以壓制吾民。民受其壓制而不敢怨。雖有欲發憤者。而舉國頑舊之公論。不以爲義士。且以爲亂民。因以草薙而禽獮之。滿政府受其怨。而歐人避其名。滿政府殫其勞。而歐人享其利。此實最妙之政策也。今日德人於山東之舉。特其發端而已。他日將上自各部衙門。以至督撫司道州縣。無不有歐洲之顧問官。而吾之所謂官吏者。則盡諾坐嘯。職如鈔胥。而官之名猶不廢焉。不知吾民於彼時當何以待之。

第五節　借地及訂某地不許讓與他國之約

一、膠州灣	德國
二、旅順口大連灣	俄國
三、廣州灣	法國
四、威海衛	英國
五、九龍	英國
六、長江一帶不許讓與他國	英國
七、兩廣雲南不許讓與他國	法國
八、福建全省不許讓與他國	日本

割地而曰借也。曰租也。可謂亡國之新法也已矣。我之地也。而勞人之代我謀之。曰不許讓與他國。此等之約言。恐天下古今所未嘗聞也。由前之約。其意若曰我代爾暫守此地云爾。由後之約。其意若曰爾代我暫守此地云爾。譬之大盜入室。堵其門焉。坐其堂皇焉。而曰我代爾暫守此室。可畏孰甚。譬之大盜入室。指其庭焉。點驗其財產焉。而曰爾代我暫守此室。可畏更孰甚。故以今日之勢力論之。東三省、蒙古、新疆、直隸、山西。爲俄國囊中之物。河南、四川、浙江、江蘇、安徽、湖南、湖北。爲英國囊中之物。山東爲德國囊中之物。雲南、兩廣。爲法國囊中之物。福建、爲日本囊中之物。其餘隙地則意奧比葡等得之。以爲甌脫焉。而黄河爲俄與英德疆域之界。長江爲英與俄德疆域之界。西江爲英與法疆域之界。直隸灣爲俄與英海權之界。膠州灣爲英與德海權之界。瓊州爲英與法海權之界。其事皆可預料矣。而我四萬萬人者。早已爲釜底之魚。爲俎上之肉。他人得戮之辱之。踐之蹴之。奴之僕之。曾不以爲意。不知我同胞之國民又將何以待之也。

第六節　論無形之瓜分更慘於有形之瓜分

一國猶一身也。一身之中。有腹心焉。有骨節焉。有肌肉焉。有脈絡焉。有手足焉。有咽喉焉。有皮毛焉。鐵路者國之脈絡也。礦務者國之骨節也。財政者國之肌肉也。兵者國之手足也。港灣要地者國之咽喉也。而土地者國之皮毛也。今者脈絡已被瓜分矣。骨節已被瓜分矣。肌肉已被瓜分矣。手足已被瓜分矣。咽喉已被瓜分矣。而僅餘外觀之皮毛。以裹此七尺之軀。安得謂之爲完人也哉。而彼蚩蚩鼾睡者。猶曰西人無瓜分之志。無瓜分之事。何其夢歟。故無形之瓜分者。不過留此外觀之皮毛以欺我耳。有形之瓜分。人人得而知之。得而救之。無形之瓜分則莫或知之。莫或救之。此彼族用心最險最巧之處。而吾所以謂無形更慘於有形也。夫彼之必留此外觀之皮毛以欺我者何也。骨節肌肉脈絡手足咽喉。皆可得而瓜分者也。惟腹心則不可得而瓜分者也。腹心者何。我四萬萬同胞愛國之心團結之力是也。有之則生。無之則死。生死之間。繫茲一髮。嗚呼我同胞其念之哉。

附亞東時報論中國二大患。

支那道咸以降。迄於近世。受黜强隣。蹣跚躄蹶。約章失自主之權。百姓託他人之宇。詩曰。覯閔既多。受侮不少。夫人而知之。夫人而恥之矣。然昔之橫被屈辱之頃。不過覆軍議和。開埠償款而已。猶未危其社稷。踣其國家也。譬之兩人格鬬。夷其四肢。雖創鉅痛深。尚可乞靈於刀圭。彼扁鵲華陀之選。苟由是而藉手焉。奚有今日之瞑眩。彌留不可救藥哉。然自爾以來。當軸諸公。亦直狃以爲常。曰彼西人之厄我者。不過覆軍議和。開埠償款而已。其他則無意外之虞也。毋寧優游卒歲。以終余世焉。詎知甲午一役。水師旣熸於前。陸軍復潰於後。由抉目而刲腸。遂批根而掘實。於是列强競盈其谿壑。要挾時駭乎聽聞。以意大利之弱小而遠。亦且儳然效尤。索租要隘。說者謂瓜分之禍已成。雖有聖智。不能爲之謀矣。豈虛語哉。而或者以爲表裏山河。固無恙也。何瓜分之足信。則抑思今日外人之爭言借地。爭建鐵軌於中原者。果何爲哉。嗟乎。有茲二患。富强之國。且不能自保。況乃傫然頹弱如支那。其何以堪之。其何以堪之。

今試按地圖。中國要區。皆已爲西人鐵路權所及。夫築造鐵路。以通聲氣。便轉運。行旅。固爲刻不容緩之事。然至全用外本經營。全仰鼻息於他人。則余懼未收鐵路之利。而已不勝其弊也。何謂弊。各公司之修與鐵路也。非有愛於中國也。不過涎利於中國。而以修路爲闢地之謀也。夫以修路爲闢地之謀。爲中國乎。爲其國乎。向使其國利害與中國利害相等。猶之可也。今明以其國爲利之淵藪。而害於中國。中國奈何而甘心爲之囮也。

或曰。中國則派員爲督辦矣。雖借資於洋款。假手於洋人。庸何傷。不知中官雖有督辦之名。而無督辦之實與行事之權也。無其實。無其權。則將焉用彼相矣。況乃列國包藏禍心。日甚一日。始則逐臭而赴羶。終且贈璧而假道。晉驅民而啓南陽。秦容車而通三川。所謂狡焉思啓。何國蔑有者也。且夫中國以積弱之邦。介羣雄之間。迄於今不亡者。猶幸其邊境有重洋絕漠限之耳。今境上鐵路一成。舉腹地奧區。直與俄法英德比鄰而居。一旦和約破。兵釁開。則可薩克之鐵騎。可食頃而蹂躪畿輔。越南之法軍。可瞬息而席捲兩廣。印度之英兵。可彈指而電掃雲貴，膠州之德師。可轉轂而鯨吞河南。雖有天險。烏可恃也。聞某國工師曩擬穿脫窩海峽水底。於英法二國間通鐵路。投稟英國政府。政府不允。蓋法之所長爲陸軍。而英之所恃在海峽。若兩國通路。則英之國都難保不爲法人所掩襲。雖或以此言爲杞人之憂天墜。亦可見西人之視鐵路爲畏途矣。今中國海軍之强。能如英乎。四境兵備整頓。能如英乎。顧反以鐵路之柄授之强國。便其覬覦。此何異藉寇兵。借盜鑰哉。抑吾於此尤有目前之危懼焉。中國內地民智未開。皆不喜興修鐵路。一旦外人動工。撤其廬舍。平其田墓。到處與士人滋生事端。則不得不厚集兵力以衞工程。此引外兵而入內地之端也。其危害豈堪設想哉。夫鐵路之舉。在外國則利其國。而在今日之中國。則反以亡其國。其事不相異。而其功相距者何也。以彼自主其事。而此無主權也。三分環球。海居其二。汪汪茫茫。無有邊際。其誰主之。自創造火船以來。重洋萬里。帆影柁痕。縱橫旁午於海上。若康衢大路然。盛矣哉。列國之經商拓地。其利便乃至於此哉。於是而有海權之說。海權云者。剏於美國人馬鴻。馬鴻之言曰。海上權力。國家之存亡隆替繫焉。國家有是權則興。失是權則亡。徵之史志。彰彰乎不可不爭也。故近世歐美列國。莫不以推擴是權爲急焉。案馬鴻所著海上權力史。發攄此意。旁證徧索。據事立說。鑿鑿然中肯綮。蓋近世論海務者。莫是書之詳且精若。又其感動人心。亦無出是書右者。今以馬鴻之說爲主。而規中國形勢焉。今中國北自鴨綠江口南至廣州白龍尾海岸之長數千英里。其海上理宜歸中國管理。不容他國容吻者也。然而中國欲保其海上權力。則必推擴水師。廣營屯泊之處。能制他國水師不得逞其强梁跋扈之威。而後能保有其海權焉。德人窩克涅爾所畫中國防海策。洵爲得其要領。惜哉當路無人。不及施行。甲午一役。北洋艦隊覆沒不復起。沿海要港如旅順、大連、威海、膠州、九龍、廣州前後皆爲他人所攘取。其名爲借租。其實與割讓無異。中國海上之權力自爾以來蕩焉無存。此有心人所爲慷慨太息哉。惟三沙澳、舟山、三門、象山、福州諸口僅有存者。然皆偏於南方。不足爲全國重鎮。今意已探指三門。而英則朵頤舟山。德則垂涎三沙。一旦逞其慾壑。則中國沿海連亙數千里。無一屯泊水師之處矣。吾不知中國近日添造戰艦若干。作何位置也。或言以上各口若開爲通商口岸。可以免於吞噬之厄矣。此朝三暮四之術耳。若使以上諸口。旬日之間變作通商要地。繁華殷富。如上海天津。則或賴列國均勢之力。作爲中立之地。未可知也。然商務之推廣。自有自然之數。非可以人力急爲之。況卽名作通商埠。未必可免於吞噬乎。且中國之開口岸者。其實與割讓無異。卽以上海而言。其所謂工部局者。儼然一政府。所謂租界者。隱然如敵國。一切事宜。華官不得過問。此何異脫虎穴而陷蛇口哉。昔者咸豐之役。英法二軍犯畿輔。天子蒙塵於熱河。稱爲天下大變。然其時中國根柢則未動也。今則不然。其陸地則爲外國鐵路公司所佔。立錐無地。其沿岸則爲列國水師所居。寄椗無所。陸權海權。倂而失之。雖有自主之名。不過徒擁虛器耳。而衮衮諸公尙偏守成見。鼾睡於積薪之上。掉臂於巖牆之下。豈不悲哉。豈不悲哉。

第四章　論中國自取瓜分之由

孟子曰。國必自伐。然後人伐之。亡印度者。印度之酋長也。非英人也。亡波蘭者。波蘭之貴族也。非俄普奧也。譬之人身。使元氣內充。膚革外盈。風寒妖邪。孰得而侵之。其有遇魍魅感疾癘者。必其內先有以自召之者也。金隄千里。氣象磅礴。一蟻穴之隙。日夕滲之。遂致一旦決潰崩瀉。不可復制。嗟乎。一國亦大矣。有政府有土地有人民。有賢才。有勇士。有財權。有兵力。所謂百足之蟲。至死不僵者。他人欲一旦而舉之。豈曰易易。必也自芟自刈自夷自戮。開門揖盜。拱手以讓於他人。然後他人乃得雍容談笑。制其死命而收其成功。吾每觀古今亡國破家之迹。未嘗不奮慨嗚咽而不能自勝也。今考中國自取瓜分之道。其遠因之難見者。殆更僕不可悉數。而其近因之易見者。蓋有三大端。試臚列之以告我同胞。共一痛哭焉。嗚呼。鑄九州之大錯。誰生厲階。及亡羊而補牢。猶未爲晚。禍已切膚。情非行路。大夫君子。其有見而動心。聞而猛省者乎。

一、曰中日和議。中國之弱久矣。而其刳腸露腹。盡出底蘊。與路人共見之。則自甲午之役始也。甲午既敗。議和固非得已。然其何以致敗之由。則固有當其罪者矣。今且勿論他事。卽以海軍一端論之。自馬江敗後。戒於外患。羣臣競奏請練海軍。備款三千萬。思練一勁旅。其後海軍之捐。日日加增。積之十年。其數可想。旁觀外論。孰不謂國家費如許帑藏。如許經營。一旦有事。而必可以一戰乎。乃甲午之役。未一交綏。全軍已覆。拱手以讓諸敵人。論者或切齒於丁汝昌。或尸罪於李合肥。夫李丁豈曰無罪。然以敗亡之咎。一舉而歸之。彼彼固不任受也。當海軍初興。未及兩年。而頤和園之工程大起。舉所籌之款。盡數以充土木之用。此後名爲海軍捐者。實則皆頤和園工程捐也。吾嘗游頤和園，見其門栅内外，皆大張海軍衙門告示。同游之人，竊竊焉驚訝之，謂此内務府所管，與海軍何與。而豈知其爲經費之所從出也。甲午之冬，平壤、鳳凰警報頻達，乃下詔停海軍衙門。當時憂時之士，及海外各國，咸色然怪異之，謂方當戰時，何以撤戰備，而豈知其爲停頤和園工程也。諺曰：雖有巧婦，不能爲無米之炊。括全國之膏血以修國防，而其實乃消磨於園林土木之用，而莫之或知。卒令一蹶不振，割千餘里之遼、臺，償二百兆之金幣，元氣盡斲，國醜全露，以啓戎心，而速危亡。雖將不知兵，士不用命，然彼驕侈淫佚，不恤民隱，糜國帑而誤軍機者，恐雖有蘇、張之舌，不能諱其罪也。此中國自取瓜分之由，其原因一也。

二曰、中俄密約。中俄密約爲何時所定乎？則李鴻章賀俄皇加冕時所私結也。其所藉口者何事乎？則俄國脅日本還遼東後，以此爲報酬也。主其事者爲誰乎？則西太后一人也。當馬關條約既定，人懷國恥，皇上發憤思變法。前者西太后委用之李鴻章、孫毓汶、徐用儀等，皆屏黜閑居，西后怒甚，而方經敗衄大辱之後，未敢遽與上爲難。當時俄人遂有與德、法脅逼日本歸我遼東之舉，欲以市恩於我，而求非常之報。俄公使喀希尼知西太后之守舊而可欺也，乃説之曰：變法者，漢人之福，而滿人之禍也。漢人盛則滿人衰矣，民權興則君權替矣。今地球君主之大國，惟中國與吾俄，故中國但當與俄親厚，結密約以相援助，以内壓漢人，外禦英日。日本自歸還遼東以後，恨入骨髓，卧薪嘗胆，以謀再舉，英人亦非願助中國者，用兵之際，則暗助日本。今英日訂約同盟，東方之力漸厚，一旦軍事再興，以威海戍兵爲引線，直擣京師，其禍不可勝計，故中國非與俄訂密約，不足以自保矣。當時西太后方忿忿與皇上爭權，而苦無其辭，乃一舉而諾之，開門揖盜，引虎自衛。於是李鴻章賀加冕抵俄舊京，與俄戶部大臣爹氏竟締此約，約章草稿達於北京，皇上蹙額怒目曰：是舉祖宗發祥之地，北門鎖鑰之區，一朝而畀諸强敵也。堅執不肯畫諾。西太后怒罵强逼。揮涕而從。嗚呼。二百餘年之帝業。二千餘里之山河。支離破碎。不可收拾。自茲始矣。俄人既扼滿洲之衝。擧大河之北爲囊中物。則列國不能不起而抵掎之。俄人既以還遼之功得大報酬。德法不能不起而效尤之。於是法國先得南荒土司甌脫之地數百里。而德人出其輕捷剽悍之手段。乘萬國之不意以奪膠州。膠州之奪。固由德人之横暴。抑亦由中俄密約第九條有租借膠州灣之議。德人不取。其終亦必歸俄人之手。故毋甯先發以制人也。膠州既奪。則旅順大連灣不得不繼之。威海衞不得不繼之。廣州灣不得不繼之。東三省鐵路既界俄國。則德國之路。（膠州至濟南濟南至沂州又津鎮鐵路與英國合辦凡三條）英國之路。（廣東至九龍上海至吳淞上海至鎮江江甯杭州溫州印度至大理雲南夔州重慶騰越至雲南山海關至牛莊廣東至成都又天津至鎮江與德國合辦太原至新安襄陽與意國合辦凡九條）法國之路。（諒山至雲南諒山至廣東凡二條）不得不繼之。北方權限既歸俄國勢力圈內。則揚子江一帶不讓與他人。雲貴兩廣不讓與他人。福建不讓與他人。四川不讓與他人之約。不得不繼之。所謂一髮牽而全身皆動。一穴潰而百孔横流。一落萬丈。土崩瓦解。而中國之國權。遂倏忽歸於烏有矣。嗟乎。片紙之約。其關係之重大至於如此。誰生厲階。於今爲梗。不知主持密約之人何以謝天下也。此中國自取瓜分之由其原因二也。

三曰。變法不成。中國之所以弱者。不變法也。然昔者不知變而不變。則猶有望焉。今也知變而不變。變而中止。則無望焉矣。曾惠敏曾對英人大言曰。中國先睡後醒之巨物也。故英人亦有佛蘭金仙之喻。無如沈沈華胥。年復一年。磨牙之倫。已饞涎不能復忍。去歲偶一蹶起。旋復昏睡。更蒙以迷藥。尙寐無訛。即使旁觀有愛我者。欲扶而掖之翼而行之。其奈之何。其奈之何。夫彼列國。雖非有愛於我。然以商務爲性命者。未嘗不欲中國永持平和之局於東方。而彼之商務亦不致受其累也。故瓜分者。西人不得已之下策耳。但中國既不能自强。不能自保。則無論遲早。而必有爆裂之一日。故與其墮落於他日。不如及今糜爛之而更整頓之也。然則中國之能自强自保與否。即爲西人瓜分實行與否之所關係。有斷然也。而去年皇上以變法被幽。新政盡廢。自强之機。已成絕望。此英俄協商之事所以起。而禹域分裂之局所以定也。此中國自取瓜分之由。其原因三也。

亡羊錄（一名丙申以來外交史）

牽一髮動全身。合九州鑄大錯。嗚呼。我國近年來之外交政策。尙忍言哉。尙忍言哉。以三千萬之金幣。代俄人購還遼東於日本。奪之於兄弟之手。而畀於仇敵。寖假而祖宗發祥之地。陵寢之墟。一舉而付於虎狼矣。寖假而東北海岸之要港咽喉之地。支離破碎。無一存矣。寖假而全國之脈絡筋節。盡爲他人控制矣。寖假而穰穰二萬里之沃土。爲碧眼胡之外府矣。嗚呼痛哉。就其本言之。則內治不修。國力不充。不得不受制於外人。就其標言之。則外交不講。專對乏才。雖可以保全者。猶將棄之。一誤再誤。以至今日。每讀陰平窮寇非難禦。如此江山坐付人之句。未嘗不扼腕而長太息也。今搜取丙申以來外交事件之重大者。仿紀事本末體。記之間下按語。我同胞庶知國權削弱之由來。當局者亦可以自省。而更思其後也。

中俄密約

中俄密約者。瓜分中國之先鋒也。而其機實自中東之役啓之。當軍書旁午。風聲鶴唳之時。當局者旁皇無所措。輒欲借他國之力以洩一時之忿。譬之兄弟爭產。而欲倚强盜爲護符。於是聯俄之議。洶洶於朝野。兩江總督張之洞電奏爭和議曰。若以賂倭者轉而賂俄。所失不及其半。即可轉敗爲勝。惟有懇請飭總署及出使大臣。急與俄國商訂密約。如肯助我攻倭。脅倭盡廢全約。即酌量畫分新疆之地。或南路回疆數城。或北路數城以酬之。許以推廣商務云云。是中俄密約最初發議之人也。當時盈廷諸臣。倚俄之心甚熱。而西后尤爲主持。雖此策未實行。然王之春使俄時。已有所商訂。而俄人亦居爲奇貨。將借此市恩。而求大欲於中國。俄使喀希尼頻露意於當道。以結其權心。遂有脅日本還我遼東之事。

按中俄密約之事。主持者西太后也。執行者李合肥也。而發議者乃自張南皮。南皮之言曰。以新疆賂俄。使拒日本。無論俄人之必不應允也。使其應允。則新疆與臺灣奚擇焉。珠崖之拋棄。固若是其易乎。以吾觀之。彼南皮者。固未嘗知日本之國勢如何。俄國之國勢如何。徒爭一時之意氣。摭拾宋人拒和之陳說。聊以欺無目之人。而賣名聲於天下。固未嘗以國家百年之長計。一來往於其胸中也。當法人有事於越南。則曰盍求助於德。當日人兵臨城下。則曰盍求助於英俄。當德人之據膠州。則曰盍求助於俄。日當俄人索旅順大連灣。則曰盍求助於日英。未嘗一計某國可爲與國。某國終爲仇讎。但据一時之事端。仇甲則親乙。仇乙則親甲。此眞當道諸公之長技也。夫只見目前而不能思量過去及將來者。此兒童村嫗之識見也。而不謂南皮之識見。乃止於如此也。南皮近日盛倡聯英日之談。而去年蘆漢鐵路畀權俄人之事。亦由彼主持。論者或目爲俄黨。吾謂南皮必非有意輸國與俄。惟不知外交之事爲何物耳。

乙未二月。李鴻章以全權大臣議和於日本。於事前先有所商於各國公使。俄使喀希尼曰。吾俄能以大力反拒日本。保全清國之疆土。清國則當以軍防上及鐵路交通上之利便。以爲報酬。李鴻章與喀希尼私相約束。既成於此時矣。既而馬關條約既發布。而俄人有聯合德法追還遼東之事。喀希尼卽將舉前者與李鴻章私約者。提作正文。以要求於總署。適値和議成後。皇上大怒。李鴻章罷職入閣閑居。於是俄使暫緩其請。以待時機。

按求俄國相助以還遼東。此外交上第一失策也。夫俄人之蓄志南下久矣。秦西各國皆知之。日本尤引以爲己憂。故馬關之約注意此地者。所以制俄人之死命也。中國若能守此險要則自守之最上也。既不能守則與其畀諸他邦。孰若畀諸日本。日本縱不愛我。而唇齒利害之所關。固與我同也。俄人以遼東爲彼囊中物久矣。一旦被日本攫而取之。正俗所謂眼中釘者。雖中國絕無報酬於彼。而彼固勢不得不出力以相奪矣。其奪之也。非爲中國爭舊地。乃爲己國闢新地。此謀也。自戊戌二月以後。中國當局人人知之。而海外各國雖五尺童子。皆能於數年前見其肺肝矣。當咸豐十年英法之陷北京。俄使伊格那調停三國之間。成和議。遂市恩要求重定界約。割烏蘇里江圖們江以東之地千餘里。其所獲遠在英法二國之上。俄人之狡計屢如是矣。今中國以三千萬金而代俄人購回旅順大連。更惹起後此無限波瀾。以至不可收拾。是眞不知有地球大勢者也。

喀希尼知中國實權在於西后。而李鴻章爲帝所嫉。爲后所庇也。乃密賄通內監。以游說西后。且與李鴻章約。設法復其權力。而借其力以達俄國之所希望。於是時機適到。有丙申春間俄皇加冕之事。各國皆派頭等公使往賀。中國亦循例派遣。以王之春嘗充唁使。故賀使即便派之。喀希尼乃抗言曰。皇帝加冕。俄國最重之禮也。故參列其間。必一國之名士聞於列國之人物。乃可。王之春人微言輕。不足當此責。可勝任者獨李中堂耳。於是有改派之事。喀希尼復一面賄通西后。甘誘威迫。謂還遼之義舉。必須報酬。請假李鴻章以全權議論此事。而李鴻章請訓時。西后召見至半日之久。一切聯俄密謀。遂以大定。

李鴻章抵聖彼得堡。遂與俄政府開議。喀希尼所擬草約底稿。及加冕之期已近。往俄舊都莫斯科。遂將議定書畫押。當其開議也。俄人避外國之注目。乃假託籌借國債之名。不與外務大臣開議。而使戶部大臣當其衝。遂於煌煌鉅典萬賓齊集之時。行明修棧道暗度陳倉之計。而此關係地球全局絕大之事。遂不數日而取決於樽俎之間矣。時丙申四月也。

其年七月。李鴻章尚游歷歐洲。其議定畫押之草約。達於北京。喀希尼直持之以交涉於總署。全署皆爲之驚愕。皇上覩而大怒曰。是舉祖宗發祥之地。一舉而賣與俄人也。堅持不肯畫押。喀希尼乃復通西后。加甜誘之言與恐嚇之語。西后乃嚴責皇上。直命交軍機處開議。不經由總理衙門。

至八月間。喀希尼迫逼中朝。其勢益急。故爲束裝就道驪駒在門之狀。雇運搬行李車數輛。置於俄使館門前以示意。乃告總署云。若此約不批准。則卽日下旗回國。西太后爲所惑。日日敦迫皇上。命卽畫押。皇上之實權。本在西后之手。安能批其逆鱗哉。於是以西曆九月三十日。揮淚而批准此密約。俄使喀希尼卽日攜約而歸於俄。密約批准之時。李鴻章尚在英國。及其歸也。謁西后而自入圓明園。坐此受薄譴。非譴此舉也。謂其擅以祖宗陵寢之地許他人也。及俄人索旅順大連灣之時。皇上召李鴻章責之曰。爾謂俄人同盟密約可恃。今竟何如。李對曰。若以旅順大連界之。則此後密約仍自可恃云。

按中俄密約原文。旣屢見於各報。清議報中亦曾揭其大意於第十五冊第四葉。又錄其全文於第十八冊第十九二十葉。今不更覆述。惟將其中關係緊要之處。略述數端焉。

中俄密約以前爲一局面。中俄密約以後爲一局面。蓋自四年以來。列國所以亡中國者。全屬新法。一曰、借租地方也。二曰、某地不許讓與他國也。三曰、代造鐵路也。而其端皆自此密約啓之。其第九條借租膠州灣。卽後此膠威廣旅大之嚆矢也。其第十條旅順大連不讓與他人。卽各國勢力區域之濫觴也。而鐵路一端。斷送祖宗發祥之地速西伯利亞鐵路之成開各國覬覦紛爭之漸者固無論矣看者須知若無中俄密約則後來各事雖未必無既有中俄密約則後來各事必不能免知此然後知定此密約者乃瓜分中國第一個劊子手也又按原約第十條遼東之港灣旅順口大連灣及其附近軍略上重要之地俄國必助中國防守之無論何國不許侵略之倘他日俄國突然有與他國交戰之事中國爲欲使俄國得襲敵與防守之便當許俄國陸海軍集於該港灣內云云此卽所謂攻守同盟之條約也其云無論何國不許侵略之云云卽中國受俄國保護之意義也卽上國對於屬邦應行之職務也中國甘心爲人屬邦自此約始也

又按原約於文句上常還中國人之體面而此俄人之長技也知中國人所爭者僅在體面而他非所顧也如第二條言吉林黑龍江鐵路本欲使黑吉兩省歸俄治下耳然美其名則曰三十年後許中國買回全路第三條自山海關至奉天之鐵路本欲紾中國之臂而奪之耳然美其辭則曰倘中國日後不便卽時造此路准由俄國備資代造以十年爲期贖回第五條欲借保護鐵路爲名派兵隊布散各地耳而先從中國保護立論復云因鐵路所經地方磽确人口稀少中國官吏難以遠顧故俄人派兵代任其勞第七條本言許俄人開礦於東三省耳而云不論中俄兩國人民皆可開採又云於採掘時必先禀請中國地方官皆還以一極虛之體面也第九條本欲攫取膠州灣耳而云借租以十五年爲期又云其租銀如何交涉之處將來議定之第十條言取旅順大連灣置諸俄國保護之下耳而先云中國必當嚴加守衞修築堡壘云云此皆改頭換面口蜜腹劍以欺我外交家之無目者也然此等伎倆固極易見當時主持密約之人未必不知之知之而仍主持之是所不解也

又按密約中有曖昧不明之詞句。如第三條言山海關至奉天鐵路事云。至鐵路由何處起造。均照中國已勘定之道接續至盛京並牛莊等處地方止。其牛莊等處云云。乃極曖昧之文法。彼伏此點。至去年與英人爭牛莊鐵路。實原本於此也。第十條云旅順口大連灣及其附近地方軍事上要害之地云云。其言尤爲絕無界限。附近二字。不知以何爲止境。其意直欲包吞威海各地也。故英人德人不得不急起直追。捷足爭先也。凡精於交涉者。必不容此等含糊字面。混淆於條約文中。

記蘆漢鐵路

蘆漢鐵路者。中國內地第一幹路也。倡議興築。旣在十年以前。張之洞實贊之。光緒十五年。張之洞由廣東移督兩湖。卽爲此也。已而其事中止。及光緒二十二年九月。奉旨設立鐵路總公司。派盛宣懷爲督辦大臣。與直督鄂督會同督辦。是實爲中國大幹路創辦之嚆矢。

按盛宣懷之爲鐵路督辦也。其來歷頗有可紀者。初中東和議旣成。都人士紛紛劾合肥。而以盛爲合肥所信任。攻之尤力。有旨命盛開去天津關道缺。交南北洋大臣查辦覆奏。時北洋則王夔石。南洋則張香濤也。王固祖盛者。而張則素與盛不合。盛乃詣張乞保全。當時張所創湖北鐵政局。經開銷公項六百餘萬。而無成效。部文切責。張正在無措之時。於是盛來見張。乃出兩摺以示盛。其一則劾之者。其一則保舉之者。盛閱畢。乃曰大人意欲何爲。張曰。汝能爲我接辦鐵政局。則保汝。否則劾汝。盛不得已。乃諾之。更進而請曰。鐵政局每歲旣須賠墊巨款。而所出鐵復無銷處。則負擔太難矣。若大人能保舉宣懷辦鐵路。則此事尚可勉承也。張亦不得已而諸之遂與王聯名保盛督辦鐵路云此亦中國鐵路史中一段佳話也張之所以自謀脫身者其計巧矣而盛亦可謂因禍得福然此後以中原脈絡付諸强俄各國藉詞紛起攫取亦始於此矣

蘆漢鐵路興築之費豫算五千萬兩由戶部撥出一千萬兩又官股三百萬兩尙不敷銀三千七百萬兩初時將募集之於民間紳商久無應者不得已乃僅支出戶部款四百萬兩以之興辦第一區之工第一區者卽由蘆溝橋至保定府所謂蘆保鐵路者也此路既將次落成然保定府以南自新陽至漢口之路尙毫無着落張之洞乃主張借洋款以路作抵隨修隨押隨押隨借隨借隨修之議當時各國既知鐵路爲他日關係中國最重大之事爭議借款美國首來兜攬然其款須五釐息九扣又須分餘利及酬勞遂無成議英國繼之亦以條款太重不成既而比利時派馬西海沙地等三商人來察情形自言有借款全權於是定議共借比款四百五十萬兩四釐息九扣比英美款皆廉乃與定草約十六條於光緒二十三年四月訂草合同於武昌六月復訂正約於上海是爲蘆漢借款原約

按比人所訂原約其息比他國較廉其需索比他國較少而比國又爲歐洲小國其舉動於大局無甚關係當局者之惑之固無足深怪而不意比國不過一傀儡更有傞傞焉持而舞之者而所謂息廉而需索少者亦不過借此以餌我既上餌之後其要挾正不讓他人是則當局者所不察也以如此之人才當嶮巇之外交難矣

原約所定本以西曆一千八百九十八年正月付第一批之借款乃比國託詞遷延已而派人來華言自德國佔膠州以後局面一變前所定之約難以照辦若不改訂合同則一文不能支出云云當時英美各國之借款早已覆斷欲再覓借主其勢甚難乃從其要挾於光緒二十四年五月改訂章程其所改者原約以磅計算今改爲以

佛郎克計算共借一百十二兆五十萬佛郎克原約九扣四釐息改爲九扣五釐勘路比員由中國給薪而鐵路所進收款項比員須分二釐餘利經手銀行酬二毫半與前者美國所要索幾無少異徒延時日而已然此猶不過其外面之事若其裏面消息則有人陰主持於其後者其人爲誰則華俄道勝銀行是也

華俄道勝銀行者名爲公司實則俄國政府爲其資本主也其銀行總裁爲侯爵烏礎士希與俄皇有親者也俄人設此銀行論者或以比諸英國之東印度公司其陰謀可以想見矣俄人東三省鐵路既經此銀行之手今復借比國爲名以握盧漢鐵路之大權而比人所以反覆改約之故皆由俄法兩國左右之也而其最重要之點則以擔保爲名而將此線路爲比公司之財產其一切出納皆掌於華俄銀行之手將以聯絡山海關奉天牛莊之鐵路通於東三省鐵路而使西伯利亞鐵路由聖彼得堡一氣呵成而達中國之中心此俄人很鷙之手段也續訂合同二十九款其文頗繁今不全錄摘有關陰謀者錄而論之如下（其合同全文見時務報第六十九號昌言報第一號）

合同第十七款云在此次借款一百二十兆五十萬佛郎克之總數中由比公司以三十九兆佛郎克即刻購定股票七萬八千號（第三款云此項借款分爲股票二十二萬五千號每號値金錢五百佛郎克）第十八款云比公司以購票之款匯繳上海道勝銀行計八兆六十萬佛郎克其餘找款俟道勝之巴黎分行接到七萬八千張之股票後卽行匯交督辦大臣此外另有本借款內之股票十四萬七千號則亦寄託該銀行代爲收存

按此卽全合同陰謀之骨也其借款之來歷名爲比公司實則財源全出於華俄銀行俄人以法爲外府者也故其出納掌於巴黎之道勝分行而其金以佛郎克計算此俄法之合謀也凡合股公司其大權在於股東總會股分最多者則於其公司最有權今盧漢鐵路之股票全歸華俄銀行之手而猶謂此公司爲中國所有也

其誰欺乎。

第十九款云中國總公司已有本銀一千三百萬兩。盧漢全路工程。因盧溝橋至保定一段。漢口至信陽一段。均應先行開辦。故卽從此二段動工。所有建造盧保鐵路。並備辦行車各事。均在中國總公司原本一千三百萬兩內動用。全路工程。除盧保外。應由總公司責成比公司代雇之總工程司代總公司監造。並代測繪全路圖樣。與辦工程。訂購材料器具。第二十款云。漢口至信陽保定至信陽各段工程。由道勝銀行每月付給總公司敷用之款。或總公司以後不准比國工程司督率建造。則該銀行有停止付款之權。

按合同中必斤斤然將第一區。（卽盧保之路）及第二第三區。（卽保定至信陽信陽至漢口之路）。分別言之者。明第一區之路爲中國款項所造。卽爲中國所有。其第二第三區非中國款項。卽非中國所有也。其監督權一由於比公司督辦大臣不過贅旒耳。而其出納權一由道勝銀行。比公司亦不過傀儡而已。

第五款云。在一千九百零七年以後。中國總公司無論何時。可將借款還淸。一經全還。所有合同。卽時作廢。第七款云。此次借款以給附利息及拔還股本爲先務。故盧漢鐵路之進款。除一切局用及行車各費外。其淨餘者。當留備股票應用。以上辦法。當確切不移。至借款淸訖爲止。第十款云。中國總公司。欲於此次借款。表其結實可靠之意。願將盧漢鐵路之頭等擔保。給與該項股票。卽該條鐵路及車輛料件行車進款是也。此等擔保。當由比公司爲購執股票之人代爲應允。如果中國總公司未能按照合同付利還本。比公司或另有比商接替之公司。因有上文所言鐵路擔保云云。得在上文所指之物業。照顧其一切權利。

按此數條最宜留心細看。其第五款云。本利還淸之後。則此合同卽時作廢。一似絕無危險者。於中國體面亦甚完足。然所最當講求者則此項本利。計何時乃可淸還耳。一日未淸還。則一日受此合同之牽制。所謂牽制者。何也。以全路作擔保。此合同一日未廢全路終非爲中國所有。而爲購執股票人之所有。第十款末語所謂照顧一切權利云云。其所含意義最廣。質而言之則購執股票者。卽爲此路之主人而已。購執股票之人爲誰。則華俄銀行先執其三分之一。其餘亦由該銀行招購也。然則此路之主人爲誰。不煩言而決矣。盛杏蓀欲彌縫己失。因語人曰。此項股票乃借款股票。非鐵路股票。不可誤視云云。夫以其虛名論之則誠如盛氏言也。獨不思借款未經淸還以前。則借款股票卽已成爲鐵路股票矣。据第十款云云。謂其非鐵路股票。豈非掩耳盜鈴哉。無怪英人攘臂而起也。

然則於此事斷其誤國罪案之輕重。當於本利淸還之年限之遲早而決之。然試揣蘆漢鐵路將來之進款何如。其所經皆非繁盛之區。出產稀少。搭客不多。養路之費。猶恐不足。就外國常例論之。此等路應在國家補助之列者也。若粤漢之路未成。則此路之歲入可決其有絀無贏。就使粤漢成後。稍可支持。而下流有津鎭鐵路與之爲平行線。握膏腴之要衝。恐蘆漢鐵路得有餘利。以淸還此一百十二兆五十萬佛郎克之時。渺乎未知其期也。故其所訂行車合同借款合同之外復與此公司訂行車合同十款亦見昌言報第一號第五款云。本合同以三十年爲限。惟一百十二兆五十萬佛郎克之借款。屆期如未還淸。自有展限之權。以展至借款淸訖爲度云云。吾恐此項展限展之未有已也。旅大威海之借租。皆訂二十五年爲期。以後更議續租。蓋彼等逆計二十五年三十年之後中國不知在何處矣。彼張香濤盛杏蓀等之敢於冒險訂此合同。豈不謂合同期滿之後。主權仍在我乎。夫膠州九龍越九十九年以後。其主權亦仍在我矣。蘆漢鐵路之主權。何以異是。

夫俄人如此詭計。中國人雖不難墮其術中。彼明眼快手之英國。豈能袖手而旁觀之。於是西曆五月廿二日。（比國合同畫押在西曆六月廿六日此乃畫押前一月之事）倫敦泰晤士報北京訪事飛電本國曰。法國公使比國公使與華俄道勝銀行總辦相會協議蘆漢鐵路之事。英國外務省見此報。卽電告北京英公使杜訥樂使訪察其眞情。首相沙士勃雷侯復電示英公使云。英國政府聞蘆漢鐵路許比公司承辦。已有反對之意。今與俄政府同體之華俄銀行。（言華俄銀行即可當作俄政府看待也）更投資本於此路。不可不加倍反對。蓋彼此等舉動非謀通商及工業之利益。實則於揚子江地方侵害我英權利。於政治上極有關係也。今可直告總理衙門言於滿洲地方既與俄國以特權。今復於揚子江地方予以特權。於英國政府友誼甚有傷害云云。杜訥樂接此電後。卽移文總理衙門。十六日（西曆五月）總理衙門云。蘆漢鐵路之借款與華俄銀行無關。其中經俄德兩公使有所周旋者。蓋督辦盛宣懷恐比公司有變更。請俄德公使爲助力耳。至二十日更以公文式述此意以覆答英公使。其事暫寢。至七月二十五日（西曆）英公使請總理衙門出比國合同相示。總署許諾之。八月初旬（西曆）上海新聞紙將其合同全文刊錄。英公使見之。始知其眞相。乃於初六日（西曆八月）出强硬之抗議。力爭於總署。其時全署大臣自慶親王以下十人皆若並不知有此事者。聞英使之言皆大驚愕。異口同聲曰。今此合同未經皇上批准。若果如貴公使之言與俄國有關係。則當拒絕不批准之。雖然其合同清本今尚未寄到北京。俟寄到卽送示諸貴公使云云。當時諸大臣中惟李鴻章知此事之內情。因高聲駁難英使。謂合同中毫無可危懼之事云云。慶王等猶不信之。更申言此合同不批准以答英使。

按觀此等事。知中國外交眞同兒戲矣。張之洞盛宣懷等既受他人之愚。立此自失權利之合同。已爲誤國矣。既已訂之。則不可不先送其副本於總署。夫今日處列邦並立之世。一國之舉動。且常有關係及於他國。況其事已經有三四國之交涉者乎。其必牽動及於他之諸國。無可疑也。故善於外交者每辦一事。必先計此事當牽動某國某國而思所以善其後。彼英國之出而抗議。此殆絕非張盛所及料也。而於事前絕不以告總署。使彼茫無頭緒。不相照應。誰之過歟。若夫總署諸臣。袞袞伴食。生平未知交涉爲何事者。殆又不足責也。

初八日西曆八月比利時公使及盛宣懷皆有證言於總署。言華俄銀行與盧漢鐵路毫無關係。總署以告英公使。且言曰。前日王大臣等雖曾言合同不批准之事。然今者因李中堂說明情由。並据比使與盛督辦之證言。漸翻初心。合同似仍可批准云云。英公使乃復書約期再會晤。且云若於會晤以前批准此合同。英國決不答應。總署種種遷延推卻。不與會晤。英使乃移一長公文。爲嚴厲之抗議。總署悍然不顧。於十二日遂批准其合同。英使杜訥樂赫然大怒。謂中國政府當青天白日之下。列國環視之中。背信食言。欺瞞與國。乃飛電於本國。其意略謂中國借比利時出名。與某債主結約。於揚子江地方許其設鐵路及開礦。英國今亦將有所要求。曰自山海關至牛莊鐵路。曰自天津至鎮江鐵路。曰自上海至南京鐵路。及其支路。曰自河南至山西鐵路。須照盧漢鐵路一樣之合同而訂定之。毫不假借云云。

英外部覆電曰。來電所言山海關至牛莊鐵路。暫按下留待他日再議。其餘悉可向總理衙門要求之。又曰。若總理衙門不應允之時。則係中國背信食言。有心與列國爲敵。英國可待之以相當之處置。又曰。要求津鎮鐵路時。可英德兩國同沾利益云云。於是英使以西八月廿一日移文總署。照此項而要挾之。

一津鎮鐵路　英國加入於德美兩國之公司。而共同從事。

一自河南山西至揚子江鐵路　此路卽爲轉運北京公司所採之礦。而設於該公司原所已得航運權之內河之旁。得隨時展長其路。

一九龍廣州鐵路　現正由渣甸洋行與盛宣懷議辦者。

一新陽鐵路　與上海南京鐵路相接者。

一自蘇州杭州至甯波鐵路　此路爲盛宣懷與渣甸洋行協議所未及者。

按英外部覆電謂山海關至牛莊鐵路。暫按下留待他日再議者。蓋天津至鎮江上海至南京各鐵路。則以懲責食言爲名。山海關牛莊鐵路。則以抵制俄國均勢互沾爲言。兩者不並提。乃能兩收其效也。外交手段之巧可畏哉。

廿六日。盛宣懷訪英公使跷慶親王之約。而協議鐵路事。盛宣懷直許英使云。蘇州杭州寧波鐵路。及九龍廣州鐵路。皆借款於英國。又新陽鐵路。亦以許英美兩國合資之公司。

按此英美合資公司者。卽與容閎定約承辦津鎮鐵路者也。初容閎與美國商人訂立合同。辦津鎮鐵路。旣已得旨批准。頒發關防。其所訂合同利權事權。皆不外溢。實爲各鐵路合同之最妥適者。而張之洞盛宣懷等妒之。出死力以與之爭。蓋津鎮與蘆漢兩路爲平行線。而蘆漢則盤旋於蜀黍高粱之間。收益不富。津鎮則所過之區。物產饒富。商業繁盛。兩者並起。蘆漢必爲津鎮所壓。明矣。故張盛直抗疏。飛電阻撓之。而德國正占膠州之時。山東已成爲德國勢力圈。又抗議謂津鎮鐵路不許過山東。遂折而取道河南。於是容閎前與美商所定之約。又須再訂。會美西戰事起。復誤其開辦之期。至去年七月間。始復與英美兩國合資公司重訂新約。而盛宣懷妒之。乘勢以新陽鐵路塞此公司之口。以奪容閎之所憑藉。而津鎮鐵路亦遂歸英德兩國之手矣。

至西九月初三日英公使又詣總理衙門其時慶邸方在假期中惟李鴻章以下諸大臣咸集時英國兵船已集於北方總署諸臣知之杜訥樂乃厲言曰貴國若不謝食言之罪不許我各鐵路之請他日噬臍悔無及矣又出其銳厲之詞鋒以責李鴻章諸臣皆怯畏無措遂一切許可之且許以所訂條款一依比國蘆漢鐵路條款不甯惟是其條款必照所有中國境內許他國承造之鐵路條款利益均霑遂以六日西九月復公文於英使其事乃定是役既畢遂有旨命李鴻章毋庸在總理衙門行走英人乃大獲而歸英相沙士勃雷侯以電賀杜訥樂獎其辦理得宜云

論近世國民競爭之大勢及中國前途

第一節　國民與國家之異

中國人不知有國民也數千年來通行之語只有以國家二字並稱者未聞有以國民二字並稱者國家者何國民者何國家者以國爲一家私產之稱也古者國之起原必自家族一族之長者若其勇者統率其族以與他族相角久之而化家爲國其權無限奴畜羣族鞭笞叱咤一家失勢他家代之以暴易暴無有已時是之謂國家國民者以國爲人民公產之稱也國者積民而成舍民之外則無有國以一國之民治一國之事定一國之法謀一國之利捍一國之患其民不可得而侮其國不可得而亡是之謂國民

第二節　國民競爭與國家競爭之異

有國家之競爭，有國民之競爭，國家競爭者，國君糜爛其民以與他國爭者也，國民競爭者，一國之人各自爲其性命財產之關係而與他國爭者也，孔子之無義戰也，墨子之非攻也，孟子所謂率土地而食人肉罪不容於死也，皆爲國家競爭者言之也，近世歐洲大家之論曰，競爭者進化之母也，戰事者文明之媒也，爲國民競爭者言之也，國家競爭其力薄，國民競爭其力强，國家競爭其時短，國民競爭其時長。

今夫秦始皇也，亞歷山大也，成吉思汗也，拿破侖也，古今東西史乘所稱武功最盛之人也，其戰也，皆出自封豕長蛇之野心，席卷囊括之異志，眈眈逐逐，不復可制，遂不惜驅一國之人以殉之，其戰也，一人之戰，非一國之戰也，惟一人之戰，故其從戰者皆迫於號令，不得已而赴之，苟可以規避者則獲免爲倖，是以其軍志易渙，其軍氣易餒，故曰其力弱，惟一人之戰，故其人一旦而敗也，一旦而死也，其戰事遂煙消瓦解，不留其影響，故曰其時短，若國民競爭則反是，凡任國事者，遇國難之至，當視其敵國爲國家之競爭乎，爲國民之競爭乎，然後可以語於禦抵之法也。

第三節　今日世界之競爭力與其由來

嗚呼，世界競爭之運，至今日而極矣，其原動力發始於歐洲，轉戰突進，盤若旋風，疾若掣電，倏忽叱咤，而徧於全球，試一披地圖，世界六大陸，白色人種已有其五，所餘者惟亞細亞一洲而已，而此亞細亞者，其面積二分之一，人口十分之四，已屬白人肘腋之物，蓋自洲之中部至北部，全體已爲俄人所有，裏海殆如俄國之內湖，南部之中央五印度全境爲英奴隸，印度西鄰之阿富汗俾路芝，亦爲英之保護國，歸其勢力範圍之內，法國當距今四十年前始染指於亞洲之東南同治元年占交趾滅柬埔寨光緒十年遂亡安南十九年敗暹羅割其地三分之一英人於光緒十一年亡緬甸擒其王而波斯因英俄均權僅留殘喘高麗因俄日協議聊保餘生計歐人競爭之力所及除其餘四大洲外而所得於亞細亞之領地者則

	面積	人口
亞細亞洲	二、八八〇、〇〇〇方里（日本里）	八三五、〇〇〇、〇〇〇人
俄屬	一、一〇〇、〇〇〇方里	二〇、〇〇〇、〇〇〇人
英屬	三三〇、〇〇〇方里	三〇〇、〇〇〇、〇〇〇人
法屬	四四、七〇〇方里	二二、〇〇〇、〇〇〇人
葡屬	一、三〇〇方里	一、〇〇〇、〇〇〇人
歐屬總計	一、四七六、〇〇〇方里	三四三、〇〇〇、〇〇〇人

其競爭力之强悍而過去成績之宏偉也如此今者移戈東向萬馬齊力以集於我支那然則其力之所由來與其所終極不可不惴惴而留意也

自前世紀以來學術日興機器日出資本日加工業日盛而歐洲全境遂有生產過度之患其所產物不能不覓銷售之地前者哥侖布之開美洲謂爲新世界謂足以調劑歐洲之膨脹然數百年來既已自成爲產物之地昔爲歐人殖民之域者今方且謀殖民於他境其次如印度如澳洲歐人以全力經營之將賴之爲消受產物之所不數十年非直不能消受而已而其本地所產之物又且皇皇然謀銷場於他地於是歐人大窘不得已而分割亞非利加舉洲若狂今者雖撒哈拉大沙漠中一粒之沙亦有主權者矣雖然以歐人之工商業而欲求主顧於

非洲人，雖費盡心血以開通之，其收效必在百數十年以後，而彼其生產過度之景況，殆不可終日，於是歐人益大窘，於是皇皇四顧，茫茫大地，不得不瞵其鷹目，涎其虎口，以暗吸明噬我四千年文明祖國二萬萬里膏腴天府之支那。

第四節　今日世界之競爭國民競爭也

由此觀之，今日歐美諸國之競爭，非如秦始皇、亞力山大、成吉思汗、拿破侖之徒之逞其野心，黷兵以爲快也，非如封建割據之世，列國民賊，緣一時之私忿，謀一時之私利，而興兵搆怨也。其原動力乃起於國民之爭自存，以天演家物競天擇、優勝劣敗之公例推之，蓋有欲已而不能已者焉。故其爭也，非屬於國家之事，而屬於人羣之事，非屬於君相之事，而屬於民間之事，非屬於政治之事，而屬於經濟（用日本名，今譯之爲資生）之事。故夫昔之爭屬於國家君相政治者，未必人民之所同欲也，今則人人爲其性命財產而爭，萬衆如一心焉。昔之爭屬於國家君相政治者，過其時而可以息也，今則時時爲其性命財產而爭，終古無已時焉。嗚呼，危矣殆哉！當其衝者，何以禦之。

第五節　中國之前途

哀時客曰：哀哉，吾中國之不知有國民也，不知有國民，於是誤認國民之競爭爲國家之競爭，故不得所以待之之道，而終爲其所制也。待之之道若何？曰：以國家來侵者，則可以國家之力抵之，以國民來侵者，則必以國民之力抵之。國民力者，諸力中最强大而堅忍者也。歐洲國民力之發達，亦不過百餘年間事耳，然挾之以揮斥八極，亭毒全球。游刃有餘。貫革七札。雖然、彼其力所能及之國。必其國無國民力者也。苟遇有國民力之國。則歐人之鋒固不得不頓。而其舵固不得不轉。何以證之。昔者白種人以外之國。其有此力者殆希也。而三十年前一遇之於日本。近則再遇之於菲律賓。三遇之於德郞士哇兒。（卽南阿共和國近與英國開戰者）夫以三十年前之日本與今日之菲律賓德郞士哇兒比諸歐美諸雄。其强弱之相去不可以道里計也。然歐美之鋒爲之頓。而舵爲之轉者何也。以國民之力抵他人國民競爭之來侵。其所施者當。而其收效易易也。

今我中國國土云者。一家之私產也。國際（卽交涉事件）云者。一家之私事也。國難云者。一家之私禍也。國恥云者。一家之私辱也。民不知有國。國不知有民。以之與前此國家競爭之世界相遇。或猶可以圖存。今也在國民競爭最烈之時。其將何以堪之。其將何以堪之。歐人知其病源也。故常以猛力威我國家。而常以暗力侵我國民。威國家何以用猛力。知國家之力必不足以抗我。而國事非民所能過問。民無愛國心。雖摧辱其國而莫予憤也。侵國民何以必用暗力。知政府不愛民。雖侵之而必不足以動其心。特恐民一旦知之。而其力將發而不能制。故行之以陰。受之以柔也。嗚呼、今之鐵路礦務關稅租界傳敎之事。非皆以暗力行之者乎。充其利用暗力之極量。必至盡寄其力於今日之政府與各省官吏。挾之以鈐壓我國民。於是我國民永無覺悟之時。國民之力永無發達之時。然後彼之所謂生產過度。皇皇然爭自存者。乃得長以我國爲外府。而無復憂矣。此歐洲人之志也。嗚呼、我國民其有知此者乎。苟其未知。吾願其思所以知之。苟其已知。吾願其思所以行之。行之維何。曰仍在國民力而已。國民何以能有力也者。非他人所能與我。我自有之而自伸之。自求之而自得之者也。彼歐洲國民之能有力。蓋不知擲幾許頭顱。洒幾許鮮血以易之矣。國民乎。國民乎。其猶有爭自存之心乎。抑曾菲律賓德郞士哇兒之不若也。

論中國與歐洲國體異同

宇內文明之流域。發源亞洲。而中國其最著也。以今日論之。中國與歐洲之文明相去不啻霄壤。然取兩域數千年之歷史比較而觀之。可以見其異同之故。與變遷之跡。而察其原因。可以知今日現狀之所由來。尋其影響。可以知將來形勢之所必至。故剌取而論之。以備審時論世之君子省覽焉。

第一章　其相同之點

一　家族時代與酋長時代

穹古之史。雖不可盡信。然推原人類之所由起。與邦國之所由成立。無東無西。其揆一也。人類孳生之始。無舟車交通之便。一山之阻。一河之隔。遂劃然分爲各箇之小團體。故老子曰。古者鄰國相望。雞犬之聲相聞。其民老死不相往來。蓋其時皆以種族分國。種族無限。其國亦無限。董子所謂九皇六十四氏者。皆以家族爲國者也。其後稍稍蠶食。强有力者出。而威服異種。合併而隸於己國。是爲酋長時代。當時之戰爭。弱肉强食。皆因種族之分別而起。其第一期最有力者。則共工氏霸有九州。次有蚩尤氏與軒轅戰於阪泉之野。其第二期民衆而悍者。則有苗氏皆土著之民。其第三期則黃帝之子孫。入冀豫之地而奪之。卒遷三苗。享有其地。後此所謂三代者。皆軒轅（卽黃帝）之後也。凡此種族之競爭。一如亞利楊族瑟迷節族哈米節族等之相爭。而後來者恆占勝利焉。此其進行之軌度。與歐洲毫無所異。夏殷之間。雖云帝政。其實則各各種族之酋長相與並立。禹會諸侯於塗山。執玉帛者萬國。皆酋長也。夏殷不過諸酋長之盟主耳。然當時千年中有勢力於禹域者。不獨夏殷兩氏。如有窮氏昆吾氏大彭氏豕韋氏。皆嘗代夏殷而爲盟主者。大率如西方之埃及巴比倫亞述利亞波斯各國。遞相雄長。而皆具一大國之形。與小種族之相侵噬者有別。

二　封建時代與貴族政治

中國周代國體。與歐洲希臘國體。其相同之點最多。即封建時代與貴族政治是也。彼此皆列國並立。其所以立國之來由雖異。而其立國之要素。逐漸完備。文明逐漸發達。則無異。周之一代。純爲貴族政治。在周則有周召單劉。在齊則有國高。在魯則有三桓。在鄭則有七穆。在晉則有欒郤胥原范荀。在楚則有昭屈景。皆相繼持一國之大權。歐洲人所謂少數共和政體。謂之寡人政體者是也。其政府（即貴族）之權力甚重。過於國君。國君之廢立。出於其手。國君之行爲。能掣其肘。如周厲王無道。國人流之於彘。而共和執政。滕文公欲行三年之喪。而父兄百官皆不欲之類是也。以希臘諸國比例之。大約近於斯巴達之政體最多。其國權上不在君。下不在民。而在國中之一部。此一部之權。實有偉大可驚者。雖然。其於平民也甚相親。故其民亦與國同體。國之大事。時或得參末議焉。（例之如魯長勺之戰。曹沫以匹夫而見魯侯參軍事。鄭商人弦高以乘韋之牛却秦師。晉韓起求環於鄭賈。鄭之執政者辭之。述政府與賈人所訂盟約爲詞。是政府與商民。有時亦立於平等地位也。此外尚多不備述。）故當時爲貴族政治時代。亦爲民權稍伸時代。

列國並立。無所統一。（當時周室亦僅在於列國地位。無統一之勢力）故常有盟主。以聯合之。晉楚爭霸。狎主夏盟，略如阿善與斯巴達同立於希臘世界之中心，迭爲雄長，而其結局也因並立競爭，不得不鼓厲人才，擴張國勢，於是予人民以言論思想之自由，故哲學文學極盛於時，爲此後世界開無限之智慧，闢無限之境界，皆因國勢而造出時勢者也，此其最相同者也。

自春秋戰國以後，而有秦始皇之暴興，旋繼以兩漢之統一，而中國小康。自希臘以後，而有亞力山大王之驟起，繼以羅馬之統一，而歐洲小康。自其形體上觀之，固甚相類，若其實際，則有大相異者，請於次章詳言之。

第二章　其相異之點及其原因與影響

一　歐洲自羅馬以後仍爲列國，中國自兩漢以後永爲一統

中國與歐洲之國體，自春秋以前（歐洲史家所稱上世史時期）大略相同，自春秋以後，截然相異，其證據甚多，而最重要者有二端。其第一端即此節所論是也。自酋長競爭以至於列國競爭，此乃世界人類自然之程度，而不可避者也。其局至今未息，而日益劇烈，不獨歐洲爲然，即以亞洲論之，五十年前之印度，三十年前之日本，皆一國中含有無數小國，而歐洲上下數千年，除羅馬時代外，無一日不在並立競爭之中，獨中國則不然。秦廢封建置郡縣以後，二千年循其軌而不易。中間如漢時封子弟爲王，功臣爲侯，晉時之八王，明代之燕王、宸濠等，雖有封建之舉，不移時而遂變滅，不成其列國之形也。漢末之州牧，唐代之藩鎮，各擁疆土，私子孫，雖氣燄萬丈，不過溷亂一時，不成其爲列國之形也。中間如三國時代，如南北朝時代，如宋與遼金時代，頗成並立之世，然相敵者不過一二國，競爭不烈，且歷時未久，輒復合幷，其影響及於古今全局者，蓋不甚大，若晉之十六國，唐季之

十國。更不足道也。故中國自秦漢至今日。可直謂爲統一時代。是爲中國國體與歐洲大異之一事。此種異點。其原因何自乎。凡各國之裂土而治者。大率因於宗教與種族之不同。德意志各國所以能爲聯邦者。種教相合也。希臘塞爾維亞諸國所以裂土耳其者。種教不相合也。中國自漢武帝表章六藝。罷黜百家。而宗教遂定於一。雖有佛教流入。而出世間法。不與世間事。故中國全境。可謂之同奉一教。若歐洲則既有耶教回教之分。耶教之中復有希臘耶穌天主之別。此其所以異者一也。若其種族之合併。頗難尋其蹤跡。夫夏殷以前。羣族相競。迄於有周。除中原之地所分封功臣子弟以外。自餘若秦楚吳越。當時目爲夷狄。皆與中原異族者也。而西戎萊戎陸渾戎羌戎淮夷赤狄白狄長狄等。各各種族雜處於內地。春秋時尚班班可考也。何以自漢以後。種族之界忽滅。凡在神州禹域者。人人皆有同胞之觀。此其變遷之速。最不可解者也。推原其故。蓋當時男女同姓。其生不繁之學理。已大行於世。各國君主與貴族。皆娶於異姓（即異種）之國。而民間效之。故春秋戰國以後。其各族之人民。早已互通婚姻。漸漸無差別之可言。故國地一經合併。國民遂爲一體也。而歐洲各國。其種族皆迭起錯出。風俗不同。婚姻不通。此其所以異者二也。坐此二端。故歐洲諸國常分立。而中國全域常統一之所由也。然則其影響何如。凡列國並立者。必相爭。使天下無罪之民。肝腦塗地。又凡封建貴族之國。持國權者必極驕倨。奴視其民。民不堪命。故論安民之政。則列國必不如一統。斯固然也。雖然、列國並立者。以有所爭競。故其政府不能不勵精圖治。以謀國家之進步。求足與他國相角。而不至墮落。如是則國政必修。其國民常與他國相遇。常與戰事相習。則其敵愾好勝之心。自不得不生。如是則民氣必强。國政修。民氣强。而國民之文明幸福。遂隨之而日進。此列國並立之效用也。若我中國以數十代一統之故。其執政者栩然自大。冥然罔覺。不復知有世界大局。惟彌縫苟且以偷一日之安。務壓制其民。以防亂萌。而國政之敗壞萎弱。遂至不可收拾。其國民受壓既久。消磨其敵愾之心。蕩盡其獨立不羈之氣。以至養成不痛不癢今日之天下。此則二千年一統之國勢所影響也。

二 歐洲有分國民階級之風而中國無之

歐洲自今世紀以來。學理大昌。天賦人權平等同胞之聲。徧滿全洲。於是分國民爲數等階級之風漸息矣。而昔者則數千年來。萬方同慨。雖以亞里士多德之高識。猶謂奴隸之制爲天然公理。以希臘羅馬之文明。而其下級社會之民。被虐待者慘無天日。其所謂沐文明之膏澤者。不過國中少數一部之人耳。至如合衆國當十九世紀之時代。尚至爲爭買奴而興干戈。法國既爲共和政體。而貴族之權猶不替。推之亞洲各國。印度分人爲四等之俗。至今未改。日本非人穢多等稱號。至維新後而始除。然則階級之風。殆亦可稱萬國之公俗矣。獨我中國則歷古以來。此風不盛。自漢以後。尤絕無之。卜式以牧羊爲郎。公孫弘以白衣爲丞相。自此以後。布衣卿相之局。司空見慣矣。但使有才能。中資格。則無論出何門第。執何職業。皆可以執政權爲民上。雖中間晉代立九品中正取士之制。其積弊所傾。當時有上品無寒門下品無貴族之評。判然非其立法之本意也。且行之不久。遂亦廢輟。自唐以降。設科取士。平地青雲。更無論矣。兩漢屢下詔免奴婢。近世雖有皁隸奴才不許登仕版之禁。然其數甚微。不能目爲一種階級。故中國可謂之無貴族之國。其民可謂之無階級之民。是又爲中國國體與歐洲大異之一事。

此種異點。其原因何自乎。中國當戰國之時。列國之競爭最劇。相率以發達人材。擴張國勢爲務。其雄鷙之主。知僅恃貴族。不足以豪於天下。故敬禮處士。招致客卿。鄒衍淳于髡蘇秦張儀之流。皆抵掌橫議。以取卿相。貴族世卿之藩籬既已決破矣。而當世聖哲孔子墨子之徒。大倡平等之義。孔譏世卿。墨明尚賢。其門弟子多出身微賤。

名聞一時（子張駔儈也顏涿聚大盜也學於孔子禽滑釐大盜也學於墨子）故天下相與化之以視亞里士多德之主張蓄奴者大有異矣漢高祖既起草澤作天子其左右股肱蕭曹韓彭之流皆起家賤吏牙儈屠狗致身通顯君臣皆如是故能舉自有人類以來天然階級之陋習一掃而空之殆非偶然也歐洲則貴族常智而强賤民常愚而弱故數千年不能破此關亦有由也

此事之影響又何如無階級之國民一般享受幸福固爲文明進化之一徵驗矣雖然進化者以競爭而得競爭者以激搏而生歐洲惟分民爲階級小數之貴族對於多數之平民其慘待不以人理故官民相爭之局屢起民氣日昌民智日開遂能打破積弊一躍而登於太平仁壽之域若我中國人則非受直接之暴虐而常受間接之壓制人人天賦之權雖未嘗盡失而常不完全被民賊暗中侵奪而不自知故怨毒不深而其爭自存也不力又被治之人俄然而可以爲治人之人故桀驁憤激之徒往往降心變節工容媚就繩墨以求富貴故民氣不聚而民心不奮宋太祖所謂天下英雄在吾彀中矣此中國歷代君相愚民之術巧於歐人者也嗚呼我中國民權之難興卽坐是故可悲乎

第三章　結論

中國與歐洲國體上相異之點雖不一就余觀之則莫如此兩者爲最而其一切相異之點皆可以歸納於此兩者之中矣夫以文明之公例論之列國並爭比於合邦統一則合邦統一者爲優有階級之民比於無階級之民則無階級者爲優此天下之所共認也然則我中國之進化遠在歐洲人二千年以前而今日歐洲之文明與我

相比。不啻霄壤。此其故何哉。自春秋以前（西史上世紀）我與歐洲事事相去不遠。自漢以後。我驟進而歐人如舊。自今世紀以來。歐人驟進。而我如舊。二千年所積進化之資格。每下愈況。此其故何哉。吾今更有言一。歐洲自希臘羅馬以來。卽有民選代議之政體。而我中國絶無聞焉。此又其最異之點。而絶奇之事也。中國之無此政體何也。民不求也。民何以不求自伸其權。不求自伸其權。不見他人之有權。故不求也。因一統閉關之故也。不知己之失權。故不求也。因無階級自安之故也。故吾仍以歸納之於前兩者之異點也。嗚呼。夫孰知學理上之文明。乃適以阻實事上文明之進步乎。吾則曰非阻也。未有能善用之者也。嗟乎。往者不可追矣。今日地球縮小。我中國與天下萬國爲比鄰。數千年之統一。俄變爲並立矣。經濟世界之競爭。月異而歲不同。今者以中國爲衆射之的。此後社會上之變動。將有不可思議者。數千年之無階級。俄變爲有階級矣。二千年之停滯。旣不可以得進步。今日當於退步求進步。或者我中國猶有突飛之日乎。

論支那獨立之實力與日本東方政策

今日世界之大問題。爲萬國之所注目者。孰不曰支那哉。支那哉。歐洲人之言曰。支那者世界之天府也。世界之天府。當與世界共之。非一種人之所得私也。亞洲人之言曰。支那者亞洲之中堅也。亞洲之境壤。當亞洲自治之。非他種人之所得攘也。全世界之議論雖多。要不出此兩點。爲折衷之論者曰。後之說以理勝者也。前之說以勢勝者也。天下之事。理常不敵勢。恐亞洲自治之實事。終不可期。則吾輩有力於亞洲之一部分的日本人。無寧與歐人均衡。共享其全部分之利而已。於是日本人對此問題。亦不免各生異議。一曰保亞洲獨立主義。二曰與歐洲均勢主義是也。余亞洲人也，亞洲之支那人也。今且不論理而專論勢，於支那人有獨立之實力與否，請置一言。支那二千年來之歷史，其人民皆富於統一的思想，雖有紛爭割據，恆不及百數十年，輒復合一。故在支那人民，慣受治於一政府之下，而不慣受治於數政府之下。又千年以來，被他族之統治者雖數數見，然決不與統治之他種同化，而恆使彼統治者反而同化於被治之人。此兩者實支那人之特質，大異於歐洲各國者也。因此之故，使歐人能以一國之獨力奄有支那，則支那可亡也。使歐人之奄有支那者，能降心與支那人同化以統治之，則支那可亡也。雖然，此固必無之事也。彼歐人所施於我支那者，不出二端：曰瓜分我土地，强改我習俗而已。然我支那人抵拒之原力則何如。

凡向來列國被瓜分之禍者，必其內部自分裂，然後人得而分裂之。自分裂者何。一曰國內種族相爭，二曰國內小國相爭，三曰國內宗教相爭是也。而我支那本部四萬萬人，其種族皆合一，未嘗有如奧斯馬加國中德意志人與斯拉夫人相競之事。地勢皆合一，未嘗有如印度國中羣酋相噬，互爲殘賊之事。宗教皆合一，未嘗有如土耳其國中回教與耶穌教各據一部分權力，互相衝突之事。雖種族有滿漢之分，然數百萬之滿人，加入支那本部中，其細已甚矣。雖宗教有佛教、耶教之輸入，然佛教不與國家事，不足置重輕；耶教之人無多，雖與尋常人民間生齟齬，然未嘗各結團體以相競爭也。故支那人種、地勢、宗教，皆可謂之爲一統，未嘗有分裂於內者，授人以間隙之可乘也。凡物必自腐，然後蟲生之。人欲施瓜分之術於久習統一之人，豈易言哉，豈易言哉。

昔者統治支那之他種，恆同化於支那人，由彼等皆游牧賤俗，其文明遠在支那下也。今支那頑固守舊者，以此自誇，謂他日亡我者，終必被亡於我。此固夢囈之言，不足掛齒頰。雖然，若欲使我支那人一旦同化於歐人，決非易事也。何也。彼因其人種地勢宗教合一之故。所積於數千年歷史之習慣。浩大而深遠。不易取而强易之也。夫收不同化之民以爲屬國。如食不消化之物於胃中。往往可生病。此歐人之所知也。故其所擴之疆土。率用二法。一曰使之同化於我。二曰使之自行澌滅。絶其種類。如美洲之紅人與濠太利亞之土人。是以第二法待之也。然我中國四萬萬蕃衍之種族。其勢固不能使之如紅人之日澌月滅。以至於盡。而其同化之難又如此。然則西人瓜分支那爲易行之事乎。爲難行之事乎。

今之論支那者。自表面觀。既已氣息奄奄。危於風燭。然於其裏面實有所謂潛勢力者。未可輕蔑視之也。今述其潛勢力之大端。蓋有三焉。

第一、皇上英明仁勇。革新之機未絶也。我皇上深觀中外之故。注意立憲之政。以開民智伸民權爲唯一之主義。而十年以來。上制於西后。下阻於政權。輔佐無人。有志未逮。去年始一著手。未得行其志。遽遭幽閉。新政蹉敗。雖然、今猶幸聖躬安全。生機未絶。他日若得所藉手。重整庶政。借無限之君權。以滌積弊。養將振之民氣。以鞏國基。轉移之間。固非難冀。此所謂潛勢力者一也。

第二、民間社會團結。外人不易干涉也。支那地方自治之力發達最早。今中央政府雖極泯棼。而地方團體實力依然。卽遠遊外國之人。所至各地。皆備自治之體段。乃至勞働社會。及一切下流社會。團結之力。固自甚强。驟然干涉。大非易事。此所謂潛勢力者二也。

第三、海外在留之人。氣象雄大。可爲宗國之用也。支那人在留海外者。凡六七百萬人。其人皆有冒險獨立之性。久於閱歷。頗通外事。商工之力。固足與歐美頡頏。其留學於外。既有成就。因歸國無所用。而流寓於他邦者。亦不之人，使彼數百萬人者，能自相團結，爲一平民政黨之團體，則其力量可比歐洲小國之一國矣。以此力量，外之自爲保護，內之爲國家之聲援，庸可侮乎。此所謂潛勢力者三也。

夫以形勢及歷史上習慣言之則如彼，以實際上潛力言之則如此，然則吾支那非無獨立之實力者，可斷言矣。然進而觀日本人對東方政策則何如。一曰與歐洲均勢主義，則保守福建不讓與之約，進而經營兩浙及礦務鐵路權，以閩浙爲日本之勢力圈，以備他日分裂之後，得分歐人之餘利也。二曰保亞洲獨立主義，則勸導滿洲政府，使其實行改革，以振起國勢，杜歐勢之東漸也。今吾將取此兩說而論之。

夫歐人之心目中，蔑視我亞洲人也久矣。支那固視爲彼懷中之物，即日本亦豈彼等所認爲東方之主人哉。福建雖有不讓與之約，而德人覬覦之，美人亦覬覦之，彼其視此約，殆如無有也。倘一旦有分割之舉，彼歐人之意，殆將使亞洲大陸之上，亞人不得有其寸地。觀於前者遼東之干涉，可知其用心之所存矣。然則日本今日雖斷斷然於此不讓與之約，視福建爲己之勢力圈，試問支那滅裂之後，此地果能歸日本之掌握乎。雖日本人恐亦未敢自信也。且日本得一臺灣，至今數年，未見治效，然則雖得地於支那，未必爲日本之利明矣。故持與歐洲均勢坐視成敗之論者，誠所謂自撤藩籬，招脣亡齒寒之戚而已，殆非遠見者之言也。

若夫爲保全之論者，其宗旨誠是矣，然其著手在於勸導今政府，與尋常之官吏謀聯絡，則吾以爲其所謂保全者，亦不過紙上空言矣。夫枯木不能生華，雄雞不能育卵，無其質也。今政府者，以頑固爲體，以虛詐爲用，若欲與之聯結以保大局，是猶被文繡於糞壤，蒸沙而欲其成飯也。無論彼之必不能革新也，即容忠告之言，興舉一二事，而本原不變，積弊不改，多興一事，多增一蠹，終歸於糜爛而已。故日本雖以扶植今政府爲方針，必至蹉跎歲月。誤盡時機。經歷數年。不見其效。而危亡之運。遂以日迫。他日知其誤。已無及矣。此所謂宗旨不謬而方法謬者也。

吾今述支那獨立之實力如彼。論日本方針之差違如此。深望日本遠志達識之士。比而觀之。則必有知所以著手者固無俟吾之贅言也。認定方針。一貫以行之。必有能達其目的之時。則亞洲自治之基礎。庶可以立。而世界和平之全局。亦可以定矣。

各國憲法異同論

憲法者英語稱爲 Constitution 其義蓋謂可爲國家一切法律根本之大典也。故苟凡屬國家之大典。無論其爲專制政體。（舊譯爲君主之國）爲立憲政體。（舊譯爲君民共主之國）爲共和政體。（舊譯爲民主之國）似皆可稱爲憲法。雖然近日政治家之通稱。惟有議院之國所定之國典乃稱爲憲法。故今之所論述。亦從其狹義。惟就立憲政體之各國。取其憲法之異同而比較之云爾。

第一章　政體

政體之種類。昔人雖分爲多種。然按之今日之各國。實不外君主國與共和國之二大類而已。其中於君主國之內。又分爲專制君主立憲君主之二小類。但就其名而言之。則共和國不與立憲國同類。就其實而言之。則今日之共和國。皆有議院之國也。故通稱之爲立憲政體。無不可也。故此篇所述。專就立憲君主國與共和國論之。而專制君主國不與焉。

全世界上之立憲君主國共和國等。其名稱雖同。至其國內之實情。則皆各國不同。其君主政府之權力若何。國會之權力若何。人民之權利若何。互有大小强弱之異。不可不察也。

憲政（立憲君主國政體之省稱）之始祖者。英國是也。英人於七百年前。已由專制之政體。漸變爲立憲之政體。雖其後屢生變故。殆將轉爲專制。又殆將轉而爲共和。然波瀾起伏。幾歷年載。卒能無恙。以至今日。非徒能不失舊物而已。又能使立憲政體。益加進步。成完全無缺之憲政焉。

其餘歐洲大陸之各國。亦於近古以來。次第將變專制而爲立憲。不幸爲君主及貴族所壓制。其收效不能比英國。於是由壓力而生激力。壓之愈甚。則激之愈烈。至西曆十七世紀之末（即距今百年前也）法國民變大起。摧毀王室而行共和之政。其後更爲拿破侖之帝政。又爲王國。屢次轉變。糜爛不堪。其餘各國。亦相繼騷亂。政體頻變。蓋各國憲政之成就。不過數十年耳。

若英國之憲政則不然。自近古以來。非如各國之有大騷動。故能次第進步。繼長增高。又各國之憲政。多由學問議論而成。英國之憲政。則由實際上而進。故常視他國爲優焉。英人常目他國之憲法爲紙上之憲法。蓋笑其力量之薄弱也。

憲政之國。在歐洲則除俄羅斯土耳其之外。其餘各國皆是也。在亞洲則日本是也。土耳其當十餘年前騷亂之際。曾一布憲法設議院。後卒中止。故至今仍爲專制國云。

第二章　行政立法司法之三權

行政、立法、司法、三權鼎立。不相侵軼。以防政府之專恣。以保人民之自由。此說也。自法國碩學孟德斯鳩始倡之。孟氏外察英國政治之情形。內參以學治之公理。故其說遂爲後人所莫易。今日凡立憲之國。必分立三大權。行政權則政府大臣輔佐君主而掌之。立法權則君主與國會（即議院也）同掌之。司法權則法院承君主之命而掌之。而三權皆統一於君主焉。雖然、其實際則不能盡如此。如英國之巴力門（即英之國會也）。有黜陟政府大臣之權。（凡憲法政府大臣之進退其權皆歸君主）蓋行政立法二權。全歸國會之手。故英國之諺有之曰。國會之權。無事不可爲。除非使男變女女化男。乃做不到耳。觀此可知其權力之大矣。惟司法之權。則仍歸於法院也。

其餘各國。凡有政黨習氣之國。其國會之權力亦甚大。不特能壓倒行政官而已。亦時時能黜陟之。若奧大利德意志及日耳曼之各邦。爲無政黨習氣之國。則反是。又如美國雖屬共和政體。然其行政之大權。實歸大統領之掌握。其政府大臣。大統領得任意黜陟之。蓋行政官之權力比於政黨習氣之君主。反有加云。

孟德斯鳩又云。行政權即行法權也。後世學者。多誦此語。各國之憲法。亦多引用之。是蓋懲於前者君主與政府之專制。欲裁抑其權力。故謂君主及政府之職。但當奉行國會所議之法律而已。殆有爲而發也。平心論之。國家之政務。決非徒執行法律。遂可以盡其責也。故近世學者。頗有辨此語之非者。又康士湯竟、弗郎、等諸碩學。別言國家之權力爲四大權。以行政權爲最重。而隸於行政權之下者。有立法司法兵馬三大權云。從來三權鼎立之說。皆以爲兵馬權包含於行政權之中。雖然、兵馬權之性質。與行政權實有異。康氏弗氏之說。亦不爲無見也。

又孟德斯鳩以爲三大權必須分立。不相統攝。然後可保人民之自由。有碩學布龍哲駁其說。以爲三權全分離。則國家將有不能統一之患。故三權決不可分。而亦不可不分。惟於統一之下而歧分之。最爲完善云。

第三章　國會之權力及選舉議員之權利

古代國會體裁未完備。有分爲數院（即議院）者。亦有惟置一院者。今日則除日耳曼之數小邦。及瑞士之數小邦。惟置一院外。其餘各國。無不有上下二院。蓋兩院並置。其益甚多。既可以防議事之疎漏。而加鄭重綿密。又能使進步保守兩黨之宗旨。保其平均。蓋上院之員每多保守黨。下院之員每多進步黨也。

上院之制度。各國不同。如英國全以王族及貴族及高等之教士充之。而貴族之內。有世襲者。有選舉者。奧國普國及日耳曼各邦。其制雖互有小異。然皆以王族一。貴族二。高等教士三。有功於國事。有功於學術者四。富有田產者五。大學之代表者六（代表猶頭領之意。然亦稍異。蓋衆人之意。皆可託此人以代宣之。則謂之代表）大都會之代表者七充之。意大利、西班牙、葡萄牙亦大略相同。比利時、荷蘭、瑞典、嗹國則少異。上院員獨重納稅多者。其數每更多於他類云。挪威之制度。下院議員選舉既定。乃選拔其四分之一以爲上院議員。

各國上院之制。大略如右。要而論之。凡君主國之上院。其選員約分三種類。一專取貴族者。一專取多納稅者。一兼合數種者。惟德意志帝國。因聯邦而立。故其上院由各邦政府派全權委員以充之。

至於共和政治國（舊稱民主國）上院之制度。法國則於各縣由選舉委員所選舉之議員充之。美國及瑞士。皆以聯邦而立。上院議員則各國之代表也。其選舉之法。美國則由各邦之邦會公舉。瑞士之選舉又分爲二種。其中有數邦由人民選舉。有數邦由邦會選舉。

上院之制。隨各國之國體而異。既已詳之。至下院之制則不然。無論君主國。共和國。雖國體大異。其制皆如出一職。皆由人民之公舉。爲人民之代表。至如英國有云某大學之代表者。則因其大學有許多土地故耳。

下院議員選舉之法。大率分國內爲數區。名之曰選舉區。其每區得舉若干人。皆有定額。至如何然後可以被舉。如何然後可以舉人。其權利則各國小有異同。要而論之。可分爲有限制無限制之二種。無限制者。凡男子及歲。悉與以選舉權。（除瘋癲及刑人不在內）法國德國瑞士是也。其餘各國多爲有限制者。其限制或以年齡。或以財產。或以納稅。種種不等。其寬嚴亦各國不同。而英國之制限最寬焉。又選舉之例。有直選間選二類。直選者。直由人民公舉議員也。間選者。先由人民公舉選舉員。然後再由選舉員公舉議員也。英國、法國、德意志帝國、比利時、意大利、瑞士、美國。皆用直選法。普魯士、西班牙及日耳曼列國中之數小邦。皆用間選法。

以上所言。皆可以舉人之權也。至可以被舉之權。則亦有以年齡財產納稅爲制限者。亦有許及年即得被舉者。惟現任官吏許被舉爲議員否。則各國不同。又有指名某官許被舉。某官不許被舉者。其滿任之年數。亦各國相異。最長者爲英法兩國。英七年。法六年。其他則皆以三年或四年爲度。滿任之時。或同時全院易人。或易其半。留其半。或易其三分之一。亦各不等。

此憲政國上下兩院選任議員之大概也。要之。上院多以王族貴族教士功臣及富人等充之。下院則爲一切人民之代表。故吾前者謂上院多保守黨。下院多進步黨。此實自然必至之勢也。雖不敢謂上院必無進步黨。下院必無保守黨。然其畸重之勢。十居八九矣。夫有保守而無進步。不足以立國。斯固然矣。然有進步而無保守。有時恃氣急進。或亦誤國家之大事。昔法國革命大亂之時。深受此弊。故現時各國因經許多之試驗。皆以兼置兩院爲最善也。

國會之權利。凡自政府提出之改正憲法案件。法律案件。預算案件。（預算如王制所謂冢宰於歲杪制國用也）皆歸其議定。惟美國瑞士遇有憲法當改正者。不由國會議定。而別開一改定憲法會。由人民另舉員以議定之。國會之權力。有政黨習氣之國則加大。往往可以黜陟政府。然非憲法所定本有之權。不過侵軼他權耳。

國會又有監督政府之權利。大臣有違法之事。可訐告之於兩院。而其制亦微有少異。或兩院皆可受訐告。或惟下院可受。又受其訐告以後。審判之權。或委之上院。或委之國事法院。英國則訐告之於下院。而審判之於上院。美國亦然。法國比利時荷蘭審判之權。皆歸國事法院。

第四章　君主及大統領之制與其權力

君主者。立憲政體之國。世襲繼統者也。而其繼襲之法。或專許男子繼統者。如普魯士、瑞典、比利時是也。或兼許女子繼統者。如荷蘭、日耳曼各邦、及英國、西班牙、葡萄牙是也。荷蘭、日耳曼、必本系支系俱無男子。然後以女子入繼。英西葡等則本系苟無男子。雖支系有男子。亦不許立。而惟立本系之女子。

共和國之大統領。必由公舉。定期更任。而其選舉之法。法國、瑞士則由國會。美國則特開選舉統領會以舉之。

凡奉天主教之各國。其憲法必言國王之身神聖也。不可侵犯云云。奧大利、巴威里、西班牙各國皆然。奉耶穌教之各國。則刪去神聖之語。但云國王之身不可侵犯。普魯士、荷蘭等皆然。

又各國皆於憲法上聲明國王無有責任。雖然。又聲明政府大臣有責任。夫大臣所以輔佐君主者也。君主不得大臣之承宣。則不能發制誥而施法律。故君主之責任。即大臣之責任也。惟拿破侖第三所定之憲法。不許君主無責任。其意殆欲以矯法國前朝之弊也。雖然。彼且不能躬踐其實。卒爲人民所放逐。不得其死。然則立此虛法何爲乎。但君主之私產則必當遵守民法。不能踰越。惟於行政上及刑法上可邀特免耳。然其於民法上之關係。凡涉於訴訟規矩。仍與常人大有異。

至共和國之大統領則無論何國。皆有責任。故共和國者。大統領與政府人員同肩責任者也。而美國及瑞士皆有違法之處分其審判不由法院。而由上議院。法國則稍異。大統領非犯叛逆之罪。不受審判。

凡各國君主皆稱大元帥。有統率陸海軍並總管軍令之大權。然共和國則總管軍令之權。歸於國會。故美國大統領惟有指揮預備兵之權耳。其他權利必經國會委任之。然後能有。瑞士亦然。法國之大統領有司軍令之權。雖然、不得稱大元帥統率陸海軍。凡君主皆有宣戰媾和及與他國訂立條約之權。共和國之大統領則無此權。美國宣戰之權。國會掌之。媾和及訂約之權。由大統領請上院之批准而施行之。瑞士則一切權利皆掌握於國會。

凡君主有改正憲法及准駁法律之權利。德國憲法則惟關於陸海軍及關稅等之法律。皇帝得准駁之。至共和國則大異。美國之大統領雖非無准駁改正憲法法律之權。惟須經國會再議。三占從二。苟議員有三分之二以爲可。則大統領不能駁之。瑞士則大統領全無駁案之權利。又以上所言君主駁案之權利。雖著有明文。然用之者甚少。蓋英國二百年以來。未曾有議院議准而君主駁案者云。

凡君主有召集國會及開院閉院停會延會幷解散下議院等之權利。但當命令解散之時。必先定期使新舉之議員。於何時再開院。蓋此解散之權利。不免有拂逆輿論之虞。故定期再集。不可缺也。至共和國之大統領則無此等之權利。

凡君主有發布法律勅令施行一切政務之權。又法院必奉君主之名。執行司法權。又特赦減刑之權利。亦有所限制。

屬於君主及大統領之權利猶多。今惟舉其重要者。其餘姑略之。

第五章　法律命令及預算

法律云者。雖爲總括國家一切法制規則之稱。然於立憲國則惟以經國會議定者稱爲法律。至於君主及政府大臣所發布之法制規則。則別稱之爲命令。而就中又分勅令省令等名稱。

以此之故。立憲國之法律。無不經國會議定者。又於法律之外。預算歲出歲入之一事。亦政府提出之。國會議定之。惟國會議定預算案之權利。各國亦有異同。或得委曲詳細以議之。或否。

又所定法律之界。各國亦有異同。雖難一定。今得舉其重要者。曰民法。曰民事訴訟法。曰刑法。曰刑事訴訟法。曰政法。曰收稅法。曰會計法。曰徵兵法。及定一切官民相接之分宜等之規則是也。英國法律之種類最多。法國最少。德國在其中云。

第六章　臣民之權利及義務（義務者略如名分職分之意）

釐定臣民之權利及職分。皆各國憲法中之要端也。如言論著作之自由。集會結社之自由。行爲之自由。居住之自由所有權利（如某物爲我之所有他人不能占奪者謂之爲所有權利）請願權利（請願者如欲做某事先請之於行政官或與此事有交涉之人是也其詳別著之）及其他重大之各權利並納稅義務兵役義務及其他重大之各義務皆須確定之但各國所定寬嚴亦異

第七章　政府大臣之責任

如前所述立憲各國其政府大臣得由君主任意黜陟惟有政黨習氣之國則其黨人占國會議員之多數者輒舉其黨之首領爲首相而各部大臣皆由首相所任命若奧國法國皆無政黨習氣之國則其黜陟之權仍歸君主而美國黜陟政府權亦歸大統領云政府之大臣合而共執一切之政務又分而各執各種之政務者也故有行政法上刑法上之責任若有違法之事必不可不受其罪故法律勅令必要政府大臣簽名云

日本橫濱中國大同學校緣起

帶中州二萬里靈淑之氣演四萬萬神明之冑材質之慧敏種類之繁殷大地萬國豈有比哉徒以民賊自私愚其黔首遂使聰明錮蔽人才衰落黃農之胤續將爲皁隸洙泗之敎化日就陵夷越在商旅罔能保護攬印度奴隸之由非洲牛馬之故可不憤哉方今萬國交通新學大啓歐米條法日益詳明於是中原志士咸發憤而言變政報館學會繽紛並起北肇强學於京師南開聖學於桂海湖湘陝右角出條奏雲霧既撥風氣大開疆吏以開中西學爲急務總署亦儗遣人出洋學習爲要圖神州不沈或此是賴夫日本三島之地千里之國耳近以步武泰西維新政治國勢之强與歐西等推原其由皆在徧譯西書廣厲學官之故泰西各學若生物心哲化光電重

農工商鑛。莫不兼備。且能出新。其文與中土本同。其地隔渤海一帶。吾中人商旅其地人凡數千。童子之秀。亦復數百。而學堂未設。敎化無聞。材藝不開。人靈坐錮。不其惜乎。泰西通商之地。皆有拜堂以崇其敎主。有書院以訓其童蒙。而中人數百萬。未有一院。此亦可爲大愧恧者也。鄉人遠慕中朝。志士發憤之誠。近採泰西日本敎育之法。立學橫濱。號以大同。庶幾孔子選賢與能。講信修睦之治。萌芽於玆。以孔子之學爲本原。以西文日文爲通學。以中學小學章程爲課則。延中土通才。及日本大學校敎授爲敎習。並於文部省立案。凡由此學滿業之生。准入其高等學校及大學校。或海陸軍學校。以通其專門之學。夫日本大學。與歐美已並駕齊驅。吾中人欲遊學歐美。而苦於資斧者。東遊足矣。天子失官。太廟納樂。斯學之設。非徒敎旅日後來之秀。亦以備西學東道之供。夫日本維新之治。賴伊藤數人之西遊。則中土撥亂之才。安知不出於東土之學校。以保我種族。保我國家。其關繫豈小補哉。所望遠識之士。同志之人。各竭其才。共宏斯義。廣仲翔之舍宅。魯子敬之指囷。庶幾杜陵廣廈。忽突兀於東瀛。徐福童男。還棟梁於漢室。廻滄海之横流。救生民於塗炭。凡我神明之冑。豈無意乎。

論學日本文之益

哀時客既旅日本數月。肄日本之文。讀日本之書。疇昔所未見之籍。紛觸於目。疇昔所未窮之理。騰躍於腦。如幽室見日。枯腹得酒。沾沾自喜。而不敢自私。乃大聲疾呼。以告同志曰。我國人之有志新學者。盍亦學日本文哉。日本自維新三十年來。廣求智識於寰宇。其所譯所著有用之書。不下數千種。而尤詳於政治學。資生學。（即理財學。日本謂之經濟學）智學。（日本謂之哲學）羣學。（日本謂之社會學）等。皆開民智强國基之急務也。吾中國之治西學者固微矣。其譯出各書。偏重於兵學藝學。而政治資生等本原之學。幾無一書焉。夫兵學藝學等專門之學。非舍棄百學而習之不能名家。卽學成矣。而於國民之全部。無甚大益。故習之者希。而風氣難開焉。使多有政治學等類之書。盡人而能讀之。以中國人之聰明才力。其所成就。豈可量哉。今者余日汲汲將譯之以餉我同人。然待譯而讀之。緩而少。不若學文而讀之速而多也。此余所以普勸我國人之學日本文也。或問曰。日本之學從歐洲來耳。而歐學之最近而最精者。多未能流入日本。且既經重譯。失眞亦多。與其學日本文。孰若學英文矣。答之曰。子之言固我所知也。雖然、學英文者經五六年。而始成。其初學成也。尙多窒礙。猶未必能讀其政治學資生學智學羣學等之書也。而學日本文者。數日而小成。數月而大成。日本之學。已盡爲我有矣。天下之事。孰有快於此者。夫日本於最新最精之學。雖不無欠缺。然其大端固已粗具矣。中國人而得此。則其智慧固可以驟增。而人才固可以驟出。如久饜糟糠之人。享以雞豚。亦已足果腹矣。豈必太牢然後爲禮哉。且行遠自邇。登高自卑。先通日文。以讀日本所有之書。而更肄英文以讀歐洲之書。不亦可乎。吾之爲此言。非勸人以不必學英文也。特於學英文之前。不可不先通日本文云爾。

或又問曰。子言學日本文如此其易也。然吾見有學之數年而未能成者甚矣。吾子之好誑也。答之曰。有學日本語之法。有作日本文之法。有學日本文之法。三者當分別言之。學日本語者。一年可成。作日本文者。半年可成。學日本文者。數日小成。數月大成。余之所言者。學日本文以讀日本書也。日本文漢字居十之七八。其專用假名。不用漢字者。惟脈絡詞及語助詞等耳。其文法。常以實字在句首。虛字在句末。通其例而顚倒讀之。將其脈絡詞語助詞之通行者。標而出之。習視之而熟記之。則已可讀書而無窒閡矣。余輯有和文漢讀法一書。學者讀之。直不費俄頃之腦力。而所得已無量矣。此非欺人之言。吾同人多有經驗之者。然此爲已通漢文之人言之耳。若未通漢文而學和文其勢必至顛倒錯雜瞀亂而兩無所成今吾子所言學數年而不通者殆出洋學生之未通漢文者也問曰然則日本語可不學歟曰、是何言歟日本與我脣齒兄弟之國必互泯畛域協同提攜然後可以保黃種之獨立杜歐勢之東漸他日支那日本兩國殆將成合邦之局而言語之互通實爲聯合第一義焉故日本之志士當以學漢文漢語爲第一義支那之志士亦當以學和文和語爲第一義

東籍月旦

敍論

新習得一外國語言文字如新尋得一殖民地雖然得新地而不移民以墾闢之則猶石田耳通語言文字而不讀其書則不過一鸚鵡耳我中國英文英語之見重既數十年學而通之者不下數千輩而除嚴又陵外曾無一人能以其學術思想輸入於中國此非特由其中學之缺乏而已得毋西學亦有未足者耶直至通商數十年後之今日而此事尚不得不有待於讀東籍之人是中國之不幸也然猶有東籍以爲之前驅使今之治東學者得以幹前此治西學者之蠱是又不幸中之幸也

東學之不如西學夫人而知矣何也東之有學無一不從西來也與其學元遺山之詩何如直學杜少陵與其學桐城派古文何如直學唐宋八家然概計我學界現在之結果治西學者之收效轉若不能及治東學者何也其故有二（一）由治西學者大率幼而治學於本國之學問一無所知甚者或並文字而不解且其見識未定不能知所別擇其初學之本心固已非欲求學理爲通儒矣而所從之師又率皆市井闒闠之流所以導之者非學

問之途而衣食之途也雖其中能自拔流俗者未始無人然已麟角鳳毛矣若治東學者大率皆在成童弱冠以上其腦中之自治力別擇力漸以發達故嚮學之心頗切而所獲較多也（二）由欲讀西文政治經濟哲學等書而一一詮解之最速非五六年之功不能若幼童腦力未開循小學校一定之學級以上進則尤非十餘年不可向來治西學者既無遠志又或困於境遇不能卒業故吾國尋常學西文之徒其最高等者不過有中學校卒業之資格而已何怪乎於精深之學問一無所聞也若治東學者苟於中國文學既已深通則以一年之功可以盡讀其書而無隔閡即高等專門諸科苟好學深思者亦常不待求師而能識其崖略故其效甚速也然則以求學之正格論之必當於西而不於東而急就之法東固有未可厚非者矣

治東學者不可不通東語此亦正格也蓋通其語則能入其學校受其講義接其通人上下其議論且讀書常能正確無或毫釐千里以失其本意誠不可少之具矣雖然學東語雖較易於西語然亦非居其地接其人以歲餘之功習之不能若用簡便之法以求能讀其書則慧者一旬魯者兩月無不可以手一卷而味津津矣故未能學語而專學文不學作文而專學讀書亦一急就之法殊未可厚非也

今我國士大夫學東文能讀書者既漸多矣顧恨不得其塗徑如某科當先某科當後欲學某科必不可不先治某科一科之中某書當先某書當後某書爲良某書爲劣能有識抉擇者蓋寡焉同學諸子慫恿草一書以餉來者自念淺學如余未嘗能通其語入其學校非惟專門之學一無所得即普通之學亦未徧習以門外人而語宗廟百官之美富適爲知者嗤而自點耳雖然其留學斯邦諸君子或功課繁劇無暇從事或謙讓自持率不操觚今我不述則恐更閱數年而此種書尙不能出現於我學界斯寧非一恨事歟是用不揣固陋就所見及者草爲

是篇雖無大裨於時彥。抑不至貽誤於後生。是所差堪自信者耳。

第一編　普通學

凡求學者必須先治普通學。入學校受教育者固當如是。卽獨學自修者亦何莫不然。吾中國人疇昔既未一受普通教育。於彼中常兒所通有之學識猶未能具。而欲驟求政治經濟法律哲學等專門之業。未有不勞而無功者也。往昔留學生亦多犯此弊。今皆知之而革之矣。學者卽不能入其中學校循次而進。亦當取其中學課程相等之書。抉擇參考而自讀之。今將日本現行中學校普通科目列示之。

一　倫理
二　國語及漢文
三　外國語
四　歷史
五　地理
六　數學
七　博物
八　物理及化學
九　法制

十　經濟

尙有習字圖畫唱歌體操等科。以不關於讀書故省之。

其法制經濟兩科。乃近年新增者。前此無之。

以上諸學皆凡學者所必由之路。盡人皆當從事者也。除國語漢文一科。我國學者可勿從事外。自餘各門皆不可缺者也。大抵欲治政治學經濟學法律學等者。則以歷史地理爲尤要。欲治工藝醫學等者。則以博物理化爲尤要。然非謂治甲者便可廢乙。治乙者便可廢甲也。不過比較之間。稍有輕重而已。

第一章　倫理學

中國自詡爲禮義之邦。宜若倫理之學無所求於外。其實不然。中國之所謂倫理者。其範圍甚狹。未足以盡此學之蘊也。今請就日本文部省最近所發之訓令。關於中學所敎倫理道德之要領。列其目如下。此專屬中學第四第五年級者

一　對於自己之倫理。健康　生命　知　情　意　職業　財產

二　對於家族之倫理。父母　兄弟　姊妹　子女　夫婦　親族　祖先　婢僕

三　對於社會之倫理。他人之人格　他人之身體　財產　名譽　祕密　約束等　恩誼　朋友　長幼貴賤　主從等　女性　協同　社會之秩序　社會之進步

四　對於國家之倫理。國憲　國法　愛國　兵役　租稅　敎育　公務　公權　國際

五　對於人類之倫理。

六　對於萬有之倫理。動物　天然物　眞　善　美

準是觀之。以比於吾中國所謂倫理者。其廣狹偏全。相去奚翅霄壤耶。故外國倫理學之書。其不可不讀明矣。

或曰、吾所欲求者學問也。智識也。道德之學雖高矣美矣。而不切於急用。子何必斷斷言之。不知學問所以能救世者。以其有精神也。苟無精神。則愈博學而心術愈以腐敗。志氣愈以衰頹。品行愈以詖邪。將安取之。今者中國舊有之道德。既不足以範圍天下之人心。將有決而去之之勢。苟無新道德以輔佐之。則將並舊此之善美者亦不能自存。而橫流之禍。不忍言矣。故今日有志救世者。正不可不研究此學。斟酌中外。發明出一完全之倫理學以為國民倡也。倫理之書。顧可忽乎。今請擇其最適於研究之書一二種前列之。而其餘可供參考者附列焉。各下節皆倣此

又以下所列各參考書。有非習普通學時所必讀者。蓋無論何學。皆進而愈深。其學科常貫徹於小學中學高等學大學也。今因著錄之便。於論普通學時並及之而已。下仿此。

中等教育倫理講話　二冊　文學博士元良勇次郎著　定價一元四角半

此書簡明賅括。最適於初學之用。凡分前後二編。前編第一章至第六章為緒論。內分倫理學之範圍及定義、自己之觀念、即對自己之倫理等課。第七八九章為家族倫理。內分家族組織、親子之道、婚姻論等課。第十章至第二十三章為社會倫理。內分概論、公益論、禮義論、信義論、慈善論、名譽論、訴訟論、娛樂論、獻身論、生命論、財產論、品格論、等課。第二十四章至三十四章為國家倫理。內分國家組織論一斑、臣民相互之關係、納稅之義務、兵役之義務、權利義務之解釋、責任論、國際倫理、一般人類與國家之關係、政府與人民之關係、國民名義之觀念、等課。後編自三十五章至五十四章皆思想倫理。內分生存競爭與德義之關係、自家保存之理法及其制限、勤勞與安息、自愛與愛他之關係、職業之選擇、知與行之關係、欲望論、恭儉與奢侈、殘忍論、安心與懷疑心、反省論、嗜好論、自

由及其制限、改心論、道德之制裁、思想與實行之關係、宗教與倫理之關係、善惡之標準、常道論、等課。一課不過千餘字。言簡而意備。一課之後。皆附以問答。能濬發人思想。誠斯學最善之本也。此書上海廣智書局已譯成

倫理通論　二册　文學博士井上圓了著　定價一元二角

此書以明治二十年出版。距今十有五年。就日本人讀之。覺其已成芻狗。然適合於我國今日之用。全書共九篇。第一篇緒論。凡廿三章。第二篇論人生之目的。凡十七章。第三篇論善惡之標準。凡十八章。第四篇論道德本心。凡十八章。第五第六篇皆論人事進化。凡三十一章。第七第八篇條舉各家異說。凡三十六章。第九篇諸說分類。凡十三章。末附倫理學者年代考。此書就本學各種問題分類。與元良氏之著體例不同。其敍諸家學說。極爲簡明。讀之可以見源流派別。而今日所考定諸新道德。非漫無依据也。故學者若無暇博涉。則專讀此二書。可以知此學之梗概矣。

參考書列後。

中等教育倫理學教科書　法國査彌著　岡田良平譯　四册　定價一元四角

新編倫理教科書　文學博士井上哲次郎、高山林次郎合著　五册　定價一元二角五

岡田氏之書。日本諸學校通用爲教科書者最久。井上、高山。皆著名大家。其書亦精心結撰。但專爲日本人說法。日本國體民俗。有與我國大相反者。故在彼雖爲極良之書。在我則祇足供參考而已。

修身原論　法國福靈著　河津祐之譯　一册　定價六角二

倍因氏倫理學　英國倍因著　法學博士添田壽一譯　五册　定價一元五角

珂氏倫理學　英國珂的活著　中村清彥譯　一冊　定價一元

斯氏倫理原論　英國斯賓塞爾著　田中登作譯　一冊　定價七角

倫理學新書　德國羅哲埃著　立花銑三郎譯　一冊

倫理學　文學博士元良勇次郎著　一冊　定價一元一角

越氏倫理新篇　美國越布列著　渡邊又次郎譯　一冊　定價五角

河津氏之書。乃奉文部省命所譯。倍因氏主張實利主義者也。其書上篇論道德之意義性質。下篇詳論希臘以來諸大家之說。珂氏則主張直覺說。而抑實利說。兩書對照。頗有可觀。斯賓塞之名。久爲我國人所知。其論倫理道德。主張幸福主義。而歸本於進化。但譯本頗不能達其意。羅哲埃之書。專務調和諸說。立論不倚於一偏。在歐西號稱佳本。然譯文亦苦艱澀。元良氏之書。乃其早年之作。繁博過於倫理講話。而精要不逮之。越氏之書。乃撮譯大意。說明實行應用之原則。故亦頗便初學焉。

近育成會新出一叢書。名曰倫理學書解說。凡十二冊。全部定價四元六角　每冊定價四角　取歐美古今斯學名家之書。譯其意而解釋之。書皆鴻作。而解釋者亦著名之人。讀之亦較尋常譯本爲易。茲將其目列後。

一　杜威倫理學綱要

二　斯帝芬倫理學

三　彌爾海脫倫理學

四　泡爾森倫理學

五　薛格瓦脫倫理學
六　阿里士多德倫理學
七　康德倫理學
八　麥懇治倫理學
九　士焦域倫理學
十　明司德保倫理學序論
十一　溫德倫理學
十二　格里安倫理學

此外尚有

主樂派之倫理說　綱島榮一郎講述
賽斯氏倫理學綱要　田中達 渡邊龍聖 共述

皆專門學校出版之書，可供參考。

其尤爲浩瀚博大者，則有

倫理學精義　英國麥懇治著　野口援太郎譯　一册　定價一元四角
倫理學說批判　英國士焦域著　山邊知春 太田秀穗 同譯　一册　定價二元五角
格里安倫理學　英國格里安著　西晉一郎譯　一册　定價二元

格氏麥氏皆英國近世最著名倫理學家其書精深博大可稱斯學之淵海倫理學說批判網羅諸派之學說而加以論斷全書分四篇第一篇爲序論以下三篇則取自利、直覺、功利、三大派各爲一篇而論之一一述其立論之根柢而下以公平之評論苟能卒業一過則於斯學之原流派別大綱細目長短得失皆瞭然矣然此乃哲學科專門之業非治普通學時所能問津也若欲知本學沿革之大概則

倫理學說十回講義　中島力造著　一冊　定價九角

最爲簡明括要而

倫理學史　山本良吉著　一冊　定價一元

東洋西洋倫理學史　木村鷹太郎著　一冊　定價三十五錢

此兩種亦可供參考也

第二章　歷史

歷史者普通學中之最要者也無論欲治何學苟不通歷史則觸處窒礙倀倀然不解其云何故有志學問者當發篋之始必須擇一佳本歷史而熟讀之務通徹數千年來列國重要之事實文明之進步知其原因及其結果然後討論諸學乃有所憑藉不然者是猶無基址而欲起樓臺雖勞而無功矣

欲治政治經濟法律諸學者則歷史爲尤要必當取詳博之本讀之

綜日本歷史之書可分爲八類論之一曰世界史（西洋史附焉）二曰東洋史（中國史附焉）三曰日本史四曰泰西國別史五曰雜史六曰史論七曰史學八曰傳記

第一節　世界史（西洋史附）

日本人所謂世界史萬國史者。實皆西洋史耳。泰西人自尊自大。常覺世界爲彼等所專有者。然故往往敍述阿利安西渡之一種族興廢存亡之事。而謬冠以世界之名。甚者歐洲中部人所著世界史。或幷美國俄國而亦不載。他更無論矣。日本人十年前大率翻譯西籍。襲用其體例名義。天野爲之所著萬國歷史。其自敍乃至謂東方民族。無可以廁入於世界史中之價值。此在日本或猶可言。若吾中國。則安能忍此也。近年以來。知其謬者漸多。大率別立一西洋史之名以待之。而著眞世界史者。亦有一二矣。

日本作史者甚多。然大率互相沿襲。其眞能饜心貴當者蓋寡。試略評之。

欲求最簡明適於初學之用者。莫如

新體西洋歷史敎科書　文學士本多淺治郎著　一册　定價一元

附參照圖畫　同　一册　定價八角

附參考書　同　一册　定價一元八角

此書之所以優於他作者無他。其敍事條分縷析。眉目最淸。以若干乾燥無味之事實。而有一線索以貫之。讀之不使人生厭。每敍一事。不過兩三行而止。而必敍述其原因結果。毫無遺漏。此其所特長也。然以求簡之故。或言之而不能盡。此又無可如何者也。故別著一參考書以補之。大抵日本人所著西洋史可充吾國教科之用者。莫良於此書矣。其參考書則可以供敎師之用也。獨修之學者。宜兩書兼讀之。此書上海廣智書局有譯本。題曰泰西史教科書。

雖然、此書不過臚舉事實。簡明有法耳。至於言文明進步之象。嫌其不詳。其與之相補者。則

萬國史綱　元良勇次郎 家永豐吉 合著　二册　定價一元二角

西洋史綱　箕作元八 峯岸米造 合著　二册　定價一元七角五

此二書皆據歷史上之事實。敍萬國文明之變遷。以明歷史發展之由來。故最重事實之原因結果。而不拘拘於其陳跡。元良家永之書。凡分三編。上古編三章。曰古代東洋。曰希臘。曰羅馬。中古編二章。曰黑闇時代。曰復興時代。近世編二章。曰宗教改革時代。曰政治革命時代。每章分政治史、宗教史、工藝技術史、文學哲學科學史、社會史等門。誠簡要賅備之作也。箕作峯岸之書。上海某局有譯本。題曰歐羅巴通史。

世界通史　德國布列著　和田萬吉譯　一册　定價一元七角

此書在歐西極有盛名。德國文旣重十餘版。美國人某譯為英文。亦已重六版。聞英德諸國之學生。每上堂受講義之時。恆攜帶之以便記憶云。此書所長。在以極簡潔之筆。敍述極多數之事實於少數紙片之中。學生取備遺忘。莫良於此。但其於史事之關聯因果。少所論及。初學者讀之。未免厭厭欲睡。惟旣讀他書有心得者。得此則裨益不淺耳。

其餘參考書。

世界歷史　磯田良編　一册　定價一元

新編萬國歷史　長澤市藏著　三册　定價一元六角五

萬國歷史　天野為之著　一册　定價一元三角

萬國政治歷史　　下山寬一郎著　　此書頗佳惜未成而著者已卒

萬國史要　　辰巳小次郎 小川銀次郎 合著　　一册　　定價八角

以上諸書皆視本多等三書較爲詳悉各有所長可供參考。

萬國史　　今井恆郎編　　一册　　定價一元

此書比於他書雖無特別優勝之處但其每人名地名之下必備注西文原字便於參考。日人以和文假名譯西音詰屈幾不可讀置此書於側以備檢查亦頗便也。

以上諸本皆以歐羅巴史而冒世界史萬國史之名者也其眞可稱爲世界史者惟有最新出之一種。

世界史上卷　　坂本健一編　　一册　　定價一元六角

此書東洋西洋合編材料宏富文章亦流暢有姿態現僅成上卷其西洋史不過敍至阿剌伯人西漸其東洋史不過敍至南北朝然已褎然一巨帙冠絕此類同名之羣著矣學者苟專讀此本亦可以識全球民族榮悴之大勢也。見上海各報告白已有譯之者

萬國史綱目　　重野安繹著　　上編四册　　定價一元

著者爲文學博士大學教授日本漢學家第一流也其書全用漢文所用人名地名亦依瀛寰志略等舊籍所常用者蓋專爲中國人而著也其體例仿朱子綱目用編年體每條皆列一綱其目則低一格敍事頗爲簡潔宜於中國人腦質但近今西史之佳搆無不用紀事本末體舊裁之作萬不能及新著矣重野氏以漢學著名至其新學之學力或不逮後輩遠甚學者苟能讀東文則正不必乞靈於此編耳現僅出上編其下編須本年八九月可

以出版云。未通東文者。得此亦勝於讀岡本監輔之萬國史記。且勝於坊間尋常譯本也。以一書而通上下數千年。其勢萬不能詳。固也。然則欲求詳者。宜讀斷代史。泰西史家率分全史爲上古中古近世最近世四時代。今請擇每時代史中之佳者論之。

西洋上古史　浮田和民著　專門學校講義錄本

上古史　坪內雄藏著　同

二書皆佳。而浮田氏之作。尤爲宏博。僅敍上古。而其卷帙之浩繁。舉諸家全史之著。無有能及之者。而其敍事非好漫爲冗長。蓋於民族之變遷。社會之情狀。政治之異同得失。必如是乃能言之詳盡焉。希臘羅馬之文明。爲近世全世界之文明所自出。學者欲知泰西民族立國之大原。固不可不注意於此。必如浮田斯編。始稍足以饜吾儕之求矣。有志政治學者所尤不可不讀也。

中古史　坪內雄藏著　專門學校講義錄本

中古史者。黑暗時代居其大半。其中於文明之迹無甚可記者。故著述家亦希。佳本殆無之焉。無已。必取此書。

世界近世史　松平康國著　一册　定價一元二角

近世史出版者亦頗少。此編實專門學校講義錄也。題爲世界近世史。蓋眞屬於世界。東洋西洋並載者也。體例謹嚴。文章條達。學者不可不讀之書。

近世泰西通鑑　美國棣亞著　全二十七册

此書乃明治十六年至二十三年陸續出版。（距今十九年至十二年前）係島田三郎、波多野傳三郎、肥塚龍、鈴木良輔、靑木匡、沼間守一等六人同譯皆學界中錚錚人物也其書自土耳其人陷君士但丁奴不起至日耳曼意大利建國統一止凡二十七卷七十三篇比松平氏之書其卷帙約過十四倍東文近世史之詳博無過是者然頗不見重於當今學界日人至今殆無過問者或病其稍繁蕪歟然苟欲專門名家於史則固不可以不讀矣原書初出時定價極昂每册售值一元今則二十七册以二元五角可以得之矣

日本人著譯最近世界史（所謂最近世界即十九世紀也）者凡有六種今全列其目

歐洲新政史	法國米天黎著	東邦協會譯	二册	定價一元
最近世界史上卷	坪井九馬三著		一册	定價一元三角
十九世紀史	英國馬懇西著	幸田成友譯	一册	定價五毫
十九世紀列國史	美國札遜著	福井安岡譯	一册	定價三毫
歐洲十九世紀史	同	大内暢三譯	一册	定價一元二角五
最近世史	松平康國著	專門學校講義錄本		

以上諸本其幸田氏所譯即上海廣學會所曾譯名爲泰西新史攬要之本也福井與大内所譯同一原書然因文字之優劣幾使人截然不知其爲雷同讀大内所譯覺其精神結撰躍躍欲飛而福井之本乃厭厭無生氣焉可知率爾操觚輒欲取前人最著名之作以點竄塗改者誠所謂蒙不潔於西子新學小生亦可以知所戒矣坪井氏之書非不佳惜其未成松平之作必爲良構無可疑者然始見於今年講義錄亦未覩全豹也据現有之書則歐洲新政史歐洲十九世紀史兩者最良矣新政史卷帙稍繁敘事自較詳悉然札遜氏書最晚出參酌前此

諸家之著述而别創新裁蓋其所重者不專在事實而著眼於其大處要處以最簡明之筆而發揮時局之趨勢其自序云以上乘之興味銳敏之眼光觀察事實之裏面而寫出時代之精神非夸言也故欲研究近世史以此書爲最有趣味凡他家著最近世史者皆託始於維也納會議惟此書獨溯諸法國大革命以前是亦其特點也惟其事實不甚詳故宜以歐洲新政史夾輔讀之

此外尙有兩佳書足供參考者

近時外交史　有賀長雄著　一册　定價一元五角

今世歐洲外交史　法國比綢兒著　酒井雄三郎譯　二册　定價三元五角

此兩書雖以外交爲重然十九世紀列國之事蹟幾無不與國際有關係者故不獨專學外交者所必讀即尋常學者亦宜研究也

惟著最近世史者往往專敍其民族爭競變遷政策之煩擾錯雜已屬應接不暇故於學術工藝教育等文明進化之跡勢不得不别爲書以述之頃日本人於此類書尙未有佳本惟有

十九世紀　太陽報臨時增刊　一册　定價四角

此書乃由十數人分門編輯內分西洋東洋政治史、產業史學術史、文藝史、教育史宗教史、等篇雖非能如諸大家之精心結撰然其書固日本現時所獨一無二也與大內氏歐洲十九世紀史合讀於百年來大勢可瞭如矣此兩書上海廣智書局皆已譯成付印

文明史者史體中最高尙者也然著者頗不易蓋必能將數千年之事實網羅於胸中食而化之而以特别之眼

光超象外以下論斷然後爲完全之文明史日本今日尚無一焉惟有

文明史　　家永豐吉著　　專門學校講義錄本

家永氏專研究文明史者也其與元良氏合著之萬國史綱頗有此意惜未能大成此書僅有第一章乃敍述文明史之沿革者偉論精思必當一讀然不可謂之史也此外則

歐羅巴文明史　　法國基梭著　　永峯秀樹譯　　十六册

基氏爲文明史學家第一人此書在歐洲其聲價幾與孟德斯鳩之萬法精理盧梭之民約論相埒近世作者大率取材於彼者居多此本乃由英文重譯間有佶屈不能盡達其意出版在明治九年距今幾三十載矣用漢式釘裝格式頗陳舊現坊間頗難得學者寶之

世界文明史　　高山林次郎著　　一册　　定價三角五

此書敍述全世界民族文明發達之狀況自宗教哲學文學美術等一一具載可以增學者讀史之識惟僅至十八世紀戛然而止自序言別有十九世紀文明一書數月之後便當殺青然至今已三年有餘尚未出版良可惜也

要之西史之書雖復汗牛充棟求其眞完全美滿毫髮無憾者今尚不得一焉鄙人不揣檮昧近有泰西通史之著擬以浮田之上古史坪內之中古史松平之近世史與論社之近世泰西通鑑大內之歐洲十九世紀史酒井之今世外交史數書爲底本而更參考羣書以補助之欲以三年之功成一絕大之史此志若酬雖不能良亦省學者披吟之功不少焉耳

第二節　東洋史（中國史附）

日本人所謂東洋者。對於泰西而言也。卽專指亞細亞洲是也。東洋史之主人翁。實惟中國。故凡以此名所著之書。率十之八九紀載中國耳。故今兩者合論之。

現行東洋史之最良者。推

中等東洋史　桑原隲藏著　二册　定價一元

此書爲最晚出之書。頗能包羅諸家之所長。專爲中學校教科用。條理頗整。凡分全史爲四期。第一上古期。漢族膨脹時代。第二中古期。漢族優勢時代。第三近古期。蒙古族最盛時代。第四近世期。歐人東漸時代。繁簡得宜。論斷有識。

其餘參考書。

東洋史綱　兒島獻吉郎著　二册　定價各三角

東洋史要　市村瓚次郎著　二册　定價七角五

中等教育東洋歷史　木寺柳次郎著　定價八角

中等教育東洋史　藤田豐八著　二册　定價各三角五

兒島氏。初著東洋史之人也。市村氏。在帝國大學中以東洋史名家者也。但諸書雖名爲東洋史。實不過中國史。其他有論及者。皆附庸耳。此未足以稱其名也。今年專門學校新設史學一科。其講義錄中有

東洋史　高桑駒吉著

此書以中國印度爲主。而他國亦不忽略。今尙未出完。待其完成。或可爲東洋史中第一位乎。

東邦近世史　田中萃一郎著　上卷一册　定價一元

東洋之斷代史。舍是書更無他本。此書凡分十章。第一章。歐人通商之初期（拉丁民族）第二章。滿洲之興起。第三章。歐人通商之第二期。（條頓民族）第四章。俄國東方侵略之初期。第五章。印度之蒙古帝國勃興及其瓦解。第六章。英人侵略印度。第七章。滿洲朝之經略西方。第八章。緬越諸國侵略之初期。幷南洋諸島。第九章。中亞英俄衝突之初期。第十章。鴉片戰爭及洪楊之難。其搜羅事實。而連貫之。能發明東西民族權力消長之趨勢。蓋東洋史中最佳本也。上海廣智書局近已譯

要之。東洋史之不完全。比西洋史更甚。蓋材料不足。欲成一偉大之作。斷非一手一足之力所能致矣。中國史。至今訖無佳本。蓋以中國人著中國史。常苦於學識之局。而不達。以外國人著中國史。又苦於事實之略而不具。要之此事終非可以望諸他山也。不得已而求其次。則現時日本人所著最良者爲

支那史　市村瓚次郎　瀧川龜太郎合著　一册　定價一元三角

此書係爲中學教科之用。故極從簡略。凡分六卷。第一卷爲篇三。曰總敘。曰太古史。曰三代史。第二卷爲秦漢史。第三卷爲兩晉南北朝史。第四卷爲隋唐五代史。第五卷爲宋元史。第六卷爲明清史。不過順時代敍下。無有特別結構。但頗能提要鉤元。且稍注意於民間文明之進步。亦中國舊著中所無也。若我國學校據爲教科書。則有所不可。蓋日人以此爲外國史之一科。則其簡略。似此已足。本國人於本國歷史。則所以養國民精神。發揚其愛國心者。皆於是乎在。不能以此等隔河觀火之言充數也。

支那通史　那珂通世著　已出五冊　定價二元五角

此書全用漢文。前在上海已有重刻本。但僅至宋代而止。其近世史尚闕如也。此書與市村氏之著。體裁略同。而完善尚不逮之。蓋前書頗近新體。此書全仍舊體也。此外著者雖多。更等諸自鄶矣。

清史擥要　六冊

敍述二百年來事。頗有爲中國史家所諱者。亦可以供參考也。

支那開化小史　田口卯吉著　一冊　定價六角五

此書實史論體也。所重者在論斷。而不在事實。故其所記載。惟擇其有關於議論者而錄之。至其論則目光如炬。善能以歐美之大勢。抉中國之病源。誠非吾邦詹詹小儒所能夢也。漢以前尤爲精絕。又眉端有評騭者數家。皆用漢文。其議論頗足與原書相補云。此書上海廣智書局已有譯本而譯筆頗劣

支那文明史　白河次郎 國府種德 同著　一冊　定價三角五

中國爲地球上文明五祖國之一。且其文明接續數千年。未嘗間斷。此誠可以自豪者也。惟其文明進步變遷之跡。從未有敍述成史者。蓋由中國人之腦質。知有朝廷而不知有社會。知有權力而不知有文明也。此書乃草創之作。雖非完善。然大輅椎輪。厥意亦良善矣。內分十一章。第一章、世界文明之源泉。及支那民族。第二章、原始時代之神話及古代史之開展。第三章、支那民族自西亞細亞來之說。第四章、學術宗教之變遷概說。第五章、政治思想及君主政體之發展。第六章、曆數地理之發達及變遷。第七章、建築土木之發達及變遷。第八章、文字書法繪畫之發達及變遷。第九章、支那人用歐洲印刷術之源流。第十章、音樂之發達及變遷。第十一章、金屬之使用

及舟車其第三章第五章最有獨到之論此外門外漢語亦不少別有

支那文明史論　中西牛郎著　一册　定價三角五

亦足供參考上海普通學書室有譯本

此外言中國近世事者甚多分屬史論及傳記兩門論之其學術史亦別從其類

第三節　日本史

國民教育之精神莫急於本國歷史日本人之以日本歷史爲第一重要學科自無待言但以華人而讀東籍則此科甚爲閑著因其與數千年來世界之大勢毫無關係也故我輩讀日本史第一義欲求知其近今之進步則明治史爲最要第二義欲求知其所以得此進步之由則幕末史亦在所當讀若前乎此者則雖闕之可也今著錄其最有名者數種

帝國史略　有賀長雄著　一册　定價一元五角

著者爲當世名士最留意於制度文物之變遷議論常有特識其區分時代處尤能見國民發達之次第東人稱爲名著

二千五百年史　竹越與三郎著　一册　定價一元五角

此書在日本史中卷帙最稱浩博著者以能文名其史筆明暢飛動學界最寶之

日本開化小史　田口卯吉著　六册　定價七角半

與支那開化小史同出一人之手其議論常多獨到處雖我邦人讀之亦不至生厭若欲略知日本數千年進化

之跡。毋寧此書爲良。

開國始末　島田三郎著　一冊　定價一元五角

開國起原　勝安房著　三冊　定價三元

懷往事談　福地源一郎著　一冊　定價二角

三書皆敍述德川幕府末葉之事實。蓋日本之過渡時代也。日本所以能成爲今日之日本者。皆彼時代諸豪傑之賜也。讀之最可以發揚精神。於我學界尤爲要品矣。

讀日本史莫難於明治歷史。而明治歷史竟無佳本。吾人所不解也。惟有

明治歷史　坪谷善四郎著　二冊　定價六角

用此名著述者。惟此一本耳。然非其佳者。無已則惟「太陽」臨時增刊有奠都三十年一書。其中有一種題爲

明治三十年史

者。內分學術思想史、政治史、軍政史、外交史、財政史、司法史、宗教史、教育史、文學史、交通史、產業史、風俗史、等十二編。由一時名士分門纂輯。實近史中之最適於我學界者也。上海廣智書局有譯本。改題日本維新三十年史。

飲冰室文集之五

立憲法議

有土地人民立於大地者謂之國。世界之國有二種。一曰君主之國。二曰民主之國。設制度施號令以治其土地人民謂之政。世界之政有二種。一曰有憲法之政（亦名立憲之政）二曰無憲法之政。（亦名專制之政）採一定之政治以治國民謂之政體。世界之政體有三種。一曰君主專制政體。二曰君主立憲政體。三曰民主立憲政體。今日全地球號稱强國者十數。除俄羅斯爲君主專制政體。美利堅法蘭西爲民主立憲政體。外自餘各國則皆君主立憲政體也。君主立憲者。政體之最良者也。民主立憲政體。其施政之方略。變易太數。選舉總統時。競爭太烈。於國家幸福。未嘗不間有阻力。君主專制政體。朝廷之視民如草芥。而其防之如盜賊。民之畏朝廷如獄吏。而其嫉之如仇讎。故其民極苦。而其君與大臣亦極危。如彼俄羅斯者。雖有虎狼之威於一時。而其國中實杌隉而不可終日也。是故君主立憲者。政體之最良者也。地球各國既行之而有效。而按之中國歷古之風俗。與今日之時勢。又採之而無弊者也。（三種政體舊譯爲君主民主君民共主名義不合故更定今名）

憲法者何物也。立萬世不易之憲典。而一國之人。無論爲君主爲官吏爲人民。皆共守之者也。爲國家一切法度之根源。此後無論出何令更何法。百變而不許離其宗者也。西語原字爲 THE CONSTITUTION 譯意猶言元氣也。蓋謂憲法者一國之元氣也。

立憲政體。亦名爲有限權之政體。專制政體。亦名爲無限權之政體。有限權云者。君有君之權。權有限。官有官之權。權有限。民有民之權。權有限。故各國憲法。皆首言君主統治之大權及皇位繼襲之典例。明君之權限也。次言政府及地方政治之職分。明官之權限也。次言議會職分及人民自由之事件。明民之權限也。我中國學者。驟聞君權有限之義。多有色然而驚者。其意若曰君也者。一國之尊無二上者也。臣民皆其隸屬者也。只聞君能限臣民。豈聞臣民能限君。臣民而限君。不幾於叛逆乎。不知君權有限云者。非臣民限之。而憲法限之也。且中國固亦有此義矣。王者之立也。郊天而薦之。其崩也。稱天而謚之。非以天爲限乎。言必稱先王。行必法祖宗。非以祖爲限乎。然則古來之聖師哲王。未有不以君權有限爲至當不易之理者。即歷代君主。苟非殘悍如秦政隋煬。亦斷無敢以君權無限自居者。乃數千年來。雖有其意而未舉其實者。何也。則以無憲法故也。以天爲限。而天不言。以祖宗爲限。而祖宗之法。不過因襲前代舊規。未嘗採天下之公理。因國民之所欲。而勒爲至善無弊之大典。是故中國之君權。非無限也。欲有限而不知所以爲限之道也。今也內有愛民如子勵精圖治之聖君。外有文明先導可師可法之友國。於以定百世可知之成憲。立萬年不拔之遠猷。其在斯時乎。其在斯時乎。各國憲法。既明君與官之權限。而又必明民之權限者何也。民權者所以擁護憲法。而不使敗壞者也。使天下古今之君主。其仁慈睿智。皆如我今上皇帝。則求助於民可也。不求助於民亦可也。雖然。以禹湯之聖。而不能保子孫無桀紂。以高光之明。而不能保子孫無桓靈。此實千古之通軌。不足爲諱者矣。使不幸而有如桀紂者出。濫用大權。恣其暴戾。以蹂躪憲法。將何以待之。使不幸而有如桓靈者出。旁落大權。奸雄竊取。以蹂躪憲法。又將何以待之。故苟無民權。則雖有至良極美之憲法。亦不過一紙空文。毫無補濟。其事至易明也。不特此也。即使代代之君主。聖皆如湯禹。明皆如高光然。一國之大。非能一人獨治之也。必假手於官吏。官吏又非區區少數之人已也。乃至千萬焉億兆焉。天下上聖少而中材多。是故勉善難而從惡易。其所以不敢爲非者。有法以限之而已。其所以不敢不守法者。有人以監之而已。乃中國未嘗無法以限官吏。亦未嘗不設人以監官吏之守法。而卒無效者何也。則所以監之者非其道也。懼州縣之不守法也。而設道府以監之。道府不守法。又將若何。懼道府之不守法也。而設督撫以監之。督撫不守法。又將若何。所謂法者既不盡可行。而監之之人又未必賢於其所監者。掣肘則有萬能。救弊則無一效。監者愈多。而治體愈亂。有法如無法。法乃窮。是故監督官吏之事。其勢不得不責成於人民。蓋由利害關切於己身。必不肯有所徇庇。耳目皆屬於衆。論更無所容其舞文也。是故欲君權之有限也。不可不用民權。欲官權之有限也。更不可不用民權。憲法與民權。二者不可相離。此實不易之理。而萬國所經驗而得之也。

孟子曰。天下之生久矣。一治一亂。此爲專制之國言之耳。若夫立憲之國。則一治而不能復亂。專制之國。遇令辟則治。遇中主則衰。遇暴君即亂。即不遇暴君。而中主與中主相續。因循廢弛之既久。而亦足以致亂。是故治日常少。而亂日常多。歷觀中國數千年致亂之道。有亂之自君者。如嫡庶爭立。母后擅權。暴君無道等是也。有亂之自臣者。如權相篡弒。藩鎮跋扈等是也。有亂之自民者。或爲暴政所迫。或爲饑饉所驅。要之皆朝廷先亂。然後民亂也。若立憲之國。則無慮是。君位之承襲。主權之所屬。皆有一定。而豈有僉壬得乘隙以爲奸者乎。大臣之進退。一由議院贊助之多寡。君主察民心之所向。然後授之。豈有操莽安史之徒。能坐大於其間者乎。且君主之發一政施一令。必謀及庶人。因國民之所欲。經議院之協贊。其有民所未喻者。則由大臣反覆宣布於議院。必求多數之共贊而後行。民間有疾苦之事。皆得提訴於議院。更張而利便之。而豈有民之怨其上者乎。故立憲政體者。永絕亂萌之政體也。館閣頌揚通語。動曰國家億萬年有道之長。若立憲政體。眞可謂國家億萬年有道之長矣。卽如今日英美德日諸國。吾敢保其自今以往。直至天荒地老。而國中必無內亂之憂也。然則謀國者亦何憚而不採此政體乎。吾儕之昌言民權十年於茲矣。當道者憂之嫉之畏之。如洪水猛獸然。此無怪其然也。蓋由不知民權與民主之別。而謂言民權者必與彼所戴之君主爲仇。則其憂之嫉之畏之也固宜。不知有君主之立憲。有民主之立憲。兩者同爲民權。而所以馴致之途。亦有由焉。凡國之變民主也。必有迫之使不得已者也。使英人非虐待美屬。則今日之美國。猶澳洲加拿大也。使法王非壓制其民。則今日之法國。猶波旁氏之朝廷也。故欲翊戴君主者。莫如興民權。不觀英國乎。英國者世界中民權最盛之國也。而民之愛其皇若父母焉。使英廷以曩昔之待美屬者待其民。則英之爲美續久矣。不觀日本乎。日本者亞洲民權濫觴之國也。而民之敬其皇若帝天焉。使日皇如法國路易第十四之待其民。則日本之爲法續久矣。一得一失。一榮一瘁。爲君者宜何擇焉。愛其君者宜何擇焉。

抑今日之世界。實專制立憲兩政體新陳嬗代之時也。按之公理。凡兩種反比例之事物相嬗代。必有爭。爭則舊者必敗。而新者必勝。故地球各國。必一切同歸於立憲而後已。此理勢所必至也。以人力而欲與理勢爲敵。譬猶以卵投石。以蜉撼樹。徒見其不知量耳。昔距今百年以前。歐洲各國除英國外。皆專制也。壓之既極。法國大革命。忽焉爆裂。聲震天地。怒濤遂波及全歐。民間求立憲者。各國皆然。俄普奧三國之帝。結同盟以制其民。有內亂則互相援助。而奧相梅特涅以陰鷙狡悍之才。執歐洲大陸牛耳四十年。日以壓民權爲事。卒不能敵。身敗名裂。距今五十年頃。而全歐皆立憲矣。尙餘一土耳其。則各國目之爲病夫。日思豆剖而瓜分之者也。尙餘一俄羅斯。雖國威赫赫於外。然其帝王之遇刺者三世矣。至今猶鉏麑滿地。寢息不安。爲君之難。一至於此。容何樂耶。故百年以來地球各國之轉變。凡有四別。其一。君主順時勢而立憲法者。則其君安榮。其國寧息。如普奧日本等國是也。其二、君主不肯立憲。民迫而自立。遂變爲民主立憲者。如法國及南美洲諸國是也。其三。民思立憲。君主不許。而民間又無力革命。乃日以謀刺君相爲事者。如俄羅斯是也。其四。則君民皆不知立憲之美。舉國昏蒙。百政廢弛。遂爲他族夷而滅之者。如印度安南諸國是也。四者之中。孰吉孰凶。何去何從。不待智者而決矣。如彼普奧之君相。初以爲立憲之有大害於己也。故出死力以爭之。及既立憲之後。始知非惟無害。又大利焉。應爽然失笑。悔前者之自尋煩惱矣。然猶勝於法國之路易第十六。欲悔而無及也。今西方之嬗代。既已定矣。其風潮遂環捲而及於東土。日本得風氣之先。趨善若渴。元氣一立。遂以稱強。中國彼昏日醉。陵夷衰微。情見勢絀。至今而極矣。日本之役。一棒之。膠旅之警。一喝之。團匪之禍。一拶之。識者已知國家元氣爲須臾不可緩。蓋今日實中國立憲之時機已到矣。當局者雖欲阻之。烏從而阻之。頃當局者既知興學育才之爲務矣。學校中多一少年。卽國民中多一立憲黨。何也。彼其人苟有愛國心。而略知西人富強所由來者。未有不以此事爲第一義也。故中國究竟必與地球文明國同歸於立憲。無可疑也。特今日而立之。則國民之蒙福更早。而諸先輩尸其功。今日而沮之。則國家之進步稍遲。而後起者爲其難。如斯而已。苟眞有愛君愛國心者。不可不熟察鄙言也。

問者曰、然則中國今日遂可行立憲政體乎。曰。是不能。立憲政體者。必民智稍開而後能行之。日本維新在明治初元。而憲法實施在二十年後。此其證也。中國最速亦須十年或十五年。始可以語於此。問者曰。今日既不可遽行。而子汲汲然論之何也。曰、行之在十年以後。則定之當在十年以前。夫一國猶一身也。人之初就學也。必先定吾將來欲執何業。然後一切學識。一切材料。皆儲之爲此業之用。故醫士必於未行醫之前數年而自定爲醫。商人必於未經商之前數年而自定爲商。此事之至淺者也。惟國亦然。必先定吾國將來採用何種政體。然後凡百之布置。凡百之預備。皆從此而生焉。苟不爾爾。則如航海而無南針。縫衣而無量尺。亂流而渡。不知所向。彌縫補苴。不成片段。未有能濟者也。故採定政體。決行立憲。實維新開宗明義第一事。而不容稍緩者也。既定立憲矣。則其立之之次第當如何。曰憲法者萬世不易者也。一切法度之根源也。故當其初立之也。不可不精詳審愼。而務止於至善。日本之實行憲法也。在明治二十三年。其頒布憲法也。在明治十三年。而其草創憲法也。在明治五年。當其草創之始。特派大臣五人遊歷歐洲。考察各國憲法之同異。斟酌其得失。既歸而後開局以制作之。蓋其愼之又愼。豫之又豫也如此。今中國而欲行之。則吾以爲其辦理次第當如左。

一　首請皇上渙降明詔。普告臣民。定中國爲君主立憲之帝國。萬世不替。

次二　宜派重臣三人遊歷歐洲各國及美國日本。考其憲法之同異得失。何者宜於中國。何者當增。何者當棄。帶領通曉英法德日語言文字之隨員十餘人同往。其人必須有學識。不徒解方言者。並許隨時向各國聘請通人以爲參贊。以一年差滿回國。又此次所派考察憲法之重臣隨員宜並各種法律如行政法民法商法刑法之類皆悉心考究

次三　所派之員既歸。即當開一立法局於宮中。草定憲法。隨時進呈御覽。

次四　各國憲法原文及解釋憲法之名著。當由立法局譯出。頒布天下。使國民咸知其來由。亦得增長學識。以爲獻替之助。

次五　草稿既成。未即以爲定本。先頒之於官報局。令全國士民皆得辨難討論。或著書。或登新聞紙。或演說。

或上書於立法局。逐條析辯。如是者五年或十年。然後損益制定之。定本既頒。則以後非經全國人投票。不得擅行更改憲法。

次六　自下詔定政體之日始。以二十年爲實行憲法之期。

本篇乃論憲法之當速立。及其如何辦法。至各國憲法之異同得失。及中國憲法之當如何。余亦略有管見。但今茲論之尚非其時。願以異日。

少年中國說

日本人之稱我中國也。一則曰老大帝國。再則曰老大帝國。是語也。蓋襲譯歐西人之言也。嗚呼。我中國其果老大矣乎。梁啓超曰。惡。是何言。是何言。吾心目中有一少年中國在。

欲言國之老少。請先言人之老少。老年人常思既往。少年人常思將來。惟思既往也。故生留戀心。惟思將來也。故生希望心。惟留戀也。故保守。惟希望也。故進取。惟保守也。故永舊。惟進取也。故日新。惟思既往也。事事皆其所已經者。故惟知照例。惟思將來也。事事皆其所未經者。故常敢破格。老年人常多憂慮。少年人常好行樂。惟多憂也。故灰心。惟行樂也。故盛氣。惟灰心也。故怯懦。惟盛氣也。故豪壯。惟怯懦也。故苟且。惟豪壯也。故冒險。惟苟且也。故能滅世界。惟冒險也。故能造世界。老年人常厭事。少年人常喜事。惟厭事也。故常覺一切事無可爲者。惟好事也。故常覺一切事無不可爲者。老年人如夕照。少年人如朝陽。老年人如瘠牛。少年人如乳虎。老年人如僧。少年人如俠。老年人如字典。少年人如戲文。老年人如鴉片煙。少年人如潑蘭地酒。老年人如別行星之隕石。少年人如大洋海之珊瑚島。老年人如埃及沙漠之金字塔。少年人如西伯利亞之鐵路。老年人如秋後之柳。少年人如春前之草。老年人如死海之瀦爲澤。少年人如長江之初發源。此老年與少年性格不同之大略也。梁啓超曰。人固有之國亦宜然。

梁啓超曰。傷哉老大也。潯陽江頭琵琶婦。當明月繞船。楓葉瑟瑟。衾寒於鐵。似夢非夢之時。追想洛陽塵中春花秋月之佳趣。西宮南內。白髮宮娥。一燈如穗。三五對坐。談開元天寶間遺事。譜霓裳羽衣曲。青門種瓜人。左對孺人。顧弄孺子。憶侯門似海珠履雜遝之盛事。拿破侖之流於厄蔑。阿剌飛之幽於錫蘭。與三兩監守吏或過訪之好事者。道當年短刀匹馬馳騁中原。席捲歐洲。血戰海樓。一聲叱咤。萬國震恐之豐功偉烈。初而拍案。繼而撫髀。終而攬鏡。嗚呼。面皴齒盡。白髮盈把。頹然老矣。若是者。舍幽鬱之外無心事。舍悲慘之外無天地。舍頹唐之外無日月。舍歎息之外無音聲。舍待死之外無事業。美人豪傑且然。而況於尋常碌碌者耶。生平親友。皆在墟墓。起居飲食。待命於人。今日且過。遑知他日。今年且過。遑恤明年。普天下灰心短氣之事。未有甚於老大者。於此人也。而欲望以拏雲之手段。回天之事功。挾山超海之意氣。能乎不能。

嗚呼。我中國其果老大矣乎。立乎今日。以指疇昔。唐虞三代。若何之郅治。秦皇漢武。若何之雄傑。漢唐來之文學。若何之隆盛。康乾間之武功。若何之烜赫。歷史家所鋪敍。詞章家所謳歌。何一非我國民少年時代良辰美景賞心樂事之陳跡哉。而今頹然老矣。昨日割五城。明日割十城。處處雀鼠盡。夜夜雞犬驚。十八省之土地財產。已爲人懷中之肉。四百兆之父兄子弟。已爲人注籍之奴。豈所謂老大嫁作商人婦者耶。嗚呼。憑君莫話當年事。憔悴韶光不忍看。楚囚相對。岌岌顧影。人命危淺。朝不慮夕。國爲待死之國。一國之民爲待死之民。萬事付之奈何、一切憑人作弄亦何足怪。

梁啓超曰。我中國其果老大矣乎。是今日全地球之一大問題也。如其老大也。則是中國爲過去之國。卽地球上昔本有此國。而今漸澌滅。他日之命運殆將盡也。如其非老大也。則是中國爲未來之國。卽地球上昔未現此國。而今漸發達。他日之前程且方長也。欲斷今日之中國爲老大耶。爲少年耶。則不可不先明國字之意義。夫國也者何物也。有土地有人民。以居於其土地之人民。而治其所居之土地之事。自制法律而自守之。有主權有服從。人人皆主權者。人人皆服從者。夫如是。斯謂之完全成立之國。地球上之有完全成立之國也。自百年以來也。完全成立者。壯年之事也。未能完全成立而漸進於完全成立者。少年之事也。故吾得一言以斷之曰。歐洲列邦在今日爲壯年國。而我中國在今日爲少年國。

夫古昔之中國者。雖有國之名。而未成國之形也。或爲家族之國。或爲酋長之國。或爲諸侯封建之國。或爲一王專制之國。雖種類不一。要之其於國家之體質也。有其一部而缺其一部。正如嬰兒自胚胎以迄成童。其身體之一二官支。先行長成。此外則全體雖粗具。然未能得其用也。故唐虞以前爲胚胎時代。殷周之際爲乳哺時代。由孔子而來至於今爲童子時代。逐漸發達。而今乃始將入成童以上少年之界焉。其長成所以若是之遲者。則歷代之民賊有窒其生機者也。譬猶童年多病。轉類老態。或且疑其死期之將至焉。而不知皆由未完全未成立也。非過去之謂。而未來之謂也。

且我中國疇昔。豈嘗有國家哉。不過有朝廷耳。我黃帝子孫。聚族而居。立於此地球之上者既數千年。而問其國之爲何名。則無有也。夫所謂唐虞夏商周秦漢魏晉宋齊梁陳隋唐宋元明清者。則皆朝名耳。朝也者。一家之私産也。國也者。人民之公産也。朝有朝之老少。國有國之老少。朝與國既異物。則不能以朝之老少而指爲國之老少明矣。文武成康。周朝之少年時代也。幽厲桓赧。則其老年時代也。高文景武。漢朝之少年時代也。元平桓靈。則其老年時代也。自餘歷朝。莫不有之。凡此者謂爲一朝廷之老也則可。謂爲一國之老也則不可。一朝廷之老且死。猶一人之老且死也。於吾所謂中國者何與焉。然則吾中國者。前此尚未出現於世界。而今乃始萌芽云爾。天地大矣。前途遼矣。美哉我少年中國乎。

瑪志尼者。意大利三傑之魁也。以國事被罪。逃竄異邦。乃創立一會。名曰少年意大利。舉國志士。雲湧霧集以應之。卒乃光復舊物。使意大利爲歐洲之一雄邦。夫意大利者。歐洲第一之老大國也。自羅馬亡後。土地隸於教皇。政權歸於奧國。殆所謂老而瀕於死者矣。而得一瑪志尼。且能舉全國而少年之。況我中國之實爲少年時代者耶。堂堂四百餘州之國土。凛凛四百餘兆之國民。豈遂無一瑪志尼其人者。

龔自珍氏之集有詩一章。題曰能令公少年行。吾嘗愛讀之。而有味乎其用意之所存。我國民而自謂其國之老大也。斯果老大矣。我國民而自知其國之少年也。斯乃少年矣。西諺有之曰。有三歲之翁。有百歲之童。然則國之老少。又無定形。而實隨國民之心力以爲消長者也。吾見乎瑪志尼之能令國少年也。吾又見乎我國之官吏士民能令國老大也。吾爲此懼。夫以如此壯麗濃郁翩翩絕世之少年中國。而使歐西日本人謂我爲老大者何也。則以握國權者皆老朽之人也。非哦幾十年八股。非寫幾十年白摺。非當幾十年差。非捱幾十年俸。非遞幾十年手本。非唱幾十年諾。非磕幾十年頭。非請幾十年安。則必不能得一官進一職。其內任卿貳以上。外任監司以上者。百人之中。其五官不備者。殆九十六七人也。非眼盲則耳聾。非手顫則足跛。否則半身不遂也。彼其一身飲食步履視聽言語。尚且不能自了。須三四人在左右扶之捉之。乃能度日。於此而乃欲責之以國事。是何異立無數木偶而使之治天下也。且彼輩者自其少壯之時。既已不知亞細歐羅爲何處地方。漢祖唐宗是那朝皇帝。猶嫌其頑鈍腐敗之未臻其極。又必搓磨之陶冶之。待其腦髓已涸。血管已塞。氣息奄奄。與鬼爲鄰之時。然後將我二萬里山河。四萬萬人命。一舉而畀於其手。嗚呼。老大帝國。誠哉其老大也。而彼輩者。積其數十年之八股白摺當差捱俸手本唱諾磕頭請安。千辛萬苦。千苦萬辛。乃始得此紅頂花翎之服色。中堂大人之名號。乃出其全副精神。竭其畢生力量。以保持之。如彼乞兒拾金一錠。雖轟雷盤旋其頂上。而兩手猶緊抱其荷包。他事非所顧也。非所知也。非所聞也。於此而告之以亡國也。瓜分也。彼烏從而聽之。烏從而信之。即使果亡矣。果分矣。而吾今年既七十矣。八十矣。但求其一兩年內。洋人不來。强盜不起。我已快活過了一世矣。若不得已。則割三頭兩省之土地奉申賀敬。以換我幾箇衙門。賣三幾百萬之人民作僕爲奴。以贖我一條老命。有何不可。有何難辦。嗚呼。今之所謂老后老臣老將老吏者。其修身齊家治國平天下之手段。皆具於是矣。西風一夜催人老。凋盡朱顏白盡頭。使走無常當醫生。攜催命符以祝壽。嗟乎痛哉。以此爲國。是安得不老且死。且吾恐其未及歲而殤也。

梁啓超曰。造成今日之老大中國者。則中國老朽之冤業也。製出將來之少年中國者。則中國少年之責任也。彼老朽者何足道。彼與此世界作別之日不遠矣。而我少年乃新來而與世界爲緣。如僦屋者然。彼明日將遷居他方。而我今日始入此室處。將遷居者。不愛護其窗櫳。不潔治其庭廡。俗人恆情。亦何足怪。若我少年者前程浩浩。後顧茫茫。中國而爲牛爲馬爲奴爲隸。則烹臠鞭箠之慘酷。惟我少年當之。中國如稱霸宇內。主盟地球。則指揮顧盼之尊榮。惟我少年享之。於彼氣息奄奄與鬼爲鄰者何與焉。彼而漠然置之。猶可言也。我而漠然置之。不可言也。使舉國之少年而果爲少年也。則吾中國爲未來之國。其進步未可量也。使舉國之少年而亦爲老大也。則吾中國爲過去之國。其澌亡可翹足而待也。故今日之責任。不在他人。而全在我少年。少年智則國智。少年富則國富。少年强則國强。少年獨立則國獨立。少年自由則國自由。少年進步則國進步。少年勝於歐洲。則國勝於歐洲。少年雄於地球。則國雄於地球。紅日初升。其道大光。河出伏流。一瀉汪洋。潛龍騰淵。鱗爪飛揚。乳虎嘯谷。百獸震惶。鷹隼試翼。風塵吸張。奇花初胎。矞矞皇皇。干將發硎。有作其芒。天戴其蒼。地履其黃。縱有千古。橫有八荒。前途似海。來日方長。美哉我少年中國。與天不老。壯哉我中國少年。與國無疆。

三十功名塵與土。八千里路雲和月。莫等閑白了少年頭。空悲切。此岳武穆滿江紅詞句也。作者自六歲時即口受記憶。至今喜誦之不衰。自今以往。棄哀時客之名。更自名曰少年中國之少年。　作者附識。

中國積弱溯源論

嗚呼。中國之弱。至今日而極矣。居今日而懵然不知中國之弱者。可謂無腦筋之人也。居今日而恝然不思救中國之弱者。可謂無血性之人也。乃或雖略知之而不察其所以致弱之原。則亦雖欲救之而不得所以爲救之道。譬有患瘵病者。其臟腑之損失。其精血之竭蹶。已非一日。昧者不察。謂爲無病。一旦受風寒暑溼之侵暴。或飲食消養之失宜。於是病象始大顯焉。庸醫處此。謂其感冒也。而投辛散之劑以表之。謂其滯食也。而投峻削之劑以攻之。不知伏於新病之前者。有舊病焉。爲外病之導線者。有內病焉。治其新而遺其舊。務其外而忽其內。雖欲治之。烏從而治之。其稍進者。見其羸尫瘠瘵之亟當培養也。而又習聞夫參苓朮桂之可以引年也。於是旁採舊方進以補劑。然而積痾未除。遽投斯品。不惟不能收驅病之效。且恐反爲增病之媒。雖欲治之。又烏從而治之。是故善醫者。必先審病源。其病愈久。則其病源愈深而遠。其病愈重。則其病源愈多而繁。淺而近者易見。深而遠者難明。簡而單者。雖庸醫亦能抉其藩。多而繁者。雖國手亦或眯於目。夫是以醫者如牛毛。而良者如麟角也。醫一身且然。而況醫一國者乎。

嗟乎。吾中國今日之病。顧猶未久耶。吾中國今日之病。顧猶未重耶。昔扁鵲過齊。齊桓侯客之。入朝。見曰。君有疾。在腠理。不治將深。桓侯曰。寡人無疾。後五日。扁鵲復見。曰。君有疾在血脈。不治將深。桓侯曰。寡人無疾。後五日復見。曰。君有疾在腸胃間。不治將深。桓侯不應。扁鵲出。桓侯不悅。後五日。扁鵲復見。望見桓侯而退走。桓侯使人問其故。鵲曰。疾之在腠理也。湯熨之所及也。在血脈。鍼石之所及也。其在腸胃。酒醪之所及也。其在骨髓。雖司命無奈之何。今在骨髓。臣是以無請也。後五日。桓侯體病。使人召扁鵲。鵲已逃去。桓侯遂死。嗟乎。吾中國今日之受病。有以異於此乎。夫病猶可也。病而不自知其病。不可爲也。不自知其病猶可爲也。有告以病者。且疑而惡之。不可爲也。嗚呼。吾國之受病。蓋政府與人民各皆有罪焉。其馴致之也非一時。其釀成之也非一人。其敗壞之也非一事。易曰。履霜堅冰至。所由來者漸矣。淺識者流。徒見夫江河日下之勢。極於今時。因以爲中國之弱。直此數年間事耳。不知其積弱之源。遠者在數千百年以前。近者亦在數十年之內。積之而愈深。引之而愈長。夫使蚤三十年而治之。則一湯熨之勞耳。使早十年而治之。亦一鍼石之力耳。而乃蹉跎蹉跎。極於今日。夫豈無一二先覺懷抱方術。大聲疾呼。思欲先時而拯之者。其奈舉世夢夢。昊天悠悠。非特不採其術。不聽其言。直將窘之逐之。戮之絕之。使舉國之人。無不諱疾忌醫。以圖苟全。至於今日。殆扁鵲望而退走之時矣。雖然。孟子不云乎。七年之病求三年之艾。苟爲不蓄。終身不得。今日始知爲病而始謀醫之。雖曰遲乎。然使失今不爲。更閱數年。必有欲求如今日而不可復得者。我同胞國民。夫豈無怵惕惻隱於其心者乎。抑吾尤懼夫所稱國手者。不審夫所以致弱之原因。不得其所以救之之道。處今日危急存亡間不容髮之頃。而猶出庸醫之伎倆。摭拾目前一二小節。彌縫補苴。藥不對症。一誤再誤。而終斷送我國於印度埃及土耳其之鄉也。故於敍述近事之前。先造此論。取中國病源之繁雜而深遠者。一一論列之。疏通之。證明之。我同胞有愛國者乎。按脈論而投良藥焉。今雖瞑眩。後必有瘳。其愼勿學齊桓侯之至死不寤也。

第一節　積弱之源於理想者

國家之强弱。一視其國民之志趣品格以爲差。而志趣品格。有所從出者一物焉。則理想是已。理想者何物也。人人胸中所想像。而認爲通常至當之理者也。凡無論何族之民。必有其社會數千年遺傳之習慣。與其先哲名人之所垂訓所傳述。漸漬深入於人人之腦中。滌之不去。磨之不磷。是之謂理想。理想者天下之最大力量者也。其力能生出種種風俗。種種事業。凡有一舊理想久行於世界者。而忽焉欲以一反比例之新理想奪而易之。非有雷霆萬鈞之力不能。中國人腦中之理想。其善而可寶者固不少。其誤而當改者亦頗多。歐西日本有恆言曰。中國人無愛國心。斯言也。吾固不任受焉。而要之吾國民愛國之心。比諸歐西日本。殊覺薄弱焉。此實不能爲諱者也。而愛國之心薄弱。實爲積弱之最大根源。吾嘗窮思極想。推究其所以薄弱之由。而知其發源於理想之誤者。有三事焉。

一曰、不知國家與天下之差別也。中國人向來不自知其國之爲國也。我國自古一統。環列皆小蠻夷。無有文物。無有政體。不成其爲國。吾民亦不以平等之國視之。故吾中國數千年來。常處於獨立之勢。吾民之稱禹域也。謂之爲天下。而不謂之爲國。既無國矣。何愛之可云。夫國也者。以平等而成。愛也者。以對待而起。詩曰。兄弟鬩於牆。外禦其侮。苟無外侮。則雖兄弟之愛。亦幾幾忘之矣。故對於他家。然後知愛吾家。對於他族。然後知愛吾族。游於他省者。遇其同省之人。鄉誼殷殷。油然相愛之心生焉。若在本省。則舉目皆同鄉。漠然視爲衆路人矣。惟國亦然。必對於他國。然後知愛吾國。歐人愛國之心所以獨盛者。彼其自希臘以來。卽已諸國並立。此後雖有變遷。而其爲列國也依然。互比較而不肯相下。互爭競而各求自存。故人人腦中之理想。常有一國字浮於其間。其愛國也。不教而自能。不約而自同。我中國則不然。四萬萬同胞。自數千年來。同處於一小天下之中。視吾國之外。無他國焉。緣此理想。遂生二蔽。一則驕傲而不願與他國交通。二則怯懦而不欲與他國爭競。以此而處於今日交通自由競爭最烈之世界。安往而不窒礙耶。故此爲中國受病之第一根源。雖然。近年以來。此理想有迫之使不得不變更消滅者矣。

二曰。不知國家與朝廷之界限也。吾中國有最可怪者一事。則以數百兆人立國於世界者數千年。而至今無一國名也。夫曰支那也。曰震旦也。曰釵拿也。是他族之人所以稱我者。而非吾國民自命之名也。曰唐虞夏商周也。曰秦漢魏晉也。曰宋齊梁陳隋唐也。曰宋元明淸也。皆朝名也。而非國名也。蓋數千年來。不聞有國家。但聞有朝廷。每一朝之廢興。而一國之稱號卽與之爲存亡。豈不大可駭而大可悲耶。是故吾國民之大患。在於不知國家爲何物。因以國家與朝廷混爲一談。寖假而以國家爲朝廷之所有物焉。此實文明國民之腦中所夢想不到者也。今夫國家者全國人之公産也。朝廷者一姓之私業也。國家之運祚甚長。而一姓之興替甚短。國家之面積甚大。而一姓之位置甚微。朝廷云者。不過偶然一時爲國民中巨擘之巨室云爾。有民而後有君。天爲民而立君。非爲君而生民。有國家而後有朝廷。國家能變置朝廷。朝廷不能吐納國家。其理本甚易明。而我國民數千年醉迷於誤解之中。無一人能自拔焉。眞可奇也。試觀二十四史所載名臣名將。功業懿鑠聲名彪炳者。舍翊助朝廷一姓之外。有所事事乎。其曾爲我國民增一分之利益。完一分之義務乎。而全國人顧嘖嘖焉稱之曰。此我國之英雄也。夫以一姓之家奴走狗。而冒一國英雄之名。國家之辱莫此甚也。乃至舍家奴走狗之外。而數千年幾無可稱道之人。國民之恥更何如也。而我四萬萬同胞。顧未嘗以爲辱焉。以爲恥焉。則以誤認朝廷爲國家之理想。深入膏肓而不自知也。夫使認朝廷爲國家。而於國家之成立無所損。吾亦何必斷斷焉。無如國家之思想不存。即獨立之志氣全萎。但使有一姓能箝制我而鞭箠我者。我即從而崇拜之擁護之。馴至異種他族踐吾土而食吾毛。亦瞯然奉之爲朝廷。且侈然視之爲國家。若是者蓋千餘年於茲矣。推此理想也。則今日之印度。豈嘗無朝廷哉。我國民其亦將師印度而恬不爲怪也。中國所以永遠沉埋之根源。皆在於此。此理想不變。而欲能立國於天地之間。其道無由。

三曰不知國家與國民之關係也。國也者積民而成。國家之主人爲誰。即一國之民是也。故西國恆言。謂君也官也。國民之公奴僕也。凡官吏以公事致書於部民。其簡末自署。必曰汝之僕某某。蓋職分所當然也。非其民之妄自尊大也。所以尊重國民之全體而不敢褻。即所以鞏護國家之基礎而勿使壞也。乃吾中國人之理想有大異於是者。唐韓愈之言曰。君者出令者也。臣者行君之令而致諸民者也。民者出粟米麻絲作器皿通貨財以事其上者也君不出令則失其所以爲君臣不行君令則失其所以爲臣民不出粟米麻絲作器皿通貨財以事其上則誅。嗟乎愈之斯言也。舉國所傳誦而深入於人人之腦中者也。嗟乎如愈之言吾壹不解夫斯民之在斯世。竟如是其贅旒而無謂也。吾壹不解夫自主獨立之國民。爲今世文明之國所最尊重者竟當盡誅而靡有孑遺也。今使有豪奴於此。奪其主人之財產爲己有。而曰主人供億若稍不周。行將鞭撻而屠戮之。雖五尺童子未有不指爲大逆不道者。今愈之言。何以異是乎。而我國民守之爲金科玉律曾不敢稍生疑議焉。更無論駁詞也。是眞不可解者也。孟子曰生於其心害於其政發於其政害於其事。蓋我國民所以沈埋於十八層地獄而至今不獲見天日者。皆由此等邪說成爲義理而播毒種於人心也。數千年之民賊。旣攘國家爲己之產業繫國民爲己之奴隸。曾無所於怍。反得援大義以文飾之。以助其凶燄。遂使一國之民不得不轉而自居於奴隸。性奴隸之性。行奴隸之行。雖欲愛國而有所不敢。有所不能焉。何也。奴隸而干預家事。未有不獲戾者也。旣不敢愛不能愛則惟有漠然視之袖手而觀之。家之昌也。則歡娛焉醉飽焉。家之敗也。則褰裳以去別投新主而已。此奴隸之恆情也。故夫西人以國爲君與民所共有之國。如父兄子弟通力合作以治家事。有一民卽有一愛國之人焉。中國不然。有國者僅一家之人。其餘則皆奴隸也。是故國中雖有四萬萬人而實不過此數人也。夫以數人之國與億萬人之國相遇。安所往而不敗也。

以上三者實爲中國弊端之端。病源之源。所有千瘡百孔。萬穢億腥。皆其子孫也。今而不欲救中國則已耳。苟欲救之。非從此處拔其本塞其源。變數千年之學說。改四百兆之腦質。雖有善者。無能爲功。乃我同胞之中知此義者旣已如鳳毛麟角矣。或知之而不敢言。或言之而行不遠。此所以流失敗壞。極於今時。而後顧茫茫。未知稅駕於何日者也。

第二節　積弱之源於風俗者

今之論國事者。每一啓齒。未有不太息痛恨唾駡官吏之無狀矣。夫吾於官吏。則豈有恕辭焉。吾之著此書。卽將當局者十年來殃民誤國之罪。一一指陳之而不爲諱者也。雖然。吾以爲官吏之可責者固甚深。而我國民之可責者亦復不淺。何也。彼官吏者。亦不過自民間來。而非別有一種族與我國民渺不相屬者也。故官吏由民間而生。猶果實從根幹而出。樹之甘者其果恆甘。樹之苦者其果恆苦。使我國民而爲良國民也。則任於其中簽掣一人爲官吏。其數必贏於良。我國民而爲劣國民也。則任於其中愼擇一人爲官吏。其數必倚於劣。此事有必至理有固然者也。久矣夫聚羣盲不能成一離婁。聚羣聾不能成一師曠。聚羣怯不能成一烏獲。以今日中國如此之人心風俗。卽使日日購船礮。日日築鐵路。日日開礦務。日日習洋操。亦不過披綺繡於糞牆。鏤龍蟲於朽木。非直無成。醜又甚焉。故今推本窮源。述國民所以腐敗之由。條列而僂論之。非敢以玩世嫉俗之言。駡盡天下也。或者吾國民一讀而猛省焉。庶幾改之。予日望之。今將風俗之爲積弱根源者。舉其犖犖大端如下。

一曰奴性。數千年民賊之以奴隸視吾民。夫旣言之矣。雖然。彼之以奴隸視吾民。猶可言也。吾民之以奴隸自居。不可言也。孟子曰。人必自侮。然後人侮之。故使我誠不甘爲奴隸。則必無能奴隸我者。嗟乎。吾不解吾國民之秉奴隸性者何其多也。其擁高官籍厚祿盤踞要津者。皆稟奴性獨優之人也。苟不有此性。則不能一日立於名場利藪間也。一國中最有權勢者。旣在於此輩。故舉國之人他無所學。而惟以學爲奴隸爲事。驅所謂聰明俊秀第一等之人相率而入於奴隸學校。不以爲恥。反以爲榮。天下可駭可痛之事。孰有過此者。此非吾過激之言也。諸君未嘗游京師。未嘗入宦場。雖聞吾言。或不信焉。苟躬歷其境。見其昏暮乞憐之態。與其趑趄囁嚅之形。恐非徒怵惕而有不慊於心。更必且赧怍而不忍挂諸齒。孟子曰。人之所以求富貴者。其妻妾見之而不相泣者。幾希矣。誠至言哉。誠至言哉。夫居上流之人既如此矣。尋常百姓。又更甚焉。鄉曲小民。視官吏如天帝。望衙署如宮闕。奉搢紳如神明。昔西報嘗有戲言。謂在德國爲俾士麥。不如在中國做一知縣。在英國爲格蘭斯頓。不如在中國做一縣丞。非過言也。然則官吏之所以驕橫暴戾。日甚一日者。未始不由民間驕縱之而養成之也。且天下惟能諂人者。爲能驕人。亦惟能驕人者。爲能諂人。州縣之視百姓。則奴隸矣。及其對道府以上。則自居於奴隸也。監司道府之視州縣。則奴隸矣。及其對督撫。則自居於奴隸也。督撫視司道以下。皆奴隸矣。及其對君后。則自居於奴隸也。其甚者。乃至對樞垣閣臣。或對至穢至賤宦寺宮妾。而亦往往自居奴隸也。若是乎。舉國之大。竟無一人不被人視爲奴隸者。亦無一人不自居奴隸者。而奴隸視人之人。亦即爲自居奴隸之人。豈不異哉。豈不痛哉。蓋其自居奴隸時所受之恥辱苦孽。還以取償於彼所奴隸視之人。故雖日日爲奴。而不覺其苦。反覺其樂。不覺其辱。反覺其榮焉。不見夫土豪乎。皂役乎。彼入而見長官也。局蹐瑟縮。無所容。吮癰舐痔。無不至。及出而武斷鄉曲。則如虎傅翼。擇肉而食。而小民之畏彼媚彼。奔走而奉養彼者。固自不乏人矣。若是乎。彼之所得者。足以償所失而有餘也。若是乎。奴隸不可爲。而果可爲也。是以一國之人。轉相倣效。如蟻附羶。如蠅逐臭。如疫症之播染。如肺病之傳種。昔有某畫報繪中國人之狀態者。圖爲一梯。梯有級。級有人。級千百焉。人無量數焉。每級之人。各皆向其上級者稽首頂禮。各皆以足蹴踏其下級者。人人皆頂禮人焉。人人皆蹴踏人焉。雖曰虐謔。亦實情也。故西國之民。

無一人能淩人者，亦無一人被淩於人者。中國則不然，非淩人之人，即被淩於人之人，而被淩於人之人，旋即可以爲淩人之人。咄咄怪事，咄咄妖孽，吾無以名之，名之曰奴性而已。故西國之民，有被壓制於政府者，必羣集抗論之，抵拒之，務底於平而後已。政府之壓制且然，外族之壓制更無論矣。若中國則何有焉，忍氣吞聲，視爲固然，曰惟奴性之故。嗟乎！奴隸云者，既無自治之力，亦無獨立之心，舉凡飲食男女衣服起居，無不待命於主人，而天賦之人權，應享之幸福，亦遂無不奉之主人之手。衣主人之衣，食主人之食，言主人之言，事主人之事，倚賴之外無思想，服從之外無性質，諂媚之外無笑語，奔走之外無事業，伺候之外無精神，呼之不敢不來，麾之不敢不去，命之生不敢不生，命之死亦無敢不死。得主人之一盻，博主人之一笑，則如獲異寶，如膺九錫，如登天堂，囂然誇耀儕輩以爲榮寵。及攖主人之怒，則俯首屈膝，氣下股慄，雖極其淩蹴踐踏，不敢有分毫牴忤之色，不敢生分毫憤奮之心。他人視爲大恥奇辱，不能一刻忍受，而彼怡然安爲本分。是即所謂奴性者也。今試還視我國人，蟻民之事官吏，下僚之事長官，有一不出於此途者乎？不寧惟是而已，凡民之受壓制於官吏而能安之者，必其受壓制於異族而亦能安之者也。法儒孟德斯鳩之言曰：民之有奴性者，其與國家交涉，止有服役納稅二事。二者固奴隸之業，自餘則靡得與聞也。故雖國事危急之際，彼蚩蚩者狃於歷朝亡國之習慣，以爲吾知納稅與服役，盡吾奴隸之責任耳。脫有他變，則吾亦納稅與服役，盡吾奴隸之責任耳。失一家更得一家，去一主更易一主，天下至大，主人至衆，安所往而不得奴隸。譬猶犬也，豢而飼我，則爲之守夜而吠人；苟易他主，仍復豢而飼我，則吾亦爲之守夜而吠人。其身既與國家無絲毫之關係，則直不知國家爲何物，亦不必問主國家者爲何人，別闢一渾噩之天地，別構一醉夢之日月，以成爲刀刺不傷、火爇不痛之世界。嗚呼！有如此性，有如此民，積之千歲，毒徧億

身生如無生人而非人欲毋墮落恃奚以存匪敵亡我緊我自淪斯害不去國其灰塵此吾不能不痛心疾首而大棒大喝於我國民者也

二曰愚昧凡人之所以爲人者不徒眼耳鼻舌手足臟腑血脈而已而尤必有司覺識之腦筋焉使四肢五官具備而無腦筋猶不得謂之人也惟國亦然既有國形復有國腦腦之不具形爲虛存國腦者何則國民之智慧是已有智慧則能長其志氣有智慧則能增其膽識有智慧則能生其實力有智慧則能廣其謀生之途有智慧則能美其合羣之治集全國民之良腦而成一國腦則國於以富於以强反是則日以貧日以弱國腦之不能離民智而獨成猶國體之不能離民體而獨立也信如斯也則我中國積弱之源從可知也四萬萬人中其能識字者殆不滿五千萬人也此五千萬人中其能通文意閱書報者殆不滿二千萬人也此二千萬人中其能解文法執筆成文者殆不滿五百萬人也此五百萬人中其能讀經史略知中國古今之事故者殆不滿十萬人也此十萬人中其能略通外國語言文字知有地球五大洲之事故者殆不滿五千人也此五千人中其能知政學之本源考人羣之條理而求所以富强吾國進化吾種之道者殆不滿百數十人也以堂堂中國而民智之程度乃僅如此此有心人所以睊睊而長悲也而吾所最悲者不悲夫少特達智慧之人而悲夫少通常智慧之人蓋特達智慧者人類中之至難得者也非惟中國不多有之卽西國亦不多有之若夫通常智慧則異是矣西國之民自六七歲時無論男女皆須入學校至十四五歲然後始出校其校中所讀之書籍皆有定本經通儒碩學之手編成凡所以美人性質長人志趣濬人識見導人材藝者無不備焉卽使至貧之家至鈍之童皆須在校數年卽能卒業數卷而其通常之智慧則固既有之矣故無論何人皆能自治其身自謀其生一尋常之信人人皆能寫一淺

近之報人人皆能讀但如是而其國腦之强已不可思議其國基之固已不可動搖矣且天下未有通常智慧之人多而不能出一特達智慧之人者亦未有通常智慧之人少而能出特達智慧之人者以天賦聰明而論中國人豈必讓於西人哉然以我國第一等智慧之人與西國第一等智慧之人比較而常覺其相去霄壤者則以乏通常智慧故也今之所謂搢紳先生者咿唔占畢欺驕鄉愚曾不知亞細歐羅是何處地方漢祖唐宗係那朝皇帝然而秀才舉人出於斯焉進士翰林出於斯焉寖假而州縣監司出於斯焉軍機督撫出於斯焉我二十餘省之山河四百兆人之性命一舉而付於其手矣若以此爲不足語耶舍而求之於市廛之商旅鄉井之農氓更每下愈況矣何也我國固無通常智慧之人也以此而處於今日腦與腦競爭之世界所謂盲人騎瞎馬夜半臨深池天下之險象孰有過是者也雖然明知其險而無以易之此所以日弱一日而至於今也夫今日拳匪之禍論者皆知爲一羣愚昧之人召之也然試問全國之民庶其不與拳匪一般見識者幾何人全國之官吏其不與通拳諸臣一般見識者幾何人國腦不具則今日一拳匪去明日一拳匪來耳而我二十餘省之山河四百兆人之性命遂將從此而長已也是不可不深長思者也

三曰爲我天下人亦孰不愛己乎孰不思利己乎愛己利己者非聖人之所禁也雖然人也者非能一人獨立於世界者也於是乎有羣又非能以一羣占有全世界者也於是乎有此羣與彼羣一人與一人交涉則內吾身而外他人是之謂一身之我此羣與彼羣交涉則內吾羣而外他羣是之謂一羣之我同是我也而有大我小我之別焉當此羣與彼羣之角立而競爭也其勝敗於何判乎則其羣之結合力大而强者必贏其羣之結合力薄而弱者必絀此千古得失之林矣結合力何以能大何以能强必其一羣之人常肯絀身而就羣捐小我而衛大我

於是乎愛他利他之義最重焉。聖人之不言爲我也。惡其爲羣之賊也。人人知有身不知有羣。則其羣忽渙落摧壞。而終被滅於他羣。理勢之所必至也。中國人不知羣之物爲何物。羣之義爲何義也。故人人心目中但有一身之我。不有一羣之我。昔日本將搆釁於中國。或有以日本之小中國之大疑勢力之不敵者。日相伊藤博文曰。中國名爲一國。實則十八國也。其爲一國。則誠十餘倍於日本。其爲十八國。則無一能及日本之大者。吾何畏焉。乃果也戰端既起。而始終以直隸一省敵日本全國。以取大敗。非伊藤之僥倖而言中也。中國羣力之薄弱。固早已暴著於天下矣。又豈惟分爲十八國而已。彼各省督撫者。初非能結合其所治之省而爲一羣也。不過徼倖戰禍不及於己轄。免失城革職之處分。借設防之名。以觀成敗而已。其命意爲一己。而非爲一省也。彼各省之民亦非能聯合其同省以爲一羣也。幸鋒鏑未臨於眉睫。而官吏亦不強我使急公家之急。因飽食以嬉焉。袖手而觀焉。其命意亦爲一己也。昔吾聞明懷宗煤山殉國之日。而吾廣東省城日夜演戲。初吾不甚信之。及今歲到上海。正値聯軍入北京之日。而上海笙歌簫鼓。熙熙焉。融融焉。無以少異於平時。乃始椎胸頓足。痛恨於我國民之心既已死盡也。此無他。爲我而已矣。諺有之曰。各人自掃門前雪。不管他人瓦上霜。吾國民人人腦中皆橫亙此二語。奉爲名論。視爲祕傳。於是四萬萬人。遂成爲四萬萬國焉。亡此國而無損於我也。則束手以任其亡。無所芥蔕焉。甚且亡此國而有益於我也。則出力以助其亡。無所慚怍焉。此誠爲我者魑魅魍魎之情狀也。以此而立於人羣角逐之世界。欲以自存。能乎不能。

四曰好僞。好僞至極至於如今日之中國人。眞天下所希聞。古今所未有也。君之使其臣。臣之事其君。長之率其屬。屬之奉其長。官之治其民。民之待其官。士之結其耦。友之交其朋。無論何人。無論何事。無論何地。無論何時。而皆以僞之一字行之。奏章之所報者。無一非僞事。條告之所頒者。無一非僞文。應對之所接者。無一非僞語。舉國官缺大半無事可辦。有職如無職。謂之僞職。一部律例。十有九不遵行。有律如無律。謂之僞律。文之僞也。而以八股墨卷。謂爲聖賢之微言。武之僞也。而以弓刀箭石。謂爲干城之良選。以故統兵者扣額尅餉。而視爲本分之例規。購械者以一報十。而視爲應得之利益。閹寺名分至賤。而可以握一國之實權。胥隸執業至醜。而可以掌全署之威福。凡茲百端。皆生於僞。然僞猶可療也。僞而好之。不可瘳也。世有號稱清流名士者流。其面常有憂國之容。其口不少哀時之語。讀其文則字字皆賈生之痛哭涕零。誦其詩則篇篇皆少陵之孤忠義憤。而考其行。則醇酒婦人也。察其心。則且食蛤蜊也。夫既無心愛國。無心憂國。則亦已矣。而爲此無病之呻吟何爲焉。雖然。彼固不自覺其爲僞也。因好之深。而習慣之。以爲固然也。尤有咄咄怪事者。如前者日本之役。今茲團匪之難。竟有通都大邑之報館。撫拾殘唐水滸之讕語。以構爲劉永福空城之計。李秉衡黃河之陣者。而舉國之人。靡然而信之。夫靡然而信之。則是爲作僞者所欺也。猶可言也。及其事過境遷。作僞情狀。既已敗露。而前此之信之者。尚津津然樂道之。叩其說。則曰過屠門而大嚼。雖不得肉。且快意焉。是則所謂好僞也。不可言也。嗚呼。中國人好僞之憑據。萬緒千條。若盡說者。更僕難盡。孔子曰。民無信不立。至舉國之人。而持一僞字以相往來。則亦成一虛僞泡幻之國而已。本則先撥。雖無外侮之來。亦豈能立於天地間耶。

五曰怯懦。中國民俗。有與歐西日本相反者一事。卽歐日尚武。中國右文是也。此其根源。殆有由理想而生者。中庸曰。寬柔以敎。不報無道。南方之强也。孝經曰。身體髮膚。受之父母。不敢毀傷。孟子曰。好勇鬬狠。以危父母。不孝也。凡此諸論。在先聖昔賢。蓋有爲而言。所謂言非一端。各有所當者也。降及末流。誤用斯言。遂寖成錮疾。以冒險爲大戒。以柔弱爲善人。至有好鐵不打釘。好子不當兵之諺。抑豈不聞孔子又有言曰。能執干戈以衞社稷。可無殤也。吾嘗觀歐西日本之詩。無不言從軍樂者。又嘗觀中國之詩。無不言從軍苦者。甲午乙未間。日本報章所載贈友人從軍詩。以千億計。皆祝其勿生還者也。兵之初入營者。戚黨贈之以標。曰祈戰死。以視杜甫兵車行所謂車轔轔。馬蕭蕭。行人弓箭各在腰。爺娘妻子走相送。塵埃不見咸陽橋。牽衣頓足攔道哭。哭聲直上干雲霄。其一勇一怯。相去何太遠耶。何怪乎中日之役。綠旗湘淮軍數十萬。皆鼓聲甫作。已棄甲曳兵而走也。夫兵者不祥。聖賢之無義戰。寧非至道歟。雖然。爲君相者不可以好兵。而爲國民者。不可以無勇。處今日生存競爭最劇最烈。百虎眈視。萬鬼環瞰之世界。而薾然偷息。酣然偃臥。高語仁義。寧非羞耶。詩曰。天之方蹶。無爲夸毗。傳曰。夸毗。謂柔脆無骨之人也。夫人而柔脆無骨。謂之非人焉可也。合四萬萬柔脆無骨之人。而成一國民。吾不知其如何而可也。中國世俗。有傳爲佳話者一二語。曰百忍成金。曰唾面自乾。此誤盡天下之言也。夫人而至於唾面自乾。天下之頑鈍無恥。孰過是焉。天生人而畀之以權利。且畀之以自保權利之力量。隨卽畀之以自保權利之責任者也。故人而不思保護其權利者。卽我對於我而有未盡之責任也。故西儒之言曰。侵人自由權者爲第一大罪。放棄己之自由權者罪亦如之。放棄何以有罪。謂其長惡人之氣燄。損人類之資格也。犯而不校。在盛德君子。偶一行之。雖有足令人起敬者。然欲使盡天下而皆出於此途。是率天下人而爲無骨無血無氣之怪物。而弱肉強食之禍。將不知所終極也。中國數千年來。誤此見解。習非勝是。並爲一談。使勇者日卽於銷磨。而怯者反有所藉口。遇勢力之強於己者。始而讓之。繼而畏之。終而媚之。弱者愈弱。強者愈強。奴隸之性。日深一日。民權由茲而失。國權由茲而亡。彼當局之人。日日割地而不以爲怍者。豈非所謂能讓者耶。豈非所謂唾面自乾者耶。無勇之害。一至於此。彼西方之敎曷嘗不曰愛敵如友。降己下人乎。然其人民遇有壓力之來。未有不出全力以抗拒之者。爲國流血。爲民流血。爲道流血。數千年西史不絕書焉。先聖昔賢之單語片言。固非頑鈍無恥者所可藉以藏身也。吾聞日本人有所謂日本魂者。謂尙武之精神是也。嗚呼。吾國民果何時始有此精神乎。吾中國魂果安在乎。吾欲請帝遣巫陽而招之。

六曰無動。老子有言曰。無動爲大。此實千古之罪言也。夫日非動不能發光熱。地非動不能育萬類。人身之血輪。片刻不動。則全身凍且僵矣。故動者萬有之根原也。易曰。天行健。君子以自強不息。論語曰。逝者如斯夫。不舍晝夜。動之謂也。乃今世之持論者則有異焉。曰安靜也。曰持重也。曰老成也。皆譽人之詞也。曰喜事也。曰輕進也。曰紛更也。皆貶人之詞也。有其舉之莫敢廢。有其廢之莫敢舉。一則曰依成法。再則曰查舊例。務使全國之人如木偶。如枯骨。入於隤然不動之域。然後已。吾聞官場有六字之祕訣。曰多叩頭。少講話。由今觀之。又不惟官場而已。舉國之人皆從此六字陶鎔出來者也。是故汚吏壓制之也。而不動。虐政殘害之也。而不動。外人侵慢之也。而不動。萬國富強之成效。燦然陳於目前也。而不動。列強瓜分之奇辱。咄然迫於眉睫也。而不動。譚瀏陽先生仁學云。自李耳出。遂使數千年來成乎似忠信。似廉潔。一無刺無非之鄉愿天下。言學術則曰寧靜。言治術則曰安靜。處事不計是非。而首禁更張。躁妄喜事之名立。百端由是廢弛矣。用人不問賢不肖。而多方遏抑少年意氣之論起。柄權則頹暮矣。陳言者則命之曰希望恩澤。程功者則命之曰露才揚己。既爲糊名以取之。而復隘其途。既爲年資以用之。而復嚴其等。財則憚闢利源。兵則不貴朝氣。統政府六部九卿督撫司道之所朝夕孜孜不已者。不過力制四萬萬人之動。縶其手足。塗塞其耳目。盡驅以入乎一定不移之鄉愿格式。夫羣四萬萬鄉愿以爲國。敎安得不亡種類安得而可保也嗚呼吾每讀此言未嘗不廢書而歎也抑吾又聞之重學之公例謂凡物之有永靜性者必加之以外力而始能動也故吾向者猶有所冀焉冀外力之庶幾助我乎顧近年以來中國受外力之加者亦既屢見不一見矣而其不動也依然豈重學之例猶有未足據者耶抑其外力所加者尚微弱而與本性中所含之靜力尚未足成比例耶雖然外力而加強焉加重焉竊恐有不能受者矣若是乎此無動爲大之中國竟長此而終古也是則可憂也

以上六者僅舉大端自餘惡風更僕難盡遞相爲因遞相爲果其深根固蒂也經歷夫數千餘年年年之漸漬莫或使然若或使然其傳染蔓延也盤踞夫四百兆人人人之腦筋甲也如是乙也如是萬方一概杜少陵所以悲吟長此安窮賈長沙能無流涕嗚呼我同胞苟深思焉猛省焉必當憬然於前此致弱之故有不能專科罪於當局諸人者怵然於此後救弱之法有不能專責於當局諸人者吾請更質言其例今日全國人所最集矢者在樞臣之中豈非載漪乎剛毅乎趙舒翹乎在疆臣之中豈非裕祿乎毓賢乎李秉衡乎夫漪剛趙裕毓李之誤國殃民萬死不足蔽罪無待言矣今以漪剛趙爲不可用屏而去之而代之以他之親王大學士尚書侍郎其有以愈於漪剛趙乎吾未見其能也以親王大學士尚書侍郎爲皆不可用而代以九卿學士其有以愈於尚侍以上乎以九卿學士爲皆不可用而代以科道編檢部員其有以愈於九卿學士乎吾未見其能也今以裕毓李爲不可用屏而去之而代以他之將軍督撫其有以愈於裕毓李乎吾未見其能也以將軍督撫爲皆不可用而代以藩臬道府其有以愈於將軍督撫乎以藩臬道府爲皆不可用而代以同通州縣其有以愈於藩臬道府乎吾未見其能也充其類而極之乃至以現時京外大小臣工爲皆不可用屏而去之而代之以未注朝籍之士民其有以

遠愈於現時大小臣工乎。吾未見其能也。何也。吾見夫舉國之官吏士民。其見識與瀚剛趙裕毓李相伯仲也。其意氣相伯仲也。其性質相伯仲也。其才能相伯仲也。蓋先有無量數瀚剛趙裕毓李之同類。而瀚剛趙裕毓李。乃乘時而出焉。之數人者。不過偶然爲其同類之代表而已。一瀚剛趙裕毓李去。而百千萬億之瀚剛趙裕毓李方且比肩而立。接踵而來。李僵而桃代。狼卻而虎前。有以愈乎。無以愈乎。吾請更以一言正告我國民。國之亡也。非當局諸人遂能亡之也。國民亡之而已。國之興也。非當局諸人遂能興之也。國民興之而已。政府之良否。恆與國民良否爲比例。如寒暑針之與空氣然。分秒無所差忒焉。絲毫不能假借焉。若我國民徒責人而不知自責。徒望人而不知自勉。則吾恐中國之弱。正未有艾也。

第三節　積弱之源於政術者

然則當局者遂無罪乎。曰。惡。是何言歟。是何言歟。縱成今日之官吏者。則今日之國民是也。造成今日之國民者。則昔日之政術是也。數千年民賊。既以國家爲彼一姓之私產。於是凡百經營。凡百措置。皆爲保護己之私產而設。此實中國數千年來政術之總根源也。保護私產之術將奈何。彼私產者固由紾國民之臂而奪得其公產以爲己物者也。故其所最患者。在原主人一旦起而復還之。原主人者誰。卽國民是也。國民如何然後能復還其公產。必有氣焉而後可。必有智焉而後可。必有力焉而後可。必有羣焉而後可。必有動焉而後可。但使能挫其氣。窒其智。消其力。散其羣。制其動。則原主人永遠不能復起。而私產乃如磐石苞桑而無所患。彼民賊其知之矣。故其所施政術。無一不以此五者爲鵠。千條萬緒。而不紊其領。百變億化。而不離其宗。多歷一年。則其網愈密。多更一事則其術愈工。故夫今日之政術。不知經幾百千萬梟雄險鷙敏練桀黠之民賊。所運算布畫。斟酌損益。而今乃集其大成者也。吾嘗徧讀二十四朝之政史。徧歷現今之政界。於參伍錯綜之中。而考得其要領之所在。蓋其治理之成績有三。曰愚其民。柔其民。渙其民是也。而所以能收此成績者。其持術有四。曰馴之之術。曰餂之之術。曰役之之術。曰監之之術。是也。

所謂馴之之術者何也。天生人而使之有求智之性也。有獨立之性也。有合羣之性也。是民賊所最不利者也。故必先使人失其本性。而後能就我範圍。不見夫花匠乎。以松柏之健勁。而能蟠屈繚糾之。使如盤如梯如牖如立人如臥獸如蟠蛇者何也。自其勾萌莖達之時而戕賊之也。不見夫戲獸者乎。以馬之駿。以猴之黠。以獅之戾。以象之鈍。而能使趨蹌率舞於一庭。應弦合節。戢戢如法者何也。自乳哺幼穉之日而馴伏之也。歷代政治家所以馴其民者有類於是矣。法國大儒孟德斯鳩曰。凡半開專制君主之國。其教育之目的。惟在使人服從而已。日本大儒福澤諭吉曰。支那舊教。莫重於禮樂。禮也者使人柔順屈從者也。樂也者所以調和民間勃鬱不平之氣。使之恭順於民賊之下者也。夫以此科罪於禮樂。吾雖不敢謂然。而要之中國數千年來所以教民者。其宗旨不外乎此。則斷斷然矣。秦皇之焚書坑儒以愚黔首也。秦皇之拙計也。以焚坑爲焚坑。何如以不焚坑爲焚坑。宋藝祖開館輯書。而曰天下英雄在吾彀中。明太祖定制藝取士。而曰天下莫予毒。本朝雍正間。有上諭禁滿人學八股。而曰此等學問。不過籠制漢人。其手段方法。皆遠出於秦皇之上。蓋術之既久而日精也。試觀今日所以爲教育之道者何如。非舍八股之外無他物乎。八股猶以爲未足。而又設爲割裂戳搭連上犯下之禁。使人入於其中。銷磨數十年之精神。猶未能盡其伎倆。而遑及他事。猶以爲未足。禁其用後世事後世語。務驅此數百萬侁侁衿纓之士。使東書不觀。胸無一字。並中國往事且不識。更奚論外國。並日用應酬且不解。更奚論經世。猶以爲未足。更助之以試帖。使之習爲歌匠。重之以楷法。使之學爲鈔胥。猶以爲未足。恐夫聰明俊偉之士。僅以八股試帖楷法不足盡其腦筋之用。而橫溢於他途也。於是提倡所謂考据詞章金石校勘之學者。以涵蓋籠罩之。使上下四方皆入吾網。猶以爲未足。有僞託道學者出。緣飾經傳中一二語。曰惟辟作福。惟辟作威。曰天下有道則庶人不議。曰位卑而言高罪也。曰生斯世也爲斯世也。善斯可矣。曰既明且哲。以保其身。蓋聖經賢傳中有千言萬語。可以開民智長民氣厚民力者。彼一概抹煞而不徵引。惟摭拾一二語足以便己之私圖者。從而推波助瀾。變本加厲。謬種流傳。成爲義理。故憤時憂國者則斥爲多事。合羣講學者則目爲朋黨。以一物不知者爲謹慤。以全無心肝者爲善良。此等見地。深入人心。遂使舉國皆盲瞽之態。盡人皆妾婦之容。夫奴性也。愚昧也。爲我也。好僞也。怯懦也。無動也。皆天下最可恥之事也。今不惟不恥之而已。遇有一不具奴性。不甘愚昧。不專爲我。不甚好僞。不安怯懦。不樂無動者。則舉國之人視之爲怪物。視之爲大逆不道。是非易位。憎尚反常。人之失其本性。乃至若是。吾觀於此。而歎彼數千年民賊之所以馴伏吾民者。其用心至苦。其方法至密。其手段至辣也。如婦女之纏足者然。自幼而纏之。歷數十年。及其長也。雖釋放之。而亦不能良於行矣。蓋足之本性已失也。曾國藩曰。今日之中國。遂成一不痛不癢之世界。嗟乎。誰爲爲之。而令我國民一至於此極也。

所謂餂之之術者何也。孟德斯鳩曰。專制政體之國。其所以持之經久而不壞裂者。有一術焉。蓋有一種矯僞之氣習。深入於臣僚之心。卽以爵賞自榮之念是也。彼專制之國。其臣僚皆懷此一念。於是各競於其職。孜孜莫敢怠。以官階之高下。祿俸之多寡。互相夸耀。往往望貴人之一顰一笑。如天帝如鬼神然。此語也。蓋道盡中國數千年所以餂民之具矣。彼其所以馴吾民者既已能使之如妾婦如禽獸矣。夫待妾婦禽獸之術。則何難之有。今夫畜犬見其主人搖頭擺尾前趨後躡者。爲求食也。今夫游妓遇其所歡塗脂抹粉目挑心招者。爲纏頭也。故苟持一臠之肉以餂畜犬。則任使之如何跳擲如何回旋。無不如意也。纏千金於腰以餂游妓。則任使之如何獻媚。如何送情。無不如意也。民賊之餂吾民。亦若是已耳。齊桓公好紫。一國服紫。漢高祖惡儒。諸臣無敢儒冠。曹操號令於國中曰。有從我游者。吾能富而貴之。蓋彼踞要津握重權之人。出其小小手段。已足令全國之人。載顛載倒。如狂如醉。爭先恐後。奔走而趨就之矣。而其趨之最巧得之最捷者。必一國中聰明最高才力最強之人也。既已餂得此最有聰明才力者。皆入於其彀中。則下此之猥猥碌碌者。更何有焉。直鞭箠之圈笠之而已。彼蟻之在於垤也。自吾人視之。覺其至微賤至么麼而可憐也。而其中有大者王焉。有小者侯焉。羣蟻營營逐逐。以企仰此無量之光榮。莫肯讓也。莫或怠也。彼越南之淪於法也。一切政權土地權財權。皆握於他人之手。本國人無一得與聞。自吾人視之。覺其局天蹐地。無生人之趣也。而不知越南固仍有其所謂官職焉。仍有其所謂科第焉。每三年開科取士。其狀元之榮耀。無以異於昔時。越人之企望而爭趨之者。至今猶若鶩焉。當順治康熙間。天下思明。反側不安。聖祖仁皇帝一開博學鴻詞科。再設明史館。搜羅遺佚。徵辟入都。位之以一清秩一空名。而天下帖帖然戢戢然矣。蓋所以餂民者得其道也。此術也。前此地球各專制之國。莫不用之。而其最嫻熟精巧而著有成效者。則中國爲最矣。

所謂役之之術者何也。彼民賊既攘國家爲己一家之私產矣。然國家之大。非一家子弟數人。可以督治而鈐轄之也。不得不求助我者。於是官吏立焉。文明國之設官吏。所以爲國民理其公產也。故官吏皆受職於民。專制國之設官吏所以爲一姓保其私產也。故官吏皆受職於君。此源頭一殊。而末流千差萬別皆從此生焉。故專制國之職官。不必問其賢否才不才。而惟以安靜謹愼愿樸能遵守舊規服從命令者爲貴。中國之任官也。首狹其登進之途。使賢才者無自表見。又高懸一至榮耀至淸貴之格。以獎勵夫至無用之學問。使舉國無賢無愚皆不得不俯首以就此途。以消磨其聰明才力。消磨略盡。然後用之。用之又非器其才也。限之以年。繩之以格。資格既老。雖盲瘖亦能躋極品。年俸未足。雖雋才亦必屈下僚。何也。非經數十年之磨礱陶冶。恐其英氣未盡去而服從之性質未盡堅也。恐一英才得志。而無數英才慕而學之。英才多出。而舊法將不能束縛之也。故昔者明之太祖。本朝之高宗。其操縱羣臣之法。有奇妙不可思議者。直如玩嬰兒於股掌。戲猴犬於劇場。使立其朝者。不復知廉恥爲何物。道義爲何物。權利爲何物。責任爲何物。而惟屏息跪伏於一王之下。夫既無國事民事之可辦。則任豪傑以爲官吏。與任木偶爲官吏等耳。而駕馭豪傑。總不如駕馭木偶之易易。彼歷代民賊籌之熟矣。故中國之用官吏。一如西人之用機器。有呆板之位置。有一定之行動。滿盤機器。其事件不下千百萬。以一人轉捩之而綽綽然矣。全國官吏。其人數不下千百萬。以一人駕馭之而戢戢然矣。而其所以能如此者。則由役之得其術也。夫機器者。無腦無骨無血無氣之死物也。今舉國之官吏。皆變成無腦無骨無血無氣之死物。所以爲駕馭計者則得矣。顧何以能立於今日文明競進之世界乎。

所謂監之之術者何也。夫既得馴之餂之役之之術。則舉國臣民入其彀者。十而八九矣。雖然。一國之大。安保無一二非常豪傑。不甘爲奴隸爲妾婦爲機器者。又安保無一二不逞之徒。蹈其瑕隙。而學陳涉之輟耕隴畔。效石勒之倚嘯東門者。是不可以不監。是故有官焉。有兵焉。有法律焉。皆監民之具也。取於民之租稅。所以充監民之經費也。設科第。開仕途。則於民中選出若干人而使之自監其儔也。故他國之兵。所以敵外侮。而中國之兵。所以敵其民。昔有某西人語某親王曰。貴國之兵太劣。不足與列强馳騁於疆場。盍整頓之。某親王曰。吾國之兵。用以防家賊而已。嗚呼。此三字者。蓋將數千年民賊之肺肝。和盤托出者也。夫既以國民爲家賊。則防之之道。固不得不密。僞尊六藝。屏黜百家。所以監民之心思。使不敢研究公理也。厲禁立會。相戒講學。所以監民之結集。使不得聯通聲氣也。仇視報館。興文字獄。所以監民之耳目。使不得聞見異物也。罪人則孥。隣保連坐。所以監民之舉動。使不得獨立無懼也。故今日文明諸國所最尊最重者。如思想之自由。信教之自由。集會之自由。言論之自由。著述之自由。行動之自由。皆一一嚴監而緊縛之。監之縛之之既久。賢智無所容其發憤。桀黠無所容其跳梁。則惟有灰心短氣。隨波逐流。仍入於奴隸妾婦機器之隊中。或且捷足爭利。搖尾乞憐。以苟取富貴。雄長儕輩而已。故夫國民非生而具此惡質也。亦非人人皆頑鈍無恥也。其有不能馴者。則從而餂之。其有不受役者。則從而監之。舉國之人。安有能免也。今日中國國民腐敗至於斯極。皆此之由。

觀於此。而中國積弱之大源。從可知矣。其成就之者在國民。而孕育之者仍在政府。彼民賊之嘔盡心血。徧布羅網。豈不以爲算無遺策。天下人莫余毒乎。顧吾又嘗聞孟德斯鳩之言矣。專制政體。以使民畏懼爲宗旨。雖美其名曰輯和萬民。實則斲喪元氣。必至舉其所以立國之大本而盡失之。昔有路衣沙奴之野蠻。見果實纍纍綴樹上。攀折不獲。則以斧斫樹而捋取之。專制政治。殆類是也。然民受治於專制之下者。動輒曰但使國祚尚有三數十年。則吾猶可以偷生度日。及吾已死。則大亂雖作。吾又何患焉。然則專制國民之苟且偷靡。不慮其後。亦與彼野蠻之斫樹無異矣。故專制之國所謂輯和者。其中常隱然含有擾亂之種子焉。嗚呼。孟氏此言。不啻專爲我中國而發也夫歷代民賊之用此術以馴民餂民役民監民數千年以迄今矣其術之精巧完備如此宜其永保私產子孫帝王萬世之業。顧何以劉興項仆。甲攘乙奪。數千年來。莽然而不一姓也。孟子曰。天下之生久矣。一治一亂。以吾觀之。則數千年之所謂治者。豈眞治哉。特偶乘人心厭亂之既極。又加以殺人過半。戶口頓減。謀食較易。相與帖然苟安而已。實則其中所含擾亂之種子。正多且劇也。夫國也者。積民而成。未有以民爲奴隸爲妾婦爲機器爲盜賊而可以成國者。中國積弱之故。蓋導源於數千年以前。日積月累。愈久愈深。而至今承其極敝而已。顧其極敝之象。所以至今日而始大顯者何也。昔者爲一統獨治之國。內患雖多。外憂非劇。故擾亂之種子。常得而彌縫之。縱有一姓之興亡。無關全種之榮瘁。今也不然。全地球人種之競爭。愈轉愈劇。萬馬之足。萬鋒之刃。相率而向我支那。雖合無量數聰明才智之士以應對之。猶恐不得當。乃羣無腦無骨無血無氣之儔。偃然高坐酣然長睡於此世界之中。其將如何而可也。彼昔時之民賊。初不料其有今日之時局也。故務以馴民餂民役民監民爲獨一無二之祕傳。譬猶居家設廛者。慮其子弟夥伴之盜其物也。於是一一梏桎之。拘攣之。或閉之於暗室焉。夫如是則吾固信其無能爲盜者矣。其如家務廛務之廢弛何。廢弛猶可救也。一旦有外盜焉。闖然壞其門。入其堂。括其貨物。遷其重器。彼時爲子弟夥伴者。雖欲救之。其奈桎梏拘攣而不能行。暗室仍閉而莫爲啓。則惟有瞠目結舌。聽外盜之入此室處。或劃然長嘯以去而已。今日我中國之情形。有類於是。彼有司牧國民之責者。其知之否耶。抑我國民其知之否耶。

第四節　積弱之源於近事者

以上三節所言。皆總因也。遠因也。雖然。尚有分因焉。近因焉。總因遠因者。譬之刑法。則猶公罪也。分因近因者。譬之刑法。則猶私罪也。總因遠因之種根雖深。然使早得人而治之。未嘗不可以奏效。卽不治之而聽其自生自滅。不有以增其種焉。培其根焉。則其害猶不至如今日之甚。所最可痛者。舊病未去。新病復來。日積月深。納汚藏垢。馴至良醫束手。岌岌待亡。吾嘗縱覽本朝入主中夏以來二百餘年之往事。若者爲失機。若者爲養癰。若者爲種禍。若者爲激變。每一循省。未嘗不椎心頓足。仰天而長慟也。略而論之。有四時代焉。

其一爲順治康熙時代。滿洲之崛起而奄有華夏也。其時天潢之英。從龍之彥。彬彬濟濟。頗不乏才。以方新之氣。用天府之國。實千載一時之機也。然當發端伊始。有聚六州之鐵鑄成大錯者一事。則嚴滿漢之界是也。攝政睿親王。曠代之英才也。入關甫一月。卽下教國中。使滿漢互通婚姻。此實長治久安之計也。使當時諸臣。其識皆如睿王。行其意。遵其法。以迄今日。雖子孫億萬年可也。乃便佞無恥如洪承疇。驕恣昏暴如鰲拜之流。漸握大權。睿王一薨。收孥削爵。盡反其所爲。以快其忮嫉之私。基礎敗壞。實起於是。揆當時之情形。豈不以滿洲僅數十萬人。而馭漢人數萬萬人。懼力薄而不能壓服之也。乃禁滿人不得爲士。不得爲農。不得爲工。不得爲商。而一驅之以入兵籍。既有猜忌於漢種。自不得不殊而別之。殆亦有萬無得已者存耶。不知漢人沐櫛而耕之。滿人安坐而食之。其中固久含有抑鬱不平。殆哉岌岌之象。而滿人資生日絀。智慧不開。亦安覩所謂利者耶。故中葉以後。而八旗生計之案。已爲一大棘手之問題矣。

不寧惟是。界限之見。日深一日。生於其心。害於其政。發於其政。害於其事。終必有承大敝而受大創之時。逮於近年。遂有如剛毅輩。造出漢人强滿洲亡。漢人疲滿洲肥之十二字訣。以亂天下者。追原禍始。不能不痛恨於二百年前作俑之人也。今夫國也者，必其全國之人，有緊密之關係，有共同之利害，相親相愛，通力合作，而後能立者也。故未有兩種族之人，同受治於一政府之下，而國能久安者。我漢人之眞愛國而有特識者，則斷未有仇視滿人者也。何也，以日本之異國，我猶以同種同文之故，引而親之，而何有於滿洲。且吾輩所最切齒痛恨者，民賊耳。使其爲賊民之君也，豈能因其爲漢人而徇庇之。彼秦始皇、魏武帝、明太祖，非漢人耶，吾嫉之猶蛇蝎也。使其爲愛民之君也，豈必因其爲滿人而外視之。若今上皇帝，非滿人耶，吾戴之猶父母也。故有特識而眞愛國者，惟以民權之能伸與否爲重，而不以君位之屬於誰氏爲重。彼歐洲列國，常有君統乏嗣，而迎立異國之公族以爲君者矣。然則中國積弱之源，非必由於滿人之君天下明矣。然使人不能無疑於此者，何也，則因滿人主國，而滿漢分界。因滿漢分界，而國民遂互相猜忌，久之而將見分裂之兆也。此則順治諸臣，不能辭其咎者也。康熙初元，三藩削平，海內寧息，聖祖仁皇帝以英邁絕特之資，兼開創守成之業，與俄前皇大彼得同時並生，其雄才大略，亦絕相似。彼時固嘗垂意外事，召西儒南懷仁輩入直南書房，頗有破格之行，非等拘墟之習，百廢具舉，燦然可觀。顧何以俄國自彼得以後，日盛月强，馴至今日爲世界第一雄邦，中國自康熙以後，日腐月敗，馴至今日爲世界第一病國，則以當時困於滿漢界限之見，急於爲滿洲朝廷計利益，而未暇爲中國國民謀進步也。是則大可惜者也。

其二爲乾隆時代。當乾隆改元，滿洲入中國殆百年矣，民氣既靜，外侮未來，以高宗純皇帝之才，當此千載一時之遇，我國民最有望者，莫彼時若矣。乃高宗不用其才爲我中國開文明政體之先河，乃反用其才爲我中國作專制政體之結局，是則有天運焉，有人事焉。識者不特爲中國惜，且爲高宗惜也。高宗以操縱羣臣，愚柔士民爲生平第一得意事業。六十年中。興文字獄以十數。如胡中藻汪景祺等之獄。毛舉細故。株連滿廷。蓋立於乾隆朝之大臣。其始終未曾一入刑部獄者。不過一人而已。使舉國臣民慄慄慴伏於其肘下。而後快於心。不寧惟是。又開四庫館以獎勵僞學。手批通鑑以詆諆名節。驅天下人使入於無用。習於無恥。不寧惟是。又四征八討。南掃北伐。耗全國之財。塗萬人之血。以逞一己之欲。蓋至乾隆末年。而海宇騷然矣。高宗自撰十全老人記。以爲天下古今未有之尊榮。誠哉其尊榮矣。然日中則昃。月盈則虧。君權之盛。至乾隆而極。國權之替。亦自乾隆而開也。竊嘗論之。東方之有乾隆。猶西方之有路易第十四也。路易第十四藉法國全盛之業。在位七十餘年。驕侈滿盈。達於極點。遂有朕卽國家也一語。爲今日全世界人所唾罵。及其崩殂。而法國無寧歲矣。一千七百八十九年之大革命。演出空前絕後之慘劇。爾後君民兩黨。轉戰接鬬。互起互仆。流血盈野。殆數十年。法國之民。十死八九。皆不啻路易第十四握其吭而斷其項也。而其子孫以萬乘之尊。卒送殘魂於斷頭臺上。路易一姓之鬼。亦從茲其餒。而法國民主之局。亦從茲而大定矣。然則其所以爲志得意滿者。豈不卽爲一敗塗地之先聲耶。其所以挫抑民氣壓制民權者。豈不卽爲民氣民權之引線耶。中國自乾隆以後。四海擾擾。未幾遂釀洪楊之變。糜爛十六省。蹂躪六百餘名城。其慘酷殆不讓於法國之一千七百八十九年矣。吾誠不願我中國自今以往。再有如法國一千八百三十年一千八百四十八年之革命者。顧吾尤懼夫我中國自今以往。欲求得如今日之法國而渺不可覩也。獨居深念。俯仰感慨。不禁於乾隆時代有餘痛焉耳。

其三爲咸豐同治時代。洪楊之難既作。痛毒全國。以十餘年之力。僅克削平。而文宗顯皇帝復爲英法聯軍所迫。北狩熱河。鼎湖一去。龍髯不返。此實創巨痛深。而無以復加者也。曾胡左李諸賢。咸以一介儒將。轉戰中原。沐雨櫛風。百折不撓。吾每按其行蹟。接其言論。有加敬焉。斷不敢如今之少年喜謗前輩也。雖然。援春秋責備賢者之義。則除胡文忠中道殂隕不預後事之外。吾於曾文正左文襄李合肥以及其並時諸賢。有不能爲諱者。以其僅能爲中國定亂。不能爲中國圖治也。夫豪傑之任國事也。非徒使之不亂而已。而必求國家之光榮焉。求國民之進步焉。苟不爾爾。則如今日歐洲文明政體之國。永絶亂萌者。其將永無豪傑之出現乎。彼俾士麥格蘭斯頓何人也。乃我中國數千年來。惟擾亂之時有豪傑。而治平之時則無豪傑。是一奇也。嗚呼吾知其故矣。中國之所謂豪傑者。其任國事也。不過爲朝廷之一姓。而非爲國民之全體也。故或爲一姓創立基業焉。或爲一姓擁護私產焉。或爲一姓光復舊物焉。數千年豪傑。不出此三途矣。若曾國藩左宗棠李鴻章之徒。亦猶是也。故諸公者。其在大清朝廷。可謂有莫大之勳。而其在我中國國民。則未嘗有絲毫之功也。孟子曰。有事君人者。有安社稷臣者。有大人者。有天民者。若曾左李之徒。可謂之事君人。可謂之社稷臣。若夫大人天民之道。則瞠乎未有聞也。吾所云云。非謂欲勸諸公離朝廷而別有所建樹也。當是時半壁江山。岌岌不可終日。盈廷昏庸衺謬之臣。既已心灰膽落。失所憑藉。惟依閫外諸將帥以爲重。此實除舊布新一大機會也。使曾左李諸人。有一毫爲國民之心。乘此時。用此權。以整頓中央政府之制度。創立地方自治之規模。決非難也。果爾。則維新之業。與日本同時並起。迄今三十餘年。雄長地球矣。而諸公何以無聞也。或爲之解曰。當三十餘年前。與歐洲交通未盛。諸公不知西法。不解維新。亦奚足怪。不知吾之所謂維新者。非必西法之謂也。西法者。不過維新之形質耳。若維新之精神。則無中無西。皆所同具。而非待他求者也。彼日本三十年前之維新。豈戰船之謂乎。豈洋操之謂乎。豈鐵路之謂乎。豈開礦之謂乎。並無戰船洋操鐵路開礦等事。而不得不謂之維新者。有其精神也。若中國近日曷嘗無戰船洋操鐵路開礦等事。而仍不得謂之維新者。無其精神也。當同治初元。雖不能爲形質之維新。豈不能爲精神之維新。但使有精神之維新。而形質之維新自應弦赴節而至矣。當時曾左李諸賢。豈不知官場之積弊。豈不知士風之頹壞。豈不知民力之疲困。苟能具大眼識。運大心力。不避嫌怨。不辭勞苦。數賢協力以改絃而更張之。吾度其事體之重大。未必如日本之勤王討幕也。阻力之扞格。未必如日本之廢藩置縣也。而日本諸公。能毅然成之。我國諸公。乃漠然置之。是乃大可惜也。吾嘗略揣諸賢之用心。曾則稍帶暮氣。守知足知止之戒。憚功高震主之患。日思急流勇退。以保全令名。而不遑及他事也。左則稍帶驕氣。其好戰之雄心已發而不可制。思賈其餘勇。立功名於絕域。而不遑及他事也。李則謙不如曾。驕不如左。略知西法之美。思欲仿效。摭其皮毛。而不知其本源也。吾持高義以責備之。則諸賢者皆有負於國民者也。曾之謙也。中老楊之毒也。大臣既以身許國。則但當計國民之利害。不當計一身之利害。營私罔利。固不可也。愛惜身名。仍不可也。不見格蘭斯頓乎。爲愛爾蘭自治之案。至於黨員親友。盡變敵國。而氣不稍挫焉。曾文正其有媿之也。左之驕也。意氣用事也。彼其以如許血汗。如許心力。而開拓西域十餘城之石田。何如移之以整頓內政也。李之誤也。亦由知有朝廷。不知有國民者也。彼之所效西法各事。仍不過欲爲朝廷保其私產。而非爲國民擴其公益也。自餘並時諸勳臣。除濫冒驕蹇粗悍者不計外。所稱高流者。其性質亦不出於此三途矣。以當時大亂初定。天下顒顒望治。千載一時之機會。及諸賢分綰兵符。勳業赫赫。可以有爲之憑藉。失此不爲。時會一去。駟追不及。荏苒荏苒。蹉跎蹉跎。任其腐敗。聽其淩夷。此實千古之遺恨也。雖然。吾以此責望於曾左李諸人。吾固知其不倫矣。何則。彼諸人之思想見識。本絲毫無以異於常人也。彼方以其能多殺人而施施自豪。方以能徼寵榮於一姓之朝。而沾沾自喜。語以國民之公義。豪傑之責任。彼烏從而知之。聞李鴻章之使西歐也。至德見前相俾士麥。叩李以生平功業。李歷述其平髮平捻之事。意氣頗自得。俾氏曰。公之功業。誠巍巍矣。然吾歐人以能敵異種者爲功。自殘同種以保一家。歐人所不稱也。李聞之有慚色云。嗟乎吾惜李公聞此言之太晚也。吾更惜曾左諸賢之終身未聞此言也。雖然區區數人何足惜。吾愈惜以中國之大而所謂近世第一流人物者。乃僅僅如是也。

抑尤可痛者。同治戡亂之後。不惟不能起中國積弱之病。乃反窒中國圖強之機。蓋自茲以往。而彼勢利頑固者流。以爲天命永存。富貴長保。益增其驕侈滿盈之氣。更長其深閉固拒之心。故自英法破北京。無所要索。僅訂盟通商而去。彼等於是覺西人足畏而不足畏矣。自戈登助攻。克復蘇常諸名城。遂定江南。彼等於是忘外人之助。而自以爲武功巍巍。莫與京矣。自俄羅斯定約。還我伊犁。彼等不知他人之別有陰謀。而以爲畏我之威矣。自越南諒山一役。以主待客。小獲勝仗。於是彼等鋪張揚厲之。以爲中國兵力足挫歐洲强國而有餘矣。坐是虛驕之氣。日盛一日。朝野上下。莫不皆然。如井底蛙。如遼東豕。如夜郎之不知漢大。如匈奴之自謂天驕。遂復歌舞湖山。粉飾藻火。仍出其數千年祖傳祕訣。馴民餂民役民監民之手段。汲汲然講求而附益之。精益求精。密益求密。而豈復有痛定思痛。存不忘亡之一念。來往於其胸中者耶。於是而近十年來之局成矣。於是而近十年來之難作矣。

其四則最近時代。今上皇帝以天縱之資。抱如傷之念。藉殷憂以啓聖。惟多難以興邦。天之生我皇也。天心之仁愛中國。而欲拯其禍也。其奈道高一尺。魔高一丈。有西太后那拉氏者梗乎其間。那拉氏垂簾三次。前後凡三十餘年。中國之一綫生機。芟夷斬伐。而靡有孑遺者。皆在此三十年也。中興諸勳臣所以不能興維新之治者。雖由其識力之不足。抑亦畏那拉氏之猜忌悍忍而不敢行其志也。以肅順爲先朝顧命大臣。湘淮諸將。皆所拔擢。而那拉以莫須有之獄。一旦駢其黨而戮之。以恭親王之親賢。身當大難。僅安社稷。而那拉挾私憤而屏逐之。況於諸臣之起自疏逖而威權震主者耶。故曾國荃初復江南。旋卽罷職閑居。曾國藩之膽。於是寒矣。左宗棠班師入覲。解其兵權。召入樞垣。虛隆其禮。陰掣其肘也。故甫及一月。而已不安其位矣。自餘百端。所以駕馭諸臣者。無不類是。亦何怪其灰心短氣而無能爲役也。今夫專制之國之鈐轄其民。以自保私產。古今恆情。吾姑無責焉。雖然。保之則亦有道矣。如彼俄羅斯者。現世最專制之國也。而其任百官也。則必盡其才。尊其權。政府之方針有定向。施政之條理有定程。蓋雖不知有民。而猶知有國焉。其君其臣。一心一德。以務國事。此其所以强也。若那拉后者。非惟視中國四百兆之黎庶如草芥。抑且視大淸二百年之社稷如秦越也。故忍將全國之大權。畀諸數閹宦之手。竭全國之財力。以窮極池臺鳥獸之樂。遂使吾中國。有所謂安仔政府。有所謂皮笑李政府者。蓋二百餘年來京師之腐敗穢醜。未有甚於那拉時代者也。今上皇帝。忍之無可忍。待之無可待。乃忘身舍位。毅然爲中國開數千年來未有之民權。非徒爲民權。抑亦爲國權也。那拉氏之仇皇上。其仇民權耶。其仇國權耶。仇民權則是四百兆人之罪人也。仇國權抑亦大淸十一代之罪人也。嗚呼。我一部近十年史論。那拉氏實書中之主人翁也。使三十年來無那拉氏一人梗乎其間。則我中國今日。其勃興如日本可也。其富樂如英美可也。其威張如法俄可也。故推原其所以積弱之故。其總因之重大者。在國民全體。其分因之重大者。在那拉一人。其遠因在數千年之上。其近因在二百年以來。而其最近因。又在那拉柄政三十年之間。詩曰。亂匪降自天。生自婦人。膴膴周原。茫茫禹壤。其竟如斯而長已矣耶。其未然耶。此吾所以中夜拔劍起舞。而涕淚彌襟矣。

結論

以上所論列中國病源。略盡於是矣。吾之所以下筆二萬言。刺刺不能自休者。非如江湖名士之傲睨一世。使酒罵坐。以快其口舌意氣也。亦非有所抑鬱不得志而詆諆當道以澆其胸中塊壘也。諺曰。解鈴還須繫鈴人。又曰。心病還得心藥醫。故必知其病根之伏於何處。又知釀成此病者屬於何人。然後治療之術可得而講焉。國也者。吾之國也。吾愛之不能坐視其亡而不救也。今既無救之之權。則不能不望於有權者。吾一人之力不能救。則不能不望於衆人之與吾同心者。吾所以著此書之意在是。吾所以冠此論於全書之意亦在是。抑聞大易之義。剝極則復。否極則泰。吾中國今日之弱。豈猶未極耶。思之思之。鬼神通之。雷霆一聲。天地昭豁。亦安知夫今與後之不殊科耶。亦安知夫禍與福之不相倚耶。

嗟夫嗟夫。天胡此醉。叩帝閽其難闢。人之無良。覽橫流其未極。哀莫大於心死。逝者如斯。禍已迫於眉然。泣將何及。莽莽千載。念來日之大難。茫茫九州。見夕陽之無限。豈一治一亂。昆明無不劫之灰。抑人謀鬼謀。精衛有未塡之海。捲歐風與亞雨。驚咄咄其逼人。煢煢裘與冰山。羌夢夢而視我。嗟夫嗟夫。千年遼鶴。望人民城郭以愴神。何處銅駝。向棘地荊天而長涕。不辭瘏口。聊貢罪言。父兮母兮。胡寧忍予。墨耶淚耶。長歌當哭。知我者謂我心憂。不知我者謂我何求。悠悠蒼天。此何人哉。

十種德性相反相成義

中庸曰。萬物並育而不相害。道並行而不相悖。大哉言乎。野蠻時代所謂道德者。其旨趣甚簡單而常不相容。文明時代所謂道德者其性質甚繁雜而各呈其用。而吾人所最當研究而受用者。則凡百之道德。皆有一種妙相。即自形質上觀之。劃然立於反對之兩端。自精神上觀之。純然出於同體之一貫者。譬之數學。有正必有負。譬之電學。有陰必有陽。譬之冷熱兩暗潮。互衝而互調。譬之輕重兩空氣。相薄而相劑。善學道者。能備其繁雜之性質而利用之。如佛說華嚴宗所謂相是無礙相入無礙。苟有得於是。則以之獨善其身而一身善。以之兼善天下而天下善。

朱子曰。教學者如扶醉人。扶得東來西又倒。凡我輩有志於自治。有志於覺天下者。不可不重念此言也。天下固有絕好之義理。絕好之名目。而提倡之者不得其法。遂以成絕大之流弊者。流弊猶可言也。而因此流弊之故。遂使流俗人口實之。以此義理此名目爲詬病。即熱誠達識之士。亦或疑其害多利少。而不敢復道。則其於公理之流行。反生阻力。而文明進化之機。爲之大窒。莊子曰。其作始也簡。其將畢也巨。可不懼乎。可不慎乎。故我輩討論公理。必當平其心。公其量。不可徇俗以自畫。不可驚世以自喜。徇俗以自畫。是謂奴性。驚世以自喜。是謂客氣。吾今者以讀書思索之所得。覺有十種德性。其形質相反。其精神相成。而爲凡人類所當具有。缺一不可者。今試分別論之。

其一　獨立與合羣

獨立者何。不倚賴他力。而常昂然獨往獨來於世界者也。中庸所謂中立而不倚。是其義也。人之所以異於禽獸者以此。文明人所以異於野蠻者以此。吾中國所以不成爲獨立國者。以國民乏獨立之德而已。言學問則倚賴古人。言政術則倚賴外國。官吏倚賴君主。君主倚賴官吏。百姓倚賴政府。政府倚賴百姓。乃至一國之人。各各放棄其責任。而惟倚賴之是務。究其極也。實則無一人之可倚賴者。譬猶羣盲偕行。甲扶乙肩。乙牽丙袂。究其極也。實不過盲者依賴盲者。一國腐敗。皆根於是。故今日救治之策。惟有提倡獨立。人人各斷絕倚賴。如孤軍陷重圍。以人自爲戰之心。作背城借一之舉。庶可以掃拔已往數千年奴性之壁壘。可以脫離此後四百兆奴種之沈淪。今世之言獨立者。或曰拒列強之干涉而獨立。或曰脫滿洲之羈軛而獨立。吾以爲不患中國不爲獨立之國。特患中國今無獨立之民。故今日欲言獨立。當先言個人之獨立。乃能言全體之獨立。先言道德上之獨立。乃能言形勢上之獨立。危哉微哉。獨立之在我國乎。

合羣云者。合多數之獨而成羣也。以物競天擇之公理衡之。則其合羣之力愈堅而大者。愈能占優勝權於世界上。此稍學哲理者所能知也。吾中國謂之爲無羣乎。彼固龐然四百兆人。經數千年聚族而居者也。不寧惟是。其地方自治之發達頗早。各省中所含小羣無數也。同業聯盟之組織頗密。四民中所含小羣無數也。然終不免一盤散沙之誚者。則以無合羣之德故也。合羣之德者。以一身對於一羣。常肯絀身而就羣。以小羣對於大羣。常肯絀小羣而就大羣。夫然後能合內部固有之羣。以敵外部來侵之羣。乃我中國之現狀則有異於是矣。彼不識羣義者不必論。卽有號稱求新之士。日日以合羣呼號於天下。而甲地設一會。乙徒立一黨。始也互相輕。繼也互相妒。終也互相殘。其力薄者。旋起旋滅。等於無有。其力強者。且將釀成內訌。爲世道憂。此其故亦非盡出於各人之私心焉。蓋國民未有合羣之德。欲集無數之不能羣者強命爲羣。有其形質。無其精神也。故今日吾輩所最當講求者在養羣德之一事。

獨與羣對待之名詞也。人人斷絕倚賴。是倚羣毋乃可恥。常紬身而就羣。是主獨無乃可羞。以此間隙。遂有誤解者與託名者之二派出焉。其老朽腐敗者。以和光同塵爲合羣之不二法門。馴至盡棄其獨立。閹然以媚於世。其年少氣銳者。避奴隸之徽號。乃專以盡排儕輩惟我獨尊爲主義。由前之說。是合羣爲獨立之賊。由後之說。是獨立爲合羣之賊。若是乎兩者之終不能並存也。今我輩所亟當說明者有二語。曰獨立之反面依賴也。非合羣也。合羣之反面營私也。非獨立也。雖人自爲戰。而軍令自聯絡而整齊。不過以獨而扶其羣云爾。雖全機運動。而輪軸自分勞而赴節。不過以羣而扶其獨云爾。苟明此義。則無所容其託。亦不必用其避。譬之物質然。合無數阿屯而成一體。合羣之義也。每一阿屯中。皆具有本體所含原質之全分。獨立之義也。若是者謂之合羣之獨立。

其二　自由與制裁

自由者。權利之表證也。凡人所以爲人者有二大要件。一曰生命。二曰權利。二者缺一。時乃非人。故自由者亦精神界之生命也。文明國民每不惜擲多少形質界之生命。以易此精神界之生命。爲其重也。我中國謂其無自由乎。則交通之自由。官吏不禁也。住居行動之自由。官吏不禁也。置管產業之自由。官吏不禁也。信教之自由。官吏不禁也。書信祕密之自由。官吏不禁也。集會言論之自由。官吏不禁也。（近雖禁其一部分。然比之前世紀法普奧等國。相去遠甚）凡各國憲法所定形式上之自由。幾皆有之。雖然。吾不敢謂之爲自由者何也。有自由之俗。而無自由之德也。自由之德者。非他人所能予奪。乃我自得之而自享之者也。故文明國之得享用自由也。其權非操諸官吏。而常採諸國民。中國則不然。今所以幸得此習俗之自由者。恃官吏之不禁耳。一旦有禁之者。則其自由可以忽消滅而無復蹤影。而官吏之所以不禁者。亦非專重人權而不敢禁也。不過其政術拙劣。其事務廢弛。無暇及此云耳。官吏無日不可以禁。自由無日不可以亡。若是者謂之奴隸之自由。若夫思想自由。爲凡百自由之母者。則政府不禁之。而社會自禁之。以故吾中國四萬萬人。無一可稱完人者。以其僅有形質界之生命。而無精神界之生命也。故今日欲救精神界之中國。舍自由美德外。其道無由。

制裁云者。自由之對待也。有制裁之主體。則必有服從之客體。既曰服從。尚得爲有自由乎。顧吾嘗觀萬國之成例。凡最尊自由權之民族。恆卽爲最富於制裁力之民族。其故何哉。自由之公例曰。人人自由。而以不侵人之自由爲界。制裁者。制此界也。服從者。服此界也。故眞自由之國民。其常要服從之點有三。一曰服從公理。二曰服從本羣所自定之法律。三曰服從多數之決議。是故文明人最自由。野蠻人亦最自由。自由等也。而文野之別。全在其有制裁力與否。無制裁之自由。羣之賊也。有制裁之自由。羣之寶也。童子未及年。不許享有自由權者。爲其不能自治也。無制裁也。國民亦然。苟欲享有完全之自由。不可不先組織鞏固之自治制。而文明程度愈高者。其法律常愈繁密。而其服從法律之義務亦常愈嚴整。幾於見有制裁。不見有自由。而不知其一羣之中。無一能侵他人自由之人。卽無一被人侵我自由之人。是乃所謂眞自由也。不然者。妄竊一二口頭禪語。暴戾恣睢。不服公律。不顧公益。而漫然號於衆曰。吾自由也。則自由之禍。將烈於洪水猛獸矣。昔美國一度建設共和政體。其基礎遂確乎不拔。日益發達。繼長增高。以迄今日。法國則自一七八九年大革命以後。君民兩黨。互起互仆。垂半世紀餘。而至今民權之盛。猶不及英美者。則法蘭西民族之制裁力。遠出英吉利民族之下故也。然則自治之德不備。

而徒漫言自由。是將欲急之反以緩之。將欲利之反以害之也。故自由與制裁二者。不惟不相悖而已。又乃相待而成。不可須臾離。言自由主義者。不可不於此三致意也。

其三　自信與虛心

自信力者。成就大業之原也。西哲有言曰。凡人皆立於所欲立之地。是故欲爲豪傑。則豪傑矣。欲爲奴隸。則奴隸矣。孟子曰。自謂不能者。自賊者也。又曰。自暴者不可與有言也。自棄者不可與有爲也。天下人固有識想與議論過絕尋常。而所行事不能有益於大局者。必其自信力不足者也。有初時持一宗旨。任一事業。及爲外界毀譽之所刺激。或半途變更廢止。不能達其目的地者。必其自信力不足者也。居今日之中國。上之不可不衝破二千年頑謬之學理。內之不可不鏖戰四百兆羣盲之習俗。外之不可不對抗五洲萬國猛烈侵略溫柔籠絡之方策。非有絕大之氣魄。絕大之膽量。何能於此四面楚歌中。打開一條血路。以導我國民於新世界者乎。伊尹曰。余天民之先覺者也。余將以斯道覺斯民也。非余覺之而誰也。孟子曰。夫天未欲平治天下也。如欲平治天下。當今之世。舍我其誰也。抑何其言之大。而夸歟。自信則然耳。故我國民而自以爲國權不能保。斯不能保矣。若人人以自信力奠定國權。強鄰孰得而侮之。國民而自以爲民權不能興。斯不能興矣。若人人以自信力奪爭民權。民賊孰得而壓之。而欲求國民全體之信力。必先自志士仁人之自信力始。

或問曰。吾見有頑錮之輩。抱持中國一二經典古義。謂可以攘斥外國。陵轢全球者。若是者非其自信力乎。吾見有少年學子。摭拾一二新理新說。遂自以爲足。廢學高談。目空一切者。若是者非其自信力乎。由前之說。則中國人中富於自信力者，莫如端王剛毅，由後之說，則如格蘭斯頓之耄而向學，奈端之自視欿然，非其自信力之有不足乎？曰：惡，是何言歟！自信與虛心相反而相成者也。人之能有自信力者，必其氣象闊大，其膽識雄遠，既注定一目的地，則必求貫達之而後已。而當其始之求此目的地也，必校羣長以擇之；其繼之行此目的地也，必集羣力以圖之。故愈自重者愈不敢輕薄天下人，愈堅忍者愈不敢易視天下事。海納百川，任重致遠，殆其勢所必然也。彼故見自封，一得自喜者，是表明其器小易盈之跡於天下。如河伯之見海若，終必望洋而氣沮；如遼豕之到河東，卒乃懷慚而不前，未見其自信力之能全始全終者也。故自信與驕傲異。自信者常沈著，而驕傲者常浮揚；自信者在主權，而驕傲者在客氣。故豪傑之士，其取於人者，常以三人行必有我師爲心；其立於己者，常以百世俟聖而不惑爲鵠。夫是之謂虛心之自信。

其四 利己與愛他

爲我也，利己也，私也，中國古義以爲惡德者也。是果惡德乎？曰：惡，是何言！天下之道德法律，未有不自利己而立者也。對於禽獸而倡自貴知類之義，則利己而已，而人類之所以能主宰世界者賴是焉。對於他族而倡愛國保種之義，則利己而已，而國民之所以能進步繁榮者賴是焉。故人而無利己之思想者，則必放棄其權利，弛擲其責任，而終至於無以自立。彼芸芸萬類，平等競存於天演界中，其能利己者必優而勝，其不能利己者必劣而敗，此實有生之公例矣。西語曰：天助自助者。故生人之大患，莫甚於不自助而望人之助我，不自利而欲人之利我。夫既謂人矣，則安有肯助我而利我者乎？又安有能助我而利我者乎？國不自強而望列國之爲我保全，民不自治而望君相之爲我興革若是者皆缺利己之德而已昔中國楊朱以爲我立教曰、人人不拔一毫人人不利天下天下治矣吾昔甚疑其言甚惡其言及解英德諸國哲學大家之書其所標名義與楊朱吻合者不一而足而其理論之完備實有足以助人羣之發達進國民之文明者蓋西國政治之基礎在於民權而民權之鞏固由於國民競爭權利寸步不肯稍讓即以人人不拔一毫之心以自利者利天下觀於此然後知中國人號稱利己心重者實則非眞利己也苟其眞利己何以他人剝奪己之權利握制己之生命而恬然安之恬然讓之曾不以爲意也故今日不獨發明墨翟之學足以救中國即發明楊朱之學亦足以救中國

問者曰然則愛他之義可以吐棄乎曰是不然利己心與愛他心一而非二者也近世哲學家謂人類皆有兩種愛己心一本來之愛己心二變相之愛己心變相之愛己心者即愛他心是也凡人不能以一身而獨立於世界也於是乎有羣其處於一羣之中而與儔侶共營生存也勢不能獨享利益而不顧儔侶之有害與否苟或爾爾則己之利未見而害先覩矣故善能利己者必先利其羣而後己之利亦從而進焉以一家論則我之家與我必蒙其福我之家替我必受其禍以一國論則國之強也生長於其國者罔不強國之亡也生長於其國者罔不亡故眞能愛己者不得不推此心以愛家愛國不得不推此心以愛家人愛國人於是乎愛他之義生焉凡所以愛他者亦爲我而已故苟深明二者之異名同源固不必侈談兼愛以爲名高亦不必諱言爲我以自欺蔽但使舉利己之實自然成爲愛他之行充愛他之量自然能收利己之效

其五　破壞與成立

破壞亦可謂之德乎。破壞猶藥也。藥所以治病。無病而藥。則藥之害莫大。有病而藥。則藥之功莫大。故論藥者。不能泛論其性之良否。而必以其病之有無與病藥二者相應與否。提而並論。然後藥性可得而言焉。破壞本非德也。而無如往古來今之世界。其蒙垢積汚之時常多。非時時摧陷廓清之。則不足以進步。於是而破壞之效力顯焉。今日之中國。又積數千年之沈痾。合四百兆之痼疾。盤踞膏肓。命在旦夕者也。非去其病。則一切調攝滋補榮衞之術。皆無所用。故破壞之藥。遂成爲今日第一要件。遂成爲今日第一美德。世有深仁博愛之君子。懼破壞之劇且烈也。於是竊竊然欲補苴而幸免之。吾非不懼破壞。顧吾尤懼夫今日不破壞。而他日之破壞終不可免。且愈劇而愈烈也。故與其聽彼自然之破壞。而終不可救。無寧加以人爲之破壞。而尚可有爲。自然之破壞者。卽以病致死之喩也。人爲之破壞者。卽以藥攻病之喩也。故破壞主義之在今日。實萬無可避者也。書曰。若藥不瞑眩。厥疾不瘳。西諺曰。文明者。非徒購之以價值而已。又購之以苦痛。破壞主義者。實衝破文明進步之阻力。掃盪魑魅罔兩之巢穴。而救國救種之下手第一著也。處今日而猶憚言破壞者。是畢竟保守之心盛。欲布新而不欲除舊。未見其能濟者也。

破壞之與成立。非不相容乎。曰。是不然。與成立不相容者。自然之破壞也。與成立兩相濟者。人爲之破壞也。吾輩所以汲汲然倡人爲之破壞者。懼夫委心任運。聽其自腐自敗。而將終無成立之望也。故不得不用破壞之手段以成立之。凡所以破壞者。爲成立也。故持破壞主義者。不可不先認此目的。苟不爾。則滿朝奴顏婢膝之官吏。舉國醉生夢死之人民。其力自足以任破壞之役而有餘。又何用我輩之汲汲爲也。故今日而言破壞。當以不忍人之心。行不得已之事。彼法國十八世紀末葉之破壞。所以造十九世紀近年之成立也。彼日本明治七八年以前之破壞。所以造明治二十三年以後之成立也。破壞乎。成立乎。一而二。二而一者也。雖然。天下事成難於登天。而敗易於下海。故苟不案定目的。而惟以破壞爲快心之具。爲出氣之端。恐不免爲無成立之破壞。譬之藥不治病。而徒以速死。將使天下人以藥爲訴。而此後諱疾忌醫之風將益熾。是亦有志之士不可不戒者也。

結論

嗚呼。老朽者不足道矣。今日以天下自任。而爲天下人所屬望者。實惟中國之少年。我少年旣以其所研究之新理新說。公諸天下。將以一洗數千年之舊毒。甘心爲四萬萬人安坐以待亡國者之公敵。則必毋以新毒代舊毒。毋使敵我者得所口實。毋使旁觀者轉生大惑。毋使後來同志者反因我而生阻力。然則其道何由。亦曰知有合羣之獨立。則獨立而不軋轢。知有制裁之自由。則自由而不亂暴。知有虛心之自信。則自信而不驕盈。知有愛他之利己。則利己而不偏私。知有成立之破壞。則破壞而不危險。所以治身之道在是。所以救國之道亦在是。天下大矣。前途遠矣。行百里者半九十。是在少年。是在吾黨。

論今日各國待中國之善法

今日我中國之時局。如繫千鈞於一髮。其危險眞有不可思議者。但其危機。非獨屬於中國。中國危機一動。天下萬國之危機皆動。吾今者爲我國憂慮。更爲萬國憂慮。故不得不述其意見。以告外國人焉。

現在辦理中國北方事務之權。歸於各國之手。各國之沾手此事也。非有所貪圖也。乃出於不得已耳。各國如辦理此事得法，非徒各國人在中國者得享安寧而已，且能代我中國人造無量之福。若不得法，恐自今以後二十年間，中國全國之地，成爲一大流血場，而黃色人與白色人之血將混而爲一，以染紅此二萬萬方里之地，此誠第一可怖之事也。世有仁人君子，不忍人血之狼藉者，請俯聽吾之一言。

辦事者如醫病，先知其病根之所在，而以藥攻去之，病根去而元氣復。若所下之劑過於狠毒，溢出於病根之外，則藥又爲生病之媒焉。今日中國之病根何在？即西太后黨之政府是也。我輩同志與西后政府爲仇敵，非有所私怨也，因西后政府爲我中國人之公共仇敵，又爲萬國之公共仇敵，故我輩迫於公義，誓不與之兩立，蓋必將此病根拔去，然後我國得安，萬國得安也。我輩昔日言此，外國人或不信，今觀北京政府與拳匪交涉之事，則西后黨爲萬國公敵之實據已見，而外國人昔日不知中國病根何在者，今亦可以了然矣。

吾觀中國之病不一，然有一總源頭。源頭維何？即守舊自大，憎惡外人之心是也。因有此心，故種種安民良法，不肯倣效，以至不能自治其國，使亂機滿地，民不聊生。因有此心，故其與外國人通商，不過迫於無可奈何，其實彼之心日日欲殺逐外國人然後快。我中國數十年來政府之主義，皆在於此，是明與世界之公理相幻背，其積而成今日之大禍，有識者所早料也。中國人之犯此病者，不獨政府，即人民亦多有之。但人民所以如此者，實由政府爲之倡導，故政府實爲罪魁也。而數十年握政府之權者爲誰？即西后與其黨人是也。

今欲醫中國之病，惟有將此惡政府除去，而別立一好政府，則萬事俱妥矣。而或者疑我中國人不能自造成好政府，此未知中國內情也。我皇上深知地球大勢，久慕泰西政教，憂國如家，愛民如子，時時以維新變法爲心，乃至欲棄其君位，以與民權，惜爲西后黨所壓，不能行其志。前年曾稍得微權，以行維新之事者三月，雖其心中所欲辦者未能推行十一。然亦可以知其大概矣。故使我皇上若有全權。必能造成一好政府無疑。而我中國人民之性質最喜服從政府。得此好政府則不及十年。而中國之人心國勢皆必煥然改觀。此最順最易做之事也。頃閱各西報。知英美日等國有欲協力扶助皇帝登位變法之事。此誠仗義扶危大公無我。而又合於時勢者也。今日處置中國之法。莫善於此。我輩同志日日所奔走圖謀。皆爲此事。今得局外文明公道之國起而代轉之。此我輩所極深感謝者也。吾願此文明公道之國。堅持此義。百折不回。然後徐議其條理。講善後之法。則中國之大亂必立解矣。皇上復位欲行新政。勢不能不借用外國人。得各國之賢才以相贊助。必能百廢具舉。國政修明。大開門戶。推廣商務。其利一也。主權有屬。不至各國相爭擾亂世界太平之局。其利二也。王室安甯。亂民不作。商務不至損失。其利三也。故爲中國計。爲萬國計。皆莫如此法之爲妙也。

若舍此法之外。更有何法乎。吾爲各國計之。其法有二。一曰英法待埃及之法。二曰俄普奧待波蘭之法是矣。由前之法。則代掌其政權。由後之法。則瓜分其土地。吾今試取此二法之利害論之。夫代掌政權者。一國能獨掌之乎。抑各人共掌之乎。此事非一國人所得專。不待言矣。今地球各國之中。有尙民權自由者。亦有尙君權壓制者。有專主開商務者。亦有希圖侵略土地者。其切己之利害。各各不同。其行權之手段。自各各互異。今既共來執中國之政權。欲使甲國讓乙國。而甲國未必肯也。欲使乙國讓甲國。而乙國亦未必能也。吾不知各國將何以處之。將如美國上議院之例。每國各派一二人來主持其事乎。吾未見有合許多利害不同手段互異之人。而能成一政府者也。昔南北花旗。因地勢人情各有所私利。而卒至分裂。同爲一國。且有此患。而況今日之以客代主。而互相猜忌乎。然則萬國共掌政權之事。萬不可行者也。

至於瓜分土地之爲害更不待言吾信英美日諸國絕無此心並永不欲有此事卽有之亦爲他國所逼出於不得已耳但吾爲諸國計之若必出此下策則分疆畫界之時此多彼寡論長說短豈能無爭將取數十年來所養之兵所造之械以之相見於亞洲大陸之間演從古以來未有之慘劇而此十九世紀二十世紀交界過渡人人歡喜之年將變爲硝煙彈雨神號鬼哭之世界試問文明教化之人體上天好生之心者固當如是耶且不止此也列國之爭雖息而戡定中國亦豈易事哉中國人雖懦弱然亦爲四千年有史誌之國其人民頗有堅忍固守不爲人奪之氣概他種之人來臨御之固非易易歷代以來每轉一朝易一姓必經數十年死亡千數百萬人然後僅乃底定今以西國兵力之强器械之精雖或終非我邦人所能敵然非十年以後難望其盡服此則吾所敢斷言也試觀非律賓一小島耗美國之兵力幾何杜蘭斯哇一彈丸耗英國之兵力幾何中國政府雖弱民氣猶强吾恐未必讓非律賓與杜蘭斯哇也試思由歐美運一兵來東方每月所需若干乎而各國欲戡定中國需若干兵乎需若干年乎而此多年中商務之損失更不在此數苟念及此能無寒心夫各國人之所以注目於中國者豈有他哉爲商務耳爲全地球人類公共之利益耳今利益未來而經此大劫苟稍有遠慮者當不爲此下愚之計也

然則代掌政權之不可行也如彼瓜分土地之有大害也如此各國當何擇焉吾觀美國政府所頒發各國之公文謂美國願開通中國門戶願保全中國土地及自主之權此誠光明正大濟困扶危眞仁人君子之用心也今日若能扶我皇帝禁他國之侵奪卽所以踐此公文之言也美國向守前總統們羅之誓言不與聞美洲以外之事近乃鋤强扶弱救民水火遂援古巴之艱危收夏威夷爲郡縣仁義之聲天下欽仰與我中國通商以來未曾

佔我寸土。尤爲中國人所深信重。今日高扯頭旗。救我四萬萬人於深淵者。舍美國何屬哉。而況乎英國爲世界文明先進第一之國。日本爲我東方兄弟脣齒相依之交。其待中國之心。亦與美國略同。美國肯力任其難。英日必聯袂而起。彼眈眈虎視者。亦豈能逆此正道之救世軍哉。此則我所深望於此邦之賢士大夫者也。或者曰。聞近日電報。謂光緒皇上有被害之噩耗。果若此。則如之何。曰。嗚呼。此非吾之所忍言。雖然吾今固不信其有此事。果有此事。則吾亦將別有所論。然終不離吾此論之本意。但今不必多及也。

上粤督李傅相書

合肥相國年伯大人閣下。不相見者二十閱月矣。去國以來。曾承伊藤侯及天津日本領事鄭君、東亞同文會井深君。三次面述我公慰問之言。並敎以研精西學。歷練才幹。以待他日效力國事。不必因現時境遇。遽灰初心等語。私心感激。誠不可任。公以赫赫重臣。薄海具仰。乃不避嫌疑。不忘故舊。於萬里投荒一生九死之人。猥加存問。至再至三。非必有私愛於啓超也。毋亦發於愛才之盛心。以爲孺子可敎。而如此國運。如此人才。不欲其棄置於域外以沒世耶。啓超自顧愚陋。固不足以當我公之期許。雖然。公之所以待啓超者。不可謂不厚。所以愛啓超者。不可謂不深。每一念及。無以爲報。竊聞之。君子愛人以德。仁者贈人以言。公之所以惠啓超者在是。啓超所欲還以報公者。亦卽在是。故敢竭盡其愚。惟垂採焉。竊以今日國勢之危蹙。朝局之糜爛。雖五尺童子。猶識隱憂。明如我公。豈其闇之。若斯者。本無待啓超之詞費也。然啓超竊觀公之所以自處。一若於地球之大勢。舉國之民情。尚有未了了者。請爲公姑述其一二。自甲午以來。割臺灣。割遼東。訂中俄密約。助西伯利亞鐵路之速成。割廣西甌脫之土司。割膠州割旅順大連。割威海。割九龍。割廣州灣。與俄國定東三省不讓與他人之約。與德國定山東不讓與他人之約。與英國定長江不讓與他人之約。與法國定兩廣雲南不讓與他人之約。與日本定福建不讓與他人之約。若此者皆公在北洋及總署時經手事件。而舉國之人所疾首而痛心者也。凡此皆不能盡指爲公之罪。亦未必盡出於公之意。而要之自經此諸役以後。中國已非復中國人之中國。則萬目所共見。而百口所不能辯也。譬我有宅於此。甲乙丙數隊大盜入其堂奧。點驗其財物。曰某室之物。甲所有也。某院之物。乙所有也。某堂之物。丙所有也。又從而毁其垣。又從而踞其戶。若是則此宅尙得謂我之有乎。彼之不卽持去者。特需時耳。所需者何。則所謂投骨於地。羣犬必爭。兩虎相鬭。必有一斃。泰西諸國數十年來。汲汲於增修軍備。日日以彼此兵力互相比較。使常足相敵而不肯少讓。而以近時鎗礮之進步。交戰一刹那間。可以流血漂杵。故各相憚而莫敢爲天下先也。中國所以得延殘喘於此五年間者。皆以此故。然而有虎狼之俄。拊我背而扼我吭。及西伯利鐵路之旣成。必無從向走無常而乞餘命。不待智者固已知之。然使僅如此。猶冀其禍之可以在數年後也。然地球大勢之所逼。固有出人意料之外者。以蕞爾之杜蘭斯哇。乃使持盈保泰不輕用兵之英國。忽焉張旗鼓以向之。不寧惟是。英人一敗再敗。而至於殫獅子搏兎之全力。傾舉國之兵不足。而悉索之於屬地。借助之於友邦。不寧惟是。杜國以種族之關係也。而德人助之。以利害之關係也。而法人助之。於是飛天之火星。遂不得不超撒哈拉沙漠。渡地中海。而撩亂於歐洲。啓超竊疑此書達於公之目之時。英德法哀的美敦書之電報。亦隨而至。未可定矣。因德法而及俄。因英而及美日。此又人人所同見者也。果爾。則今十九世紀之末年。將盈地球中皆硝煙彈雨。嗚呼。實千五百兆人人人股慄之時代哉。我中國人生長於螺殼之中。不知有天地間事。此等局勢。非所聞也。卽或聞之亦以爲鄉鄰有關於己無關或且謂強敵相殘是我之福殊不知今日之問題不在西歐而在東亞今日之戰場不在地中海而在太平洋而所謂飛天火星者曾不轉瞬間卽紛紛以集於我屋梁我牖戶而莫能救也昔之所以暫緩瓜分者慮相爭而憚用兵耳今兵氣一動我輩處衆矢共的之地而欲免其難譬之猶放羣羊於藪澤而望已發威之虎憐而活之也以啓超論之中國之存亡死活卽在歐洲列強酣戰之時列強兵事始末之日卽中國生命定奪之日此語在他人或不之信以我公之洞悉時務幕府多才試一審思討論當亦謂其無以易也外禍之逼既已如此當其境者宜如何戰兢惕勵上下一心國民一體合全國之人才修一國之整備乃今也內顧朝局則何如皇上在位二十餘年薄海愛戴變法三月百度維新掃千年之積弊爲萬國所欽誦曾有何罪而必欲置之死地而後快國家多難賴有長君廢此英明絕世之聖主而舉彼九歲乳臭不解漢語之溥儁以爲傀儡嗟彼梟獍是何肺腸今雖未敢易位但言立儲然司馬昭之心路人皆見啓超筆下所欲言未必非公心中所欲言固不必更爲是贅陳也卽果云立儲矣抑豈不聞本朝祖宗之法不許言及太子二字儲貳金鑑一書舉朝內外袞袞諸公豈未嘗一寓目耶而所謂大阿哥溥儁者從何而來祖宗之法不可變此狐羣狗黨所以罪我黨人也不知大阿哥溥儁之僞諭爲守祖宗之法乎爲變祖宗之法乎從古亡國皆有成例今慮其取亡之具之未足也而刻意摹倣之必求其酷肖齊備而後已詩曰鴟鴞鴟鴞既取我子無毀我室啓超誠不解持此事之人與大淸十代二百餘年之祖宗有何寃業與我十八行省四百兆人有何仇讎乃敢於冒天下之不韙而忍於下無類之毒手也彼輩以百千兆億之怨毒集於康南海之一身與其黨人夫以二十餘年仁慈智勇之皇上且若是矣康南海何有焉其黨人更何有焉以全國之力而與一匹夫爲難不足則又賄託萬國欲借全地球百數十政

府之力以濟之。何求不得。何欲不成。勝之不武。不勝則不止爲笑矣。啓超以爲不殺南海。則天下僅一南海耳。殺一南海。吾恐天下之南海。將千百出而未有已。雖欲殺之。又可盡乎。即如啓超固不才也。曾不足以勞彼輩全力之顧盼。然竊自忖度。啓超若死於彼輩之手。彼死我者未必能高枕而臥也。譚復生之言曰。魂當爲厲。以助殺賊。所謂魂者何物哉。即百千萬億繼起者之怒氣與其熱力而已。今且勿論此事。竊聞自去歲以來。南洋美洲日本等處商民。屢有電請聖安及歸政之事。聯名以萬數千計。不知彼輩之視此商民。爲義民乎。爲莠民乎。夫此商民者。餬口四方。孑身萬里。其與國家官吏之關係。既已絕少。雖南冠之未改。已漢臘之幾忘。乃其於今上不知何故。愛之慕之。如赤子之戀慈母。此豈非直道在人。而天性同具者耶。聞公之簡爲商務大臣也。實爲勸諭此事。果爾。則公持節所及。欲作何語。此誠啓超所急欲聞也。公之所受於彼輩者。豈不曰兩宮和好。勿聽人煽惑之言云爾。啓超請公捫心自思。皇上一年以來在瀛臺作何狀。請公拭目一視立儲之僞上諭爲何語。而兩宮和好之言。顧忍出諸口耶。欲以一手掩盡天下目。天下之人。豈皆師曠哉。大丈夫有死而已。斷不能向衆人前作昧本心之言。啓超竊料公半世英雄。未必有靦面目而作此巫嫗媒婆之醜態也。若所謂聽人煽惑者何人哉。則必以康南海及啓超爲罪魁矣。夫一年以來。南海在加拿大。啓超在日本。足跡未嘗一至他地。公所知也。而美屬數十埠南洋數十埠。乃至澳洲暹羅。散布全球。風馬牛不相及。雖欲煽惑曷從。而煽惑之。彼輩必曰。我等以信函文字爲煽惑之具也。啓超若辨信函文字之有無。雖累千言。彼等固不之信。藉曰果有之矣。而彼輩不嘗日日有僞上諭處處有告示。以與吾輩相抵制乎。而何以政府之上諭官吏之告示。曾不足以敵一逐臣片紙之信函。豈我輩之文字有魔術耶。彼輩若一念此。可以瞿然自省矣。又頃者聞海外各埠相率立保皇會。而所至公使領事出示禁之曰。

是康有爲輩所立也。曰爾小民皆有家屬。宜自念之。勿聽煽動也。啓超從報紙中略見其告示之一二。而不禁色然而驚也。夫皇上豈康南海一人之皇上哉。康南海之愛戴皇上固也。然不能禁康南海之外。不使更有一人愛戴皇上也。彼輩日日有欲死皇上之心。而欲使普天率土之人。盡同於彼之所欲。是何異蜣蜋嗜糞。而欲強天下物類盡投身於圂圊也。夫保皇會而可禁也。則立廢皇會者必當賜級。而立弑皇會者必當封侯矣。昔京師士夫立保國會。彼輩則曰保中國不保大清。今海外商民立保皇會。則彼輩亦將曰保皇上不保太后。深文羅織。何患無辭。夫使大清而果與中國一體也。則保中國卽所以保大清。使太后而果與皇上一心也。則保皇上卽所以保太后。而彼輩必斷斷然別大清於中國。別太后於皇上。吾不知其何解也。已先自分別。而欲人之不分別之。曾亦思鼓鐘於宮。聲聞於外。固有絲毫不能假借者耶。沈仲堂請誅三凶摺云。率天下之人而叛皇上者剛毅也。嗚呼。啓超觀彼輩靦然食皇上之祿。服皇上之官。而敢於明目張膽悖倫逆理。出告示以禁保皇。而歎率天下之人而叛皇上者。不止剛毅一人也。至於小民各有家屬。各自愛之。夫何待言。小民惟知皇上之可以保我家屬也。故愛戴皇上。其保皇之心。卽從其保家屬之心而發生。非有二物也。夫九龍廣州灣。豈非小民維桑與梓之地耶。今者祠堂被燬矣。墳墓被掘矣。鄉村被炸矣。財產被奪矣。妻子被淫矣。苛政之猛猛於虎矣。人命之賤賤於蟻矣。家也何在。屬也何在。長官如愛我家屬也。則宜爲我保之。彼已割者不可追矣。其與割爲鄰者。亦如釜中之魚。俎上之肉。今不爲曲突徙薪之計。後必有噬臍無及之憂。不知爲民父母者。何以待之。乃前日代民賣地之人。卽爲今日禁民設會之人。而今日禁民設會之人。他日又將爲代民賣地之人。無怪乎民之皇惑而嘖有煩言也。且彼輩之矜矜然以家屬爲言者。豈不以此爲脅制之具。而欲借以奪人民忠君愛國之誠心哉。古訓有之。罪人不孥。今日地球萬國。苟非三等野蠻不入人類之政府。從未有一人得罪牽及他人者。卽使果有罪矣。其於家屬。尚不能有一毫之關涉。若民人之忠愛皇上。思各盡其力以助君國者。則按之大清律例。果犯何罪乎。雖以問諸出告示之人。當亦無以應也。然彼輩猶以此爲言者。以爲人心之易欺。而官威之足恃云耳。不知商民久歷外洋。其受他族淩辱。蓄怨積憤也已極。故其望中國維新自強。速蘇困阨之心。如滿爐熱火。勃勃不可壓制。又習見外國之所以能維新者。無不由民間愛國之士。合大羣經大險而後能成。其敬而慕之也。非一日矣。萬口一聲。萬目一的。萬衆一心。萬心一力。夫豈區區無理取鬧之官威所能恐嚇。以啓超所聞。海外五百萬人。其瀝血誠以傾心於皇上者。十而七八。若欲問其家屬也。以家八口計之。亦當有二三千萬人。閩粵兩省之人。當逮問者過半矣。不知彼輩何以處之。方今外患然眉。伏莽滿地。雖設盡方法。固結民心。猶懼不濟。而猶復從而騷擾之。逼迫之。驅而納之於冤霜憤泉之間。古語不云乎。怨毒之於人甚矣。彼其人之倡入此會者。必其有百折不回之心。置利害禍福於度外。雖質太公固不能阻劉季之雄心。雖脅徐母固不能陷元直於不義。而爲官吏者。猶復搏而躍之。激而行之。此伍子胥所以撻平王之墓也。嗚呼。彼榮剛諸逆賊不足道。彼碌碌之官吏不足道。雖然。啓超竊嘗爲我公計矣。公雖然爲西后所眷。然廢皇上非公之意也。而榮剛諸逆賊。又忌公之望。而與公不相容者也。公憚於炙手可熱之權威。不得不奉行逆命。啓超亦諒公之苦心。而不爲怪。然嘗聞呂新吾之言曰。可殺可生。不當爲人作荆卿。公試一自思。卽盡其全力爲若曹作荆卿。於公何利焉。公位極人臣。名滿天下。今行年且七十餘矣。皤皤老翁。復何所求。今以末路晚節。乃更欲屈身於逆賊所擁立九歲乳臭不識漢語孺嬰之僞朝。且從而爲之效死力。竊計公他日之位置。不幸則爲李斯之轘殺。爲曹爽之族誅。幸則如孔光之爲莽三公。王祥之作晉太傅。而於公究何利焉。李固與胡廣趙戒書曰。公等受主厚祿。顛而不扶。傾覆大事。後之良史。豈有所私。啓超竊願公三復此言而思所以自處也。抑啓超所欲言。猶有進於此者。公固以識洋務聞於天下者也。公試一讀西史。豈不聞今日十九世紀爲民權之世界乎。彼美與法不待言矣。若英、若德、若奧、若意、若日本。皆以民權而強者也。惟伸民權。故君主之位益以尊榮。是以有國者而欲固其位。則莫如伸民權。有官者而欲保其祿。則莫如伸民權。彼民非必樂於爭權也。而無如處今日生存競爭優勝劣敗之世界。非藉民權無以保國權。國權一失。而國民之身家性命隨之而亡。泰西各國民之爭權也。皆所以自保其身家性命也。而中國憂時之君子。所以汲汲然以此義相提倡者。誠有鑒於今日天下之大勢。而知其不可以已也。故倡民權之人。其心地最純潔。而必無一毫利己之私心存乎其間。其所求者惟在伸權。權一伸。而迅雷烈風之行。變作光風霽月之態矣。爲君相者。如遇民之爭權也。其所以善待之者。惟有一法。曰因而伸之而已。英國與日本是也。今者英皇日本皇之安富尊榮。世界莫與京也。而冥頑不靈者。從而壓制之。夫民權之爲物。豈可壓制者耶。不觀於水乎。愈壅之則其決也愈甚。俄皇所以三代見弒於希利尼黨。法王路易第十六所以暴屍於市場。皆壓制民權之前車也。彼美國與法國。苟非壓制之已極。而至於萬無可伸。何至經八年之血戰。創從古未有之大革命。而變爲民主政體乎。合英日與美法前事觀之。孰得孰失。孰利孰害。爲民上者。宜何擇焉。凡此所言。皆近百年來之事實。而世界得失之林。最彰明較著者也。公號稱識洋務。宜能知之。若猶不信。請以啓超之所舉者。質諸幕府之西人。當必謂其非誕言也。今地球大勢之所逼。使我中國民權之機。不得不動。月暈知風。礎潤知雨。數年來之消息。有識者皆能知之矣。此後其機之動。日烈一日。有盛無衰。有進無退。此又歐洲諸國已然之成例也。而今日執國權者。猶瞢於大勢。闇於利害。欲壓而激之。不知愈壓之則其爆發也愈烈。愈激之則其逆行也愈急。是猶慮病者之不速死。而復從而鴆之也。天下力量最大者。莫如時勢。欲逆時勢而行。如以卵投石。立見摧碎。如仰天自唾。徒汚其面。民權者今日全地球時勢所驅迫而起也。昔張香濤著勸學篇。內有一篇名曰正權。有天津通人某君論之曰。此書十年以後。雖燒爲灰塵。天下人猶將掩鼻。張氏眞稜賤儒。不足道矣。至於我公。則豈宜闇之。公若尙不悟。而欲以壓制爲得計。豈不聞防民之口。甚於防川。防口且然。而況於防其心防其氣者耶。公辦之愈力。則愈益爲叢毆爵。爲淵毆魚。不徒促二百餘年國祚之傾覆。恐公之玉體。亦不免再見日本議和時之橫禍也。啓超之爲此言。固非以危詞聳聽者。蓋此理此勢。全地球之人皆能道之。非啓超一人之私言而已。知公之必不我信。雖然。因公之相愛。故心所謂危。不敢不告也。若啓超者。則萬里亡人。瀕於九死。毫無勢力。固不待言。中原之事。豈敢過問。凡所云云。固非欲恐嚇我公以求自免。何也。啓超之獲罪於逆賊。固知非筆舌恐嚇所能稍寬也。若公之所囑。使其肄精西學。以待他日之用云云。啓超雖已感之。而亦有不能解者。何也。蓋啓超學成之時。國家雖或有用我之心。恐已淪亡。而不能待也。若啓超自爲計。既爲四萬萬人之一人。卽中國絕我。我固不忍絕中國。然則今日亦有報效國家之方法乎。曰有。但使一日不死。必倡民權之公理。順地球之大勢。以導我四萬萬同胞。使進於文明。以爲他日自立之地步。是卽啓超所以報效國家。亦卽啓超所以答公拳拳之盛心者也。抑又有附陳者。公今度之督粵。朝旨所在。雖非逋臣所敢言。然粵中承前督朘削頹弛之極敝。而公繼之。赫赫具瞻。粵民之所以責望於公者。不一而足。公之所知也。竊讀報紙。見幕府所徵集者。類皆聲名狼藉。千夫所指之人。此輩平昔之輿論。公未必不有所聞。或者使貪使詐。別有權衡。雖然。僉人勿用。昔賢所誡。聞諸道路。頗不免有前門拒虎。後門進狼之憂。啓超竊爲公計。公之不理於衆口也。亦已久矣。啓超望公自今一雪之不願公之從而附益之也然以天下大計比較之則學事又其小焉者也放飯流歠而問無齒決此區區者更何足曉曉乎姑一言之待公抉擇而已啓超以負罪亡人本當引嫌自遠但以公既殷勤垂愛不可無以爲報可與言而不言非所以待公也而此書所言又知其必不爲公累故除郵寄鈞覽之外更布之於各報館幸勿爲怪熱血在腔隨筆坌湧恐貴人事忙不能看冗長文字故略陳一二不盡所言

上鄂督張制軍書

南皮尚書閣下嗚呼往事已矣閣下今日避啓超若將浼己從前之交誼既已盡絕非惟閣下絕啓超抑啓超亦絕閣下也雖然交雖絕然尚有不能盡絕者存則以中國者爲啓超與閣下所同居之國皇上者爲啓超與閣下所同戴之皇坐是之故啓超與閣下私情雖絕而公義未絕故今者於忍之無可忍恕之無可恕之際不能不更以公義之言進於閣下閣下雖惡之嫉之畏之避之顧請姑讀終篇而一自省焉去臘二十四日之僞詔閣下曾見之否耶此詔之爲廢立天下人皆知之皆痛之又不惟中國之同胞而已即西人東人亦莫不皆知之皆痛之閣下既依附逆謀必有飾詞以處此曰是建嗣也非廢立也云爾夫此事之始末底蘊彰明較著人人共見本不待辯而明者也雖然閣下咬文嚼字之人也與閣下論大義閣下必復出其俗吏舞文之手段以巧爲彌縫今請仍咬文嚼字爲閣下一言光緒五年閏三月廷旨以吳可讀死諫一疏交議有一摺洋洋千餘言陳說吳氏所未及慮有三事非閣下之手筆耶啓超猶記其第一事謂一生而已定爲後之義卽一生而已定大寶之傳合併爲一將類建儲我朝列聖以立儲爲大戒高宗九降綸音萬分剴切今若建之有違家法云云然則當時閣下之意

知建儲之有背祖訓矣。又知預定嗣子之卽爲建儲矣。若今次溥儁之立。非所謂已定大寶之傳者耶。非所謂將類建儲者耶。非所謂自違家法者耶。何閣下昔日慮之而今日不及慮也。其第二事。謂前代儲貳讒構奪嫡流弊已多。今被以紹統之高名。重以承繼之形跡。較之尋常主器尤易生嫌云云。然則當時閣下之意。謂早定嗣子易生嫌疑矣。夫以皇上親生之子。有承繼之形跡。猶易生嫌。而況於横自外來之溥儁耶。何閣下昔日慮之而今日不及慮也。其第三事。謂天位授受。簡在帝心。所以愼重付託。爲宗社計也。此時早定。豈不太驟云云。是當時閣下之意。以爲皇上雖生有皇子。但使皇上一日生存。則一日不必定繼統。若定之則太驟也。夫皇上卽生有皇子而早定之。尚且謂爲太驟。豈未有皇子而別定之。獨非太驟耶。何閣下昔日慮之而今日不及慮也。閣下摺中又有云。託諸文辭。則可避建儲之名。見諸實事。則儼成一建儲之局。此四語不啻爲今日言之矣。去臘僞詔末數語云。謹當仰遵慈訓。封載漪之子溥儁爲皇嗣云云。閣下最精訓詁之學。試問皇嗣與皇太子之名義。有何分別。以此爲彌縫掩飾。又不徒狙公之朝三暮四而已。而閣下前者殷憂之言。今豈其遂忘之。閣下摺中又有云在兩宮慈愛之念。惟期於後嗣繼統久遠遵行。豈必亟亟焉指定一承繼之人。而後慰卽穆宗在天之靈。當亦願後嗣聖德永綏洪祚。又豈必介介焉早標一嗣子之目。而後安。啓超每讀此數語。未嘗不歎其片言居要。善於陳詞。乃去臘僞詔。託名於預定承繼之人。以慰太后。藉口於早標嗣子之目。以安穆宗。而閣下顧噤若寒蟬。未聞一伸前說。何其無記性歟。抑無血性也。凡以上所錄。皆閣下摺中原文。未有一字增減。啓超竊以爲卽以此摺上之於今日。雖不能收格心之效。仍不失爲正名之言。何意前後歷二十年。閣下位已尊矣。名已高矣。遂乃一口兩舌。食言而肥。前日能慮吳柳堂之所未及慮。今日可慮之事。視前此加十百倍。而恝然安之。又從而暗助之。吾不知閣下曾有何面目以見天下人。更有何顏以自讀光緒五年之奏議也。雖然。居今日而論建儲之是非可否。正所謂放飯流歠而問無齒決。此次之變實爲廢立而非建儲。司馬昭之心。路人皆見。卽以閣下之無恥。但使清夜捫心自問。亦未必無天良發現之時。惟是驟然以不諫廢立之罪罪閣下。而閣下之口必不服。故卽如閣下之意。謂不過建儲而已。而閣下之不諫建儲。其罪已不容於死。嗚呼。閣下其無謂天下人之易欺。前有千古。後有萬年。李子堅與胡廣趙戒一書。願閣下日三復之也。至啓超此次移書之意。又非故爲嬉笑怒駡。以快洩其積憤云爾。今日中國之命脈繫於皇上。而皇上之生命懸於北廷諸逆之手。諸逆之與皇上不兩立也久矣。前年之變。得劉峴帥十二字之電奏。而皇上之命得延一年。去臘之變。得經蓮珊及海內外之電奏。而皇上之命得延至於今日。顧皇上一日不去。則諸逆之眼中釘一日不拔。勢成騎虎。豈肯罷休。今者峴帥已去任矣。蓮珊已被逮矣。逆賊心目中已無疆臣。已無輿論。自謂橫行天下。誰敢奈何。禪讓之詔。不出於期年。鼎湖之痛。卽在於眉睫。閣下如自外覆載。甘心從賊。屈膝於孺嬰之下。乞憐於操莽之朝。夫復何言。若猶有一綫之天良。眷念神州。顧戀舊主。上畏昊天之視聽。下思良史之衮鉞。則亡羊補牢。今猶可及。日暮途遠。更不容遲。若能率三楚子弟。堂堂正正。清君側之惡。奉太后頤養耄年。輔皇上復行新政。策之上者也。如是則閣下之威名。當輝於五洲。亙於萬古。卽不爾。而遠之追念光緒五年之初心。近之效法劉制軍岑廉訪經太守之愚忠。以一紙之封事。謝天下之責望。身旣膺秉圻之威。言卽有九鼎之重。亦可以寒賊膽於萬一。拯君難於須臾。策之次者也。雖然。啓超雖言之。而有以知閣下之必不能行也。知閣下之必不能行而猶不自已於言。正以公義之不可以絕也。閣下之所以必不能行者何也。亦曰全軀而已。保位而已。然以啓超計之。閣下靦然洟然薾然爲妾婦之容以媚逆賊。而所謂全軀保位之道遂果得乎。彼逆賊者遂能撫閣下如螟蛉豢閣下如犬馬乎啓超竊意其終未必然也側聞去臘今春曾兩次電召電下而又中止此何爲乎臺官交章彈劾特派欽差查辦此何爲乎怒擲報效之七千兩嚴旨申飭詞意俱厲電報瑣費斷斷然與閣下計較此何爲乎閣下奴顏婢膝以向諸逆諸逆豈能推心置腹以待閣下況戾太子之嫌疑近方在閣下之肘腋聞諸道路頗有謂閣下實授意假託將藉之以行大事者而日本鄂生之言述閣下隱寓深意尤有不可聽聞之語啓超固信閣下之必無是事無是心也非以閣下之忠而信之也白衣秀士王倫豈能占梁山泊一席地是以知閣下之必非其人也雖然彼諸逆之視閣下實儼如一敵國閣下今日之地位如以獵人而向羣虎膜拜其幸能免乎其終不能免乎閣下固無自主之權也欲歸新黨而新黨不屑有此敗類欲附賊黨而賊黨亦不願有此贅瘤卒至進退失據身敗名裂後世謚爲至愚千載指爲奸佞翻雲覆雨究何益乎居恆讀史至胡廣孔光馮道故事孰不憐而笑之嗚呼其無使後人而復笑後人也啓超萬里投荒一生九死頭顱聲價過於項羽俯仰千古亦足自豪鉏麑滿地日日可死雖然但使一日立於天地之間則一日不能忘中國忘皇上西風殘照漢家之陵闕已非石爛海枯精衞之冤誠難改蹈跡東海昔昔猶夢長安移文北山字字不容假借不辭瘏口更瀆淸塵孔子曰不可與言而與之言失言吾知罪矣

復金山中華會館書

著者自戊戌政變後養晦東瀛一年有餘去年秋冬之交因美屬金山大埠華人致電敦請往美遂於十一月由日本首塗道經檀香山擬小住一月即便前往總署聞之驚惶失措遂移檄駐美使臣伍廷芳令其阻止登岸且謂梁某昔經該使臣奏調出洋且屬同縣同鄉若該使臣不竭

力阻止則是有意招致該使臣不能辭其咎等語伍使商諸美外部未能得許伍廢食不安無所爲計乃會集中華會館紳董之守舊者請其致書檀島力勸勿往大意謂官吏懸賞購刺無賴小民及貪利洋人既已預備藥彈匕首以待切宜自愛勿投身險地云云著者得書後即復此書

中華會館諸鄉台均鑒奉讀賜翰具見殷勤相愛之盛心銘感無已弟自去年十一月自日本首塗本擬在檀島小住月餘於上元前後便到大埠奈爲疫症所阻至今濡滯未能前來方用歉仄乃承手教勗以自愛勸其他行弟捧誦之餘亦未嘗不且感激而且躊躇也獨念死生有命非人力所能強爲苟其死也雖安坐廣廈之中餌以參苓擁之以近侍終無可逃苟其不死也則如從軍者擲身於硝煙彈雨之間航海者賭命於鯨濤鼉浪之窟其不死自若也且無論遠者即如弟之一身當前年八月之變雖有十頭顱亦不足斫矣然而至今猶儼然生於人世間者豈非未獲死所而造化小兒未許我以暇逸耶人生只一死耳從未有生而不死者亦未有死而復死者死何足畏弟如畏死則何難媕阿闒宂婢膝奴顏以求自身之安樂於名場宦海之間自顧才力度未必出現時官吏之下而弟不願如此者以良心難昧而血性不能盡無耳方今瓜分之禍懸於眉睫家鄉故土已屬他人舉國同胞將成左衽向小朝廷求生活實覺無顏且君辱臣死古之常經也今者聖主被幽操莽弄柄簒弒之局千古一轍雖五尺童子猶能知之袞袞諸公豈猶瞢焉使李鴻章伍廷芳清夜捫心自問豈不知所謂上諭者非出皇上之口豈不知所謂大阿哥溥儁者不過賊臣所借以爲傀儡豈不知新黨盡戮皇上隨之而弒豈不知皇上既弒中國隨之而亡而彼顧靦然儼然奉僞詔若神明仇新黨如蛇蝎者不過欲媚呂雉武曌曹操司馬懿以保其目前之祿位而已不知國且不保位於何存種將爲奴祿更何有即使劇秦美新獻符命於新朝朝晉暮唐爲五代之元老然而大廈一傾冰山安在覆巢之下完卵難期諸公之所以自爲計者似巧而實拙似智而實愚也

況內地人心積憤已極朱盧敬業既藏器以待時勝廣黃巢亦揭竿而蠢動彼輩猶復攖豪傑之公憤行野蠻之劣謀吾恐其不惟受天下之唾駡而首領亦將不自保也雖然彼輩既立僞朝自不得不奉逆命不過苟求自免諒非出於本懷春秋之義責備賢者既非賢者吾何責焉至於弟則前年八月已是九死之人此後餘生皆聖主之所賜自今以往爲君父而捐軀爲國民而流血固所願也既畏死則不任事既任事則不畏死礮彈何物炸藥何物豈足以阻大丈夫前進不退之心耶北京廣東尙且敢往而何有於金山天心未去帝黨多才內外諸豪星羅棊布其智能勇略過弟百倍者不可勝數若弟者有之不爲多無之不爲少拚頭顱血肉以激動天下豪傑之公憤以爲中國文明之引線弟之榮幸何以加焉諸君子拳拳見愛代爲之謀弟之感銘有加無已雖然弟之初志固不可渝謹謝盛心幸恕方命頃者檀山疫症尙未盡息輪船附客頗多窒礙一俟平復便當遄行到大埠時更當面謝抑弟更有瀆陳者今日中國危亡迫於旦夕吾粤錦繡奧壤尤爲各國所垂涎九龍廣州灣慘狀凡有血氣聞之傷心古語不云乎兎死狐悲物傷其類毋謂鄰宅失火於己無關須知前車既傾後軫宜戒當一年以前新安遂溪之人豈知有今日之慘酷耶使當彼時有告之者曰汝之地將被割汝之鄉將被炸汝之身家將不保汝之祖宗骸骨將被發掘汝之妻子將被掠淫其誰信之將逐之以箒而唾其面矣試問我三邑四邑香山惠潮諸地與九龍廣州灣相距幾何再進一步則禍已臨頭今者操莽在朝內訌紛起惟有力以殘善類曾無法以拒外夷除非敵之不求但有求而必應念及故鄉誰敢保其三年無事哉三年以後出洋既爲外國歸去亦是外國出洋被陵被逐歸去亦被陵被逐茫茫大地竟無吾民託足之區凡我兄弟寧能無父母桑梓之念耶卽不愛皇卽不愛國亦當愛身家其忍聽呂武操莽爲我寫賣奴契也弟言及此知必有逐弟以箒而唾弟之面者然弟

誠不忍我兄弟隨新安遂溪諸縣人之後。徒坐待禍至始覺。而噬臍無及也。伏望諸君子熟察利害。激厲良心。去逆就順。共保聖皇。共救國難。共衞身家。實所厚望。匆匆布復。不盡所言。

呵旁觀者文

天下最可厭可憎可鄙之人。莫過於旁觀者。

旁觀者。如立於東岸。觀西岸之火災。而望其紅光以爲樂。如立於此船。觀彼船之沈溺。而睹其鳧浴以爲歡。若是者謂之陰險也不可。謂之狠毒也不可。此種人無以名之。名之曰無血性。嗟乎血性者人類之所以生。世界之所以立也。無血性則是無人類無世界也。故旁觀者。人類之蟊賊。世界之仇敵也。

人生於天地之間。各有責任。知責任者大丈夫之始也。行責任者大丈夫之終也。自放棄其責任。則是自放棄其所以爲人之具也。是故人也者。對於一家而有一家之責任。對於一國而有一國之責任。對於世界而有世界之責任。一家之人各各自放棄其責任。則家必落。一國之人各各自放棄其責任。則國必亡。全世界人人各各自放棄其責任。則世界必毀。旁觀云者。放棄責任之謂也。

中國詞章家有警語二句。曰、『濟人利物非吾事。自有周公孔聖人。』中國尋常人有熟語二句。曰、『各人自掃門前雪。不管他人瓦上霜。』此數語者。實旁觀派之經典也。口號也。而此種經典口號。深入於全國人之腦中。拂之不去。滌之不淨。質而言之。卽旁觀二字。代表吾全國人之性質也。是卽無血性三字。爲吾全國人所專有物也。

嗚呼吾爲此懼。

旁觀者。立於客位之意義也。天下事不能有客而無主。譬之一家。大而教訓其子弟。綜核其財產。小而啓閉其門戶洒掃其庭除。皆主人之事也。主人爲誰。卽一家之人是也。一家之人各盡其主人之職而家以成。若一家之人各自立於客位。父諉之於子。子諉之於父。兄諉之於弟。弟諉之於兄。夫諉之於婦。婦諉之於夫。是之謂無主之家。無主之家。其敗亡可立而待也。惟國亦然。一國之主人爲誰。卽一國之人是也。西國之所以强者無他焉。一國之人各盡其主人之職而已。中國則不然。入其國。問其主人爲誰。莫之承也。將謂百姓爲主人歟。百姓曰。此官吏之事也。我何與焉。將謂官吏爲主人歟。官吏曰。我之尸此位也。爲吾威勢耳。爲吾利源耳。其他我何知焉。若是乎一國雖大。竟無一主人也。無主人之國。則奴僕從而弄之。盜賊從而奪之。固宜。詩曰。子有庭內。弗洒弗掃。子有鐘鼓。弗鼓弗考。宛其死矣。他人是保。此天理所必至也。於人乎何尤。

夫對於他人之家他人之國而旁觀焉。猶可言也。何也。我固客也。（俠者之義雖對於他國他家亦不當旁觀今姑置勿論）對於吾家吾國而旁觀焉。不可言也。何也。我固主人也。我尙旁觀。而更望誰之代吾責也。大抵家國之盛衰興亡。恆以其家中國中旁觀者之有無多少爲差。國人無一旁觀者。國雖小而必興。國人盡爲旁觀者。國雖大而必亡。今吾觀中國四萬萬人。皆旁觀者也。謂余不信。請徵其流派。

一曰渾沌派。此派者。可謂之無腦筋之動物也。彼等不知有所謂世界。不知有所謂國。不知何者爲可憂。不知何者爲可懼。質而論之。卽不知人世間有應做之事也。飢而食。飽而游。困而睡。覺而起。戶以內卽其小天地。爭一錢可以隕身命。彼等既不知有事。何所謂辦與不辦。既不知有國。何所謂亡與不亡。譬之游魚居將沸之鼎。猶誤爲水煖之春江。巢燕處半火之堂。猶疑爲照屋之出日。彼等之生也。如以機器製成者。能運動而不能知覺。其死也。

如以電氣殛斃者。有墮落而不有苦痛。蠕蠕然度數十寒暑而已。彼等雖爲旁觀者。然曾不自知其爲旁觀者。吾命之爲旁觀派中之天民。四萬萬人中屬於此派者。殆不止三萬五千萬人。然此又非徒不識字不治生之人而已。天下固有不識字不治生之人而不渾沌者。亦有號稱能識字能治生之人而實大渾沌者。大抵京外大小數十萬之官吏。應鄉會歲科試數百萬之士子。滿天下之商人。皆於其中十有九屬於此派者。

二曰爲我派。此派者。俗語所謂遇雷打尚按住荷包者也。事之當辦。彼非不知。國之將亡。彼非不知。雖然。辦此事而無益於我。則我惟旁觀而已。亡此國而無損於我。則我惟旁觀而已。若馮道當五季鼎沸之際。朝梁夕晉。猶以五朝元老自誇。張之洞自言瓜分之後。尚不失爲小朝廷大臣。皆此類也。彼等在世界中。似是常立於主位。而非立於客位者。雖然。不過以公衆之事業。而計其一己之利害。若夫公衆之利害。則彼始終旁觀者也。吾昔見日本報紙中有一段最能摹寫此輩情形者。其言曰。

吾嘗游遼東半島。見其沿道人民。察其情態。彼等於國家存亡危機。如不自知者。彼等之待日本軍隊。不見爲敵人。而見爲商店之主顧客。彼等心目中不知有遼東半島割歸日本與否之問題。惟知有日本銀色與紋銀兌換補水幾何之問題。

此實寫出魑魅罔兩之情狀。如禹鼎鑄奸矣。推爲我之敝。割數千里之地。賠數百兆之款。以易其衙門咫尺之地。而曾無所顧惜。何也。吾今者既已六七十矣。但求目前數年無事。至一瞑之後。雖天翻地覆。非所問也。明知官場積習之當改。而必不肯改。吾衣領飯碗之所在也。明知學校科舉之當變。而不肯變。吾子孫出身之所由也。此派者。以老聃爲先聖。以楊朱爲先師。一國中無論爲官爲紳爲士爲商。其據要津握重權者。皆此輩也。故此派有左右世界之力量。一國聰明才智之士。皆走集於其旗下。而方在萌芽卵孵之少年子弟。轉率倣效之。如痲瘋肺病者傳其種於子孫。故遺毒徧於天下。此爲旁觀派中之最有魔力者。

三曰嗚呼派。何謂嗚呼派。彼輩以咨嗟太息痛哭流涕爲獨一無二之事業者也。其面常有憂國之容。其口不少哀時之語。告以事之當辦。彼則曰誠當辦也。奈無從辦起何。告以國之已危。彼則曰誠極危也。奈已無可救何。再窮詰之。彼則曰國運而已。天心而已。無可奈何四字是其口訣。束手待斃一語是其眞傳。如見火之起。不務撲滅。而太息於火勢之熾炎。如見人之溺。不思拯援。而痛恨於波濤之澎湃。此派者彼固自謂非旁觀者也。然他人之旁觀也以目。彼輩之旁觀也以口。彼輩非不關心國事。然以國事爲詩料。非不好言時務。然以時務爲談資者也。吾人讀波蘭滅亡之記。埃及慘狀之史。何嘗不爲之感歎。然無益於波蘭埃及者。以吾固旁觀也。吾人見非律賓與美血戰。何嘗不爲之起敬。然無助於非律賓者。以吾固旁觀也。所謂嗚呼派者。何以異是。此派似無補於世界。亦無害於世界者。雖然。灰國民之志氣。阻將來之進步。其罪實不薄也。此派者。一國中號稱名士者皆歸之。

四曰笑罵派。此派者。謂之旁觀。寧謂之後觀。以其常立於人之背後。而以冷言熱語批評人者也。彼輩不惟自爲旁觀者。又欲逼人使不得不爲旁觀者。既罵守舊。亦罵維新。既罵小人。亦罵君子。對老輩則罵其暮氣已深。對青年則罵其躁進喜事。事之成也。則曰豎子成名。事之敗也。則曰吾早料及。彼輩常自立於無可指摘之地。何也。不辦事故無可指摘。旁觀故無可指摘。己不辦事。而立於辦事者之後。引繩批根。以嘲諷掊擊。此最巧黠之術。而使勇者所以短氣。怯者所以灰心也。豈直使人灰心短氣而已。而將成之事。彼輩必以笑罵沮之。已成之事。彼輩能以笑罵敗之。故彼輩者世界之陰人也。夫排斥人未嘗不可。己有主義。欲伸之。而排斥他人之主義。此西國政黨所不諱也。然彼笑罵派果有何主義乎。譬之孤舟遇風於大洋。彼輩罵風罵波罵大洋罵孤舟。乃至徧罵同舟之人。若問此船當以何術可達彼岸乎。彼等瞠然無對也。何也。彼輩藉旁觀以行笑罵。失旁觀之地位則無笑罵也。

五曰暴棄派。嗚呼派者以天下爲無可爲之事。暴棄派者以我爲無可爲之人也。笑罵派者常責人而不責己。暴棄派者常望人而不望己也。彼輩之意。以爲一國四百兆人。其三百九十九兆九億九萬九千九百九十九人中。才智不知幾許。英傑不知幾許。我之一人豈足輕重。推此派之極弊。必至四百兆人人人皆除出自己。而以國事望諸其餘之三百九十九兆九億九萬九千九百九十九人。統計而互消之。則是四百兆人卒至實無一人也。夫國事者國民人人各自有其責任者也。愈賢智則其責任愈大。卽愚不肖亦不過責任稍小而已。不能謂之無也。他人雖有絕大智慧絕大能力。只能盡其本身分內之責任。豈能有分毫之代我。譬之欲不食而使善飯者爲我代食。欲不寢而使善睡者爲我代寢。能乎否乎。夫我雖愚不肖。然旣爲人矣。卽爲人類之一分子也。旣生此國矣。卽爲國民之一阿屯也。我暴棄己之一身。猶可言也。汚衊人類之資格。滅損國民之體面。不可言也。故暴棄者實人道之罪人也。

六曰待時派。此派者有旁觀之實。而不自居其名者也。夫待之云者。得不得未可必之詞也。吾待至可以辦事之時然後辦之。若終無其時。則是終不辦也。尋常之旁觀則旁觀人事。彼輩之旁觀則旁觀天時也。且必如何然後爲可以辦事之時。豈有定形哉。辦事者無時而非可辦之時。不辦事者無時而非不可辦之時。故有志之士。惟造時勢而已。未聞有待時勢者也。待時云者。欲覘風潮之所向。而從旁拾其餘利。向於東則隨之而東。向於西則隨之而西。是鄉愿之本色。而旁觀派之最巧者也。

以上六派。吾中國人之性質盡於是矣。其爲派不同。而其爲旁觀者則同。若是乎吾中國四萬萬人。果無一非旁觀者也。吾中國雖有四萬萬人。果無一主人也。以無一主人之國。而立於世界生存競爭最劇最烈萬鬼環瞰百虎眈視之大舞臺。吾不知其如何而可也。六派之中。第一派爲不知責任之人。以下五派爲不行責任之人。知而不行。與不知等耳。且彼不知者猶有冀焉。冀其他日之知而卽行也。若知而不行。則是自絕於天地也。故吾責第一派之人猶淺。責以下五派之人最深。

雖然。以陽明學知行各一之說論之。彼知而不行者。終是未知而已。苟知之極明。則行之必極勇。猛虎在於後。雖跛者或能躍數丈之澗。燎火及於隣。雖弱者或能運千鈞之力。何也。彼確知猛虎大火之一至。而吾之性命必無幸也。夫國亡種滅之慘酷。又豈止猛虎大火而已。吾以爲舉國之旁觀者。直未知之耳。或知其一二而未知其究竟耳。若眞知之。若究竟知之。吾意雖箝其手緘其口。猶不能使之默然而息。塊然而坐也。安有悠悠日月。歌舞太平。如此江山。坐付他族。袖手而作壁上之觀。面縛以待死期之至。如今日者耶。嗟乎。今之擁高位。秩厚祿。與夫號稱先達名士。有聞於時者。皆一國中過去之人也。如已退院之僧。如已閉房之婦。彼自顧此身之寄居此世界。不知尚有幾年。故其於國也。有過客之觀。其苟且以媮逸樂。袖手以終餘年。固無足怪焉。若我輩青年。正一國將來之主人也。與此國爲緣之日正長。前途茫茫。未知所屆。國之興也。我輩實躬享其榮。國之亡也。我輩實親嘗其慘。欲避無可避。欲逃無可逃。其榮也。非他人之所得攘。其慘也。非他人之所得代。言念及此。夫寧可旁觀耶。夫寧可旁觀耶。吾豈好爲深文刻薄之言。以駡盡天下哉。毋亦發於不忍旁觀區區之苦心。不得不大聲疾呼。以爲我同胞四萬萬人告也。

旁觀之反對曰任。孔子曰。天下有道。丘不與易也。孟子曰。如欲平治天下。當今之世。舍我其誰也。任之謂也。